汽车保险与理赔

主　编　李文涛

北京理工大学出版社

BEIJING INSTITUTE OF TECHNOLOGY PRESS

内 容 简 介

　　近年来汽车保有量迅猛增长，交通事故的发生率也随之增加，汽车保险和理赔进入快速发展期。为此，本书按照职业技术教育特点和人才培养方案，从保险的认识、机动车保险的种类、保险的投保、发生事故后的理赔等方面来讲述，包含汽车投保、承保、理赔各个工作环节，系统介绍了汽车保险理赔的岗位职业能力要求、业务流程和工作技能，旨在帮助学习者建立汽车保险与理赔的知识体系，掌握汽车保险与理赔各环节的实务操作技能。

　　本书可作为各类高职院校汽车营销与服务、汽车检测与维修、汽车电子技术等专业，以及其他相关专业的教材使用，也可作为机动车保险从业人员的培训用书，对从事汽车保险、理赔、查勘、定损、公估等汽车服务一线的技术人员也具有参考价值。

图书在版编目（CIP）数据

汽车保险与理赔/李文涛主编. —北京：北京理工大学出版社，2022.3重印
ISBN 978 - 7 - 5682 - 4743 - 6

Ⅰ.①汽…　Ⅱ.①李…　Ⅲ.①汽车保险 - 理赔 - 中国　Ⅳ.①F842.63

中国版本图书馆 CIP 数据核字（2017）第 208325 号

出版发行／北京理工大学出版社有限责任公司
社　　　址／北京市海淀区中关村南大街 5 号
邮　　　编／100081
电　　　话／（010）68914775（总编室）
　　　　　　（010）82562903（教材售后服务热线）
　　　　　　（010）68948351（其他图书服务热线）
网　　　址／http：//www.bitpress.com.cn
经　　　销／全国各地新华书店
印　　　刷／河北盛世彩捷印刷有限公司
开　　　本／787 毫米×1092 毫米　1/16
印　　　张／16　　　　　　　　　　　　　　责任编辑／李秀梅
字　　　数／377 千字　　　　　　　　　　　文案编辑／杜春英
版　　　次／2022 年 3 月第 1 版第 6 次印刷　　责任校对／孟祥敬
定　　　价／42.00 元　　　　　　　　　　　责任印制／李志强

図书出现印装质量问题，请拨打售后服务热线，本社负责调换

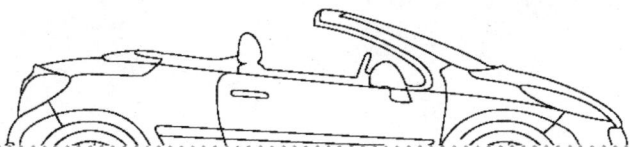

前言

PREFACE

　　近年来中国汽车工业迅速发展，汽车越来越引起人们的关注。随着国内汽车的产销量、保有量连创新高，截至 2016 年年底，全国机动车保有量达 2.9 亿辆，其中汽车 1.94 亿辆；机动车驾驶人 3.6 亿人，其中汽车驾驶人超过 3.1 亿人。私家车总量达 1.46 亿辆，全国平均每百户家庭拥有 36 辆，成都、深圳、苏州等城市每百户家庭拥有私家车超过 70 辆。2016 年，小型载客汽车达 1.6 亿辆，其中，以个人名义登记的小型载客汽车（私家车）达到 1.46 亿辆，占小型载客汽车的 92.60%。与 2015 年相比，私家车增加 2 208 万辆，增长 15.08%。

　　随着居民生活水平的日益提高，汽车特别是私家汽车走进了千家万户，汽车成为一个关系到居民生命安全的重要问题被提上日程，汽车保险作为我国汽车发展链上的一个重要环节越来越得到人们的重视。为进一步满足市场需要，加大汽车保险宣传力度，加快汽车保险业务创新，加强专业车险人才的培养，提高车险从业人员素质，成为汽车保险发展的方向。在此情况下，编者按照职业技术教育的特点和培养方案，为满足高等院校汽车及相关专业的教育教学而编写了本书。

　　本书共分 8 个项目，分别介绍了汽车保险基础、汽车保险、汽车保险投保实务、汽车保险承保实务、汽车保险理赔实务、事故车辆损伤评定、人伤定损实务、汽车保险欺诈的识别与预防等知识，内容涵盖财产保险公司汽车保险销售、查勘、定损、核赔等工作岗位所需的相关知识，特别是对汽车事故现场查勘、事故车辆定损、汽车保险欺诈识别介绍得较为详细。

　　本书由河北机电职业技术学院李文涛担任主编，邯郸职业技术学院张庆良、河北机电职业技术学院曹江卫担任副主编，河北机电职业技术学院白帅伟、邯郸职业技术学院赵树国参与编写。具体分工为项目 1、4 由张庆良编写，项目 2 由白帅伟编写，项目 3 由曹江卫编写，项目 5、6 由李文涛编写，项目 7、8 由赵树国编写。全书由李文涛统稿。

　　本书在编写过程中，除了所列参考文献外，还参考了许多发表在报刊、网站上的相关内容，在此对其原作者表示深深的谢意。

　　由于编者水平有限，书中难免存在不妥之处，敬请广大读者批评指正。

编　者

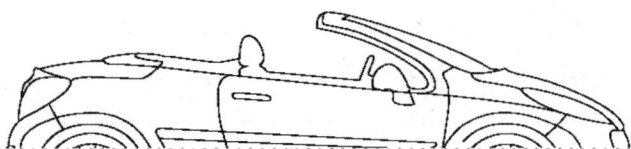

目 录
CONTENTS

项目 1

汽车保险基础

☑ 学习目标

1. 了解风险的基本知识，熟悉风险管理技术。
2. 了解保险的构成要素和特征，了解保险对国民经济的影响。
3. 熟悉汽车保险的职能，了解汽车保险对保险业的影响。
4. 熟悉汽车保险的原则，理解并掌握汽车保险原则的解释及其适用条款。
5. 能运用汽车保险原则进行相应保险案例分析。
6. 了解汽车保险合同的概况，熟悉汽车保险合同的特征和基本形式，理解合同的基本构成和内容。

☑ 学习要求

能力目标	知识要点	权重
能对汽车进行风险分析和风险管理	掌握风险的含义、要素和分类； 掌握风险管理的含义和程序，保险的要素、功能和分类	50%
会判别可保风险	熟悉我国汽车保险的发展历程和汽车保险产品； 了解汽车保险所面临的风险	50%

引 例

俗话说，"无风险则无保险""天有不测风云，人有旦夕祸福"，这些已成为保险界的至理名言，表明保险和风险之间存在着内在必然联系。自然灾害和意外事故是人类生活中可能发生，也可能不发生的或然风险。保险就是转移风险、补偿损失的最佳手段。那么究竟什么是保险？什么是汽车保险？

现在人们常说"全险"，让许多人认为车辆出了什么事故都能保。事实上，"全险"只是一个相对概念，是指车辆所需的基本险种都包含，如车损险、第三者责任险、全车盗抢险及相应不计免赔险种就可以称为"全险"，加上油漆单独损伤险也叫"全险"，加上玻璃单独破碎险也叫"全险"。保险公司的汽车保险品种多达几十个，但并不是说什么险种都包括才叫全保，也并不是说所有的损失都能得到保险公司的赔偿。

❊ 1.1 风险

1.1.1 风险的含义

就经济学、统计学、决策理论学、保险学等不同研究方向而言，对风险有着不同的定义。从保险角度来看，风险具有如下含义：

第一，某事件发生的不确定性，是指在人类活动中所面临的某种事件可能发生，也可能不发生。事件发生是一种结果，不发生是另一种结果。比如，行车就面临交通事故发生的可能，但并不意味着所有的车辆都会发生交通事故，否则就不会有汽车保险业了。

第二，实际与预期结果的差异，是指人们在生产、生活中或对某一事项做出决策的过程中，未来结果的不确定性，包括正面效应和负面效应的不确定性。从经济角度而言，前者为受益，后者为损失。

第三，损失机会和损失的可能性，当损失机会或概率为 0 时，就没有风险存在；当损失机会或概率为 1 时，风险就是 100%。损失机会或概率是厘定保险费率的基础。

第四，风险的特定含义（保险学），是指某种损失发生的不确定性。保险理论上的风险是指损失发生的不确定性，即保险标的发生损失的不确定性。这是从狭义角度界定风险的含义。

1.1.2 风险的构成要素

风险的构成要素包括风险因素、风险事故和损失。

1. 风险因素

风险因素是指引起或增加某一特定风险事故发生机会或扩大其损失程度的原因和条件，它是风险事故发生的潜在原因，是造成损失的内在或间接原因，如酒后驾车、疲劳驾驶等违章行为，车辆机械故障等导致交通事故和意外事故。风险因素越多，造成的损失机会就越多。根据风险因素的性质不同，通常可将其分为自然风险因素、道德风险因素和心理风险因素。

1）自然风险因素

自然风险因素也称有形风险因素，是指由自然力量或物质条件所构成的风险因素，如雷雨、地震等自然现象以及道路结构、房屋结构与所处位置等。

特别提示

● 在各类风险中，自然风险因素是保险人承保最多的风险。

2）道德风险因素

道德风险因素是与人的品德修养有关的无形因素，即由于个人不诚实、不正直或不轨企图，故意促使风险事故发生，以致引起社会财富损毁和人身伤亡的原因或条件。例如，欺诈、盗窃、贪污、纵火或者夸大损失等。

3）心理风险因素

心理风险因素是与人的心理状态有关的无形因素，即由于人们不注意、不关心、侥幸或存在依赖保险心理，以致增加风险事故发生的机会和加大损失严重性的因素。例如，粗心大意、乱丢烟蒂引起火灾；停车未加锁或没有摇起车窗导致增加车辆被盗可能。

2. 风险事故

风险事故又称"风险事件"，是指能造成生命财产损失的偶发事件，是造成损失的直接或间接原因，是损失的媒介物，如火灾、车祸和疾病等。

风险只有通过风险事故的发生才能导致损失。例如制动失灵酿成车祸导致人员伤亡和财产损失，其中制动失灵是风险因素，车祸是风险事故，人员伤亡和财产损失是损失结果。如果仅有制动失灵而未导致车祸，则不会导致人员伤亡和财产损失。

知识链接 1 – 1

风险事故意味着风险的可能性转化为现实性。风险事故发生的根源主要有三种：自然现象、社会经济变动、人或物本身。

---

3. 损失

在风险管理中，损失是指非故意的、非预期的、非计划的经济价值的减少或消失，即经济损失。这一定义为狭义损失。相对于狭义损失，广义损失既包括精神上的损耗，也包括物质上的损失。例如，记忆力衰退、时间的耗损、车辆的折旧和报废等属于广义损失，是必然发生的或计划安排的。

保险理论研究的是狭义损失，它包括两方面的条件：一是非故意的、非预期的和非计划的观念；二是经济价值的观念，即经济损失必须是能以货币来衡量的。二者缺一不可。

在保险实务中，通常将损失分为两种形态，即直接损失和间接损失。直接损失是风险事故导致财产本身的损失和人身的伤害，又称实质损失；间接损失则是由直接损失引起的额外费用损失、收入损失和责任损失等。

特别提示

● 多数情况下，间接损失的金额很大，有时甚至超过直接损失。

4. 风险因素、风险事故及损失之间的关系

风险因素、风险事故和损失三者之间的关系如图1.1所示，风险因素引起风险事故，而风险事故导致损失。风险因素并不直接导致损失，它只是风险事故产生并造成损失的可能性或使这种可能性增加的条件，只有通过风险事故媒介才能产生损失。

但是，对于某一特定时间，在一定条件下，风险因素可能是造成损失的直接原因，则它就是引起损失的风险事故；而在其他条件下，可能是造成损失的间接原因，则它就是风险因素。

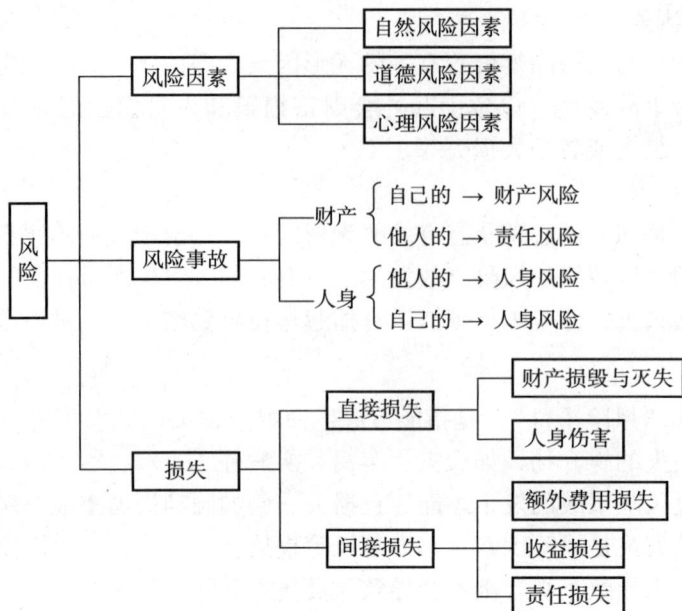

图 1.1 风险构成要素之间的因果关系

1.1.3 风险的特征

风险具有以下六个特征。

1. 风险的客观性

风险不以人的意志为转移，是独立于人的意识之外的客观存在。人们只能在一定的时间和空间内改变风险存在和发生的条件，降低风险发生的频率和损失幅度，但是，从总体上说，风险是不可能被彻底消除的。正是风险的客观存在，决定了保险的必要性，正是由于风险存在的客观性，人们才应认识风险、管理风险，使风险造成的损失降到最小。

2. 风险的普遍性

风险伴随着人类的生活和生产活动，风险渗入社会、企业、个人生活的方方面面，无处不在，无处不有。人从出生就面临着各种各样的风险，如疾病、自然灾害、意外事故和战争等。正是由于这些普遍存在的对人类社会生产和人们的生活构成威胁的风险，才有了保险存在的必要和发展的可能。

3. 风险的社会性

风险与人类社会的利益密切相关，没有哪一类风险是脱离人类社会而存在的。1997 年的亚洲金融危机、2004 年的印度尼西亚海啸等，都对人类社会活动、人民生活和社会经济造成了极大影响。因此说风险属于社会范畴，而不是自然范畴，没有人类社会，就无风险可言。

4. 风险的不确定性

从总体上说，风险是客观存在的、普遍存在的，但就某一风险而言，在什么地点发生，在什么时间发生，会造成什么样的损定，是一种随机现象，是不确定的。

5. 风险的可预测性

虽然个别风险的发生具有偶然性和不确定性，但运用统计方法去处理大量相互独立的偶然发生的风险事故，其结果可以比较准确地反映风险的规律性。根据以往大量资料，利用概率论和数理统计的方法可测算出风险事故发生的概率及其损失幅度，并且可构造出损失分布的模型，成为风险估测的基础。例如，在汽车保险中，根据大量的车祸记录和损失情况记录，结合其众多影响因素，就可以测算出不同车险的费率等。

6. 风险的发展性

在人类社会自身进步和发展的同时，也创造和发展了风险。伴随社会的发展、科学技术的发展和应用，风险的发展性变得更为突出。例如，航天技术的发展、核能的利用都带来了新的风险。因此说，风险会因时间、空间因素的发展和变化而有所发展与变化，某些风险在一定的空间和时间内会消失，新的风险会产生。

❀ 1.2 风险管理

1.2.1 风险管理概述

风险管理是一门新兴的管理学科。风险管理起源于美国，在 20 世纪 30 年代，由于受到 1929—1933 年世界性经济危机的影响，美国约有 40% 的银行和企业破产，经济倒退约 20 年，美国企业为应对经营上的危机，许多大中型企业都在内部设立了保险管理部门，负责安排企业的各种保险项目。可见，当时的风险管理主要依赖保险手段。

20 世纪 50 年代风险管理发展成为一门学科，风险管理一词才形成。20 世纪 70 年代以后逐渐掀起了全球性的风险管理运动，近 20 年来，美国、英国、法国、德国、日本等国家先后建立起全国性和地区性的风险管理协会。

中国对于风险管理的研究开始于 20 世纪 50 年代。一些学者将风险管理和安全系统工程理论引入国内，在少数企业试用中比较满意。但是，中国大部分企业缺乏对风险管理的认识，也没有设立专门的风险管理机构。作为一门学科，风险管理学在中国仍处于起步阶段。

1.2.2 风险管理的含义

风险管理又名危机管理，是指如何在一个肯定有风险的环境里把风险降至最低的管理过程。具体而言，就是组织或个人通过风险识别、风险估测、风险评价，并在此基础上优化组合各种风险管理技术，对风险实施有效的控制，妥善处理风险所造成的损失，以最小的成本获得最大的安全保障。

特别提示

● 风险估测以损失概率和损失强度为主要测算指标，一般需要运用概率论和数理统计方法来完成，并据此确定风险的大小或者高低。风险估测和风险识别过程不能截然分开，它们是交叉进行的。

1.2.3 风险、风险管理与保险

1. 风险与保险的关系

（1）风险的客观存在是保险产生和存在的自然前提。

（2）风险的发展是保险发展的客观依据。

2. 风险管理与保险的关系

（1）风险的存在是保险和风险管理共同的前提，二者所管理的共同对象是风险。风险的存在是保险得以产生、存在和发展的客观原因与条件，并成为保险经营的对象。但是，保险不是唯一的处置风险的办法，更不是所有的风险都可以投保。从这一点上看，风险管理所管理的风险要比保险的范围广泛得多，其处理风险的手段也比保险多。保险只是风险管理的一种财务手段，它着眼于可保风险事故发生前的预防、发生中的控制和发生后的补偿等综合治理。尽管在处置风险手段上存在这些区别，但它们所管理的对象都是风险。

（2）保险是处理风险的传统有效手段，保险业是风险管理的一支生力军。从历史上看，最早形成系统理论并在实践中广泛应用的风险管理手段就是保险。在风险管理理论形成以前的相当长的时间里，人们主要通过保险的方法来管理企业和个人的风险。从20世纪50年代初期风险管理在美国兴起，到20世纪80年代形成全球范围内的国际性风险管理运动，保险一直是风险管理的主要工具，并越来越显示出其重要地位。同时，保险业是经营风险的特殊行业，除了不断探索风险的内在规律，积极组织风险分散和经济补偿之外，保险业还造就了一大批熟悉各类风险发生变化特点的风险管理技术队伍。他们为了提高保险公司的经济效益，在直接保险业务之外，还从事有效的防灾防损工作，使大量的社会财富免遭损失。保险公司还通过自身的经营活动和多种形式的宣传，培养国民的风险意识，提高社会的防灾水平。保险公司的风险管理职能，更多的是通过承保其他风险管理手段所无法处置的巨大风险，来为社会提供风险管理服务。所以，保险业是风险管理的一支生力军。

（3）保险业自身也有风险，需要加强风险管理。保险业在为被保险人提供风险保障服务的同时，自身也面临众多风险。例如，保险公司的经营风险，社会保险机构的管理风险、基金风险等。因此，保险业自身也需要风险管理。对于商业保险公司而言，风险管理是保险经济效益的重要源泉之一。一个卓越的保险公司并不是通过提高保险费率、惜赔等方法来增加利润的，而是通过承保大量的同质风险，通过自身防灾防损等管理活动，力求降低赔付率，从而获得预期的利润。作为经营风险的企业，拥有并运用风险管理技术为被保险人提供高水平的风险管理服务，是除展业、理赔、资金运用等环节之外最为重要的一环。

特别提示

● 保险公司并非对人们生活中遇到的所有风险都予以承保，保险保的是风险中的可保风险，但是可保风险和不可保风险之间的区别并不是绝对的。例如，地震、洪水这类大灾大难，在保险技术落后和保险公司财力不足、保险市场规模不大时，保险公司根本无法承保这

类风险。它的潜在损失一旦发生，就可能对保险公司带来毁灭性的打击。但随着保险公司的资本日益雄厚，保险新技术的不断出现，以及再保险市场的不断扩大，这类原本不可保的风险已被一些保险公司列为保险责任范围。

⚙ 1.3 保险概述

1.3.1 保险的概念

1. 广义的保险与狭义的保险

一般来说，保险（Insurance）有广义和狭义之分。广义的保险是指通过建立专门用途的后备基金或保障基金，来补偿因自然灾害和意外造成的损失，是为社会安定发展而建立物质储备的一种经济补偿制度。为此，广义的保险包括国家政府部门经办的社会保险、按商业原则经营的商业保险以及由保险人集资合办的合作保险等，范围比较广泛。狭义的保险仅指商业保险，是按照商业化的原则，通过合同的形式，采用科学的计算方法，集合多数单位和个人，收取保险费，建立保险基金，用于对合同范围内灾害事故造成损失补偿的经济保障制度。本书研究的保险为狭义的商业保险。通过对狭义的商业保险进行分析，可以得到如下结论：

（1）从经济角度来看，保险是分摊灾害事故的一种方法。保险会把具有同样危险威胁的人和单位组织起来，根据保险费率收取保险费，建立保险基金，以补偿财产损失或对人身事件给付保险金，因此保险对现实生活中面临的危险给予了经济保障。

（2）从法律角度来看，保险是通过合同的形式，运用商业化的经营原则，由保险经营者向投保人收取保险费，建立保险基金，当发生保险责任范围内的事故或保险条件实现时，保险人对财产的损失进行补偿、对人身伤亡或年老丧失劳动能力时给付保险金的经济保障制度。

2. 保险的定义

《中华人民共和国保险法》（以下简称《保险法》）第二条规定："保险是指投保人根据合同的约定，向保险人支付保险费，保险人对于合同约定的可能发生的事故因其发生所造成的财产损失承担赔偿保险金的责任，或者当被保险人死亡、伤残、疾病或者达到合同约定的年龄、期限时承担给付保险金责任的商业保险行为。"

> **知识链接 1-3**
>
> 现代保险学认为，保险定义应该包括四方面内容：商业保险行为；合同行为；权利义务行为；经济补偿或保险金给付，以合同约定的保险事件发生为条件。

1.3.2 保险的构成要素

保险的构成要素主要包括三方面：前提要素、基础要素和功能要素。保险的前提要素是危险存在。保险的基础要素是众人协力，即多数人参与。保险的功能要素是损失补偿。在保险实务中，从以下五方面对三大基本要素加以体现。

1. 可保风险的存在

可保风险是指符合保险人承保条件的特定风险，一般来讲可保风险需具备以下条件：

（1）风险应当是纯粹风险。保险人承保的风险，只能是仅有损失可能而无获利机会的风险；对于买卖股票而产生的风险，保险人是不承保的。因为投资者既有因股票价格下跌而亏损的可能，又有因股票价格上涨而盈利的机会，所以这是一种投机风险而不是纯粹风险。

（2）必须是意外发生的。意外的风险损失不包括必然发生和被保险人故意行为造成的风险，诸如货物的自然损耗和机器设备折旧现象就是必然发生的，还有被保险人的故意行为（如故意纵火行为）造成的火灾损失，均不属于保险人可保风险的责任范围。但是，在实际业务中，对一些必然发生的风险损失（如自然损耗的损失），经保险人同意，在收取适当的保险费用后，也可特约承保。而且，保险人也可承担第三人的故意行为或不法行为引起的风险损失。例如，在保证保险、信用保险中，由于另一方不履行与被保险人约定的义务，保险人对被保险人承担的经济责任给予赔偿。再如，财产保险中的盗抢险，保险人承担的赔偿责任也是由于盗贼的故意行为所造成的风险损失。

（3）必须有大量保险标的均有遭受重大损失的可能性。可保风险必须是大量保险标的都有可能遭受重大损失的风险。因为如果一种风险只会导致轻微损失，就无须通过保险取得保障。再者，保险需要以大数法则作为保险人建立保险基金的数理基础，假如一种风险只是个别或者少量标的所具有，就缺乏这种基础，保险人也就无法利用大数法则计算危险产生的概率和损失程度，从而难以确定保险费率，进行保险经营。

（4）风险的发生具有分散性。这一条件要求损失的发生具有分散性，因为保险的目的是以多数人支付的小额保费，赔付少数人遭遇的大额损失，如果大多数保险标的同时遭受重大损失，则保险人通过向投保人收取保险费所建立起来的保险基金根本无法抵消损失。

（5）风险的发生具有偶然性。如果风险发生及其所致的损失在时间和空间上是预期的、肯定发生的，那保险人就没有承保的必要。

（6）风险的发生具有可预测性。如果风险发生及其所致的损失无法测定，保险人就无法制定可靠稳定的保险费率，也难以科学管理，这将使保险人面临很大的经营风险。

2. 大量同质风险的集合与分散

保险过程既是风险的集合过程，又是风险的分散过程。保险人通过保险将众多保险人所面临的分散性风险集合起来，当发生保险责任范围内的损失时，又将少数人发生的损失分摊给全部投保人，也就是通过保险的补偿或给付行为分摊损失，将集合的风险予以分散。因此，风险的集合与分散应满足的前提条件是风险的大量性和风险的同质性。

3. 保险费率的厘定

保险费率的厘定就是制定保险商品的价格，保险在形式上是一种经济保障活动，而实质上是一种特殊商品的交换行为，因此，制定保险商品的价格，即厘定保险费率，便构成了保险的基本要素。

4. 保险基金的建立

保险基金是指保险人为保证其能够如约履行保险赔偿与给付义务，根据政府的有关法律规定或业务特定需要，从保费收入或盈余中提取的与其所承担的保险责任相对应的一定量的资金。为了保证保险公司的正常经营，保护被保险人的利益，各国一般都以保险立法的形式规定保险公司应提存保险准备金，以保证保险公司具备与其保险业务规模相应的偿付能力。

5. 保险合同的订立

保险是一种经济关系，是投保人与保险人之间的经济关系，这种经济关系是通过合同的订立来确定的。保险是专门对意外事故和不确定事件造成的经济损失给予赔偿，风险是否发生，何时发生，其损失程度如何，均具有较大的随机性。保险的这一特性要求保险人与投保人应在确定的法律或契约关系约束下履行各自的权利与义务，倘若不具备在法律上或合同上规定的各自的权利与义务，保险经济关系则难以成立。因此，订立保险合同是保险得以成立的基本要素和法律保证。

1.3.3 保险的特性

1. 经济性

保险的经济性体现为保险产品的商品属性。保险是一种经济保障活动，这种经济保障活动是整个国民经济活动的一个组成部分。另外，保险体现了一种经济关系，即商品等价交换关系，保险经营具有商品属性。

2. 互助性

保险的互助性体现在"一人为众，众人为一"的思想，保险在一定条件下，分担了个别单位和个人所不能承担的风险，从而形成了一种经济互助关系。互助性是保险的基本特性。

3. 法律性

保险的法律性体现在保险合同的制约，保险的经济保障活动是根据合同进行的。所以，从法律角度看，保险又是一种法律行为。

4. 科学性

保险的科学性表现为保险费率的厘定和保险准备金的提存。保险费率的厘定、保险准备金的提存等都是以科学的数理计算为依据的，保险是一种科学处理风险的经济方法。

1.3.4 保险的分类

1. 按保险的实施方式分类

按保险的实施方式划分，保险可分为自愿保险和强制保险。

1）自愿保险

自愿保险是在自愿原则下，保险当事人双方在平等互利、协商一致的基础上，根据自愿的原则签订的保险合同。投保人可以自由决定是否投保、向谁投保、中途退保等，也可以自由选择保险金额、保障范围、保障程度和保险期限等。保险人也可以根据情况自愿决定是否承保、怎样承保等。

2）强制保险

强制保险（又称"法定保险"）是由国家（政府）通过法律或行政手段强制实施的一种保险。强制保险的保险关系虽然是产生于投保人与保险人之间的合同行为，但是合同的订立受制于国家或政府的法律规定。强制保险的实施方式有两种选择：一是保险标的与保险人均由法律限定；二是保险标的由法律限定，但投保人可以自由选择保险人。强制保险具有全面性与统一性的特征，如机动车交通事故责任强制保险。

2. 按保险的性质分类

按保险的性质分类，保险可分为商业保险、社会保险和政策保险。

1）商业保险

它是指投保人根据合同约定，向保险人缴纳保险费，保险人对于合同约定的可能发生的事故造成的财产损失承担赔偿责任，或当被保险人死亡、伤残、疾病或达到约定年龄、期限时给付保险金的保险行为。例如，汽车保险、人寿保险等。

2）社会保险

它是国家通过立法对社会劳动者暂时或永久丧失劳动能力或失业时提供一定的物质帮助，以保障其基本生活的一种社会保障制度。例如，我国根据《劳动保障条例》实施的城镇职工医疗保险、新农村合作医疗保险、职工养老保险等。

3）政策保险

这是政府为了一定的目的，运用普通保险技术而开办的一种保险。例如，为辅助农牧渔业增产增收的种植业保险，为促进出口贸易的出口信用保险等。

3. 按保险保障范围分类

按保险保障范围分类，可将保险分为财产保险和人身保险。

1）财产保险

这里是指狭义的财产保险，它是以有形的财产作为保险标的物的保险，保险人承担保险标的因自然灾害和意外事故而遭受损失的经济赔偿责任。财产保险是以财产及其有关利益为保险标的物的一种保险，包括财产损失保险、责任保险、信用保险等保险业务。财产损失保险是以各类有形财产为保险标的物的保险。责任保险是以被保险人对第三者的财产损失或人身伤害依照法律和契约应负的赔偿责任为保险标的物的一种保险。信用保险是以各种信用行为作为保险标的物的保险。

2）人身保险

人身保险是以人的生命和身体作为保险标的物的保险。人身保险的保险标的无法用货币来衡量，但保险金额可以根据投保人的经济生活需要和缴费能力来决定，包括人寿保险、健康保险、意外伤害保险等保险业务。

4. 按风险转移方式分类

按风险转移方式分类，可将保险分为原保险、再保险、共同保险和重复保险。

1）原保险

原保险是指投保人与保险人之间直接订立合同，确立双方的权利义务关系，投保人将危险转移给保险人。在原保险关系中，保险需求者将其风险转嫁给保险人，当保险标的遭受保险责任范围内的损失时，保险人直接对被保险人承担赔偿责任。原保险简称"保险"，人们平时用的最多的就是原保险。

2）再保险

再保险是指保险人将所承保的保险业务的一部分或全部向另一个保险人再一次投保，也就是保险的保险，这种方式又称为"分保"。转让业务的是原保险人，接受分保业务的是再保险人。这种风险转嫁方式是保险人对原始风险的纵向转嫁，是保险人与保险人间的业务往来，即第二次风险转嫁。

特别提示

- 再保险是发生在保险人和保险人之间的保险行为。

3）共同保险

共同保险又称共保，是由多个保险人联合起来共同承担同一标的、同一风险、同一保险利益的保险，并且保险金额不得超过保险标的物的价值，发生保险责任时，赔偿是依照各保险人承担的金额比例分摊。与再保险不同，这种风险转嫁方式是保险人对原始风险的横向转嫁，它仍属于风险的第一次转嫁。

4）重复保险

重复保险是投保人以同一保险标的、同一保险利益、同一保险事故分别与两个或两个以上保险人订立保险合同的一种保险，并且各保险人承担的保险金额总和大于保险标的物的保险价值。重复保险是投保人对原始风险的横向转嫁，也属于风险的第一次转嫁。

知识链接 1 – 4

共同保险和重复保险的区别在于：共同保险中，投保人和保险人之间签订的是一个保险合同，其赔偿金额不会超过保险价值；重复保险中，各保险人之间没有互相沟通，投保人和每个保险人均签订保险合同，很可能使被保险人获得超额利益。

⚙ 1.4 汽车保险概述

1.4.1 我国汽车保险的发展进程

1. 萌芽时期

我国汽车保险业务的发展经历了一个曲折的历程。汽车保险进入我国是在鸦片战争以后，但由于当时我国汽车保险市场处于外国保险公司垄断与控制之下，加之工业不发达，我国的汽车保险实质上处于萌芽状态，其作用与地位十分有限。

1805 年，在广州经营中国贸易的英国商人开设了"广州保险会社"。1816 年、1817 年国内民族资本家分别设立了仁和保险公司和济和保险公司。从 19 世纪 70 年代起，英国人陆续在上海设立扬子保险公司、中华保险公司和太阳保险公司等。1916 年我国成立中国环保保险公司、永宁保险公司和华生保险公司，1917 年成立永安保险公司。

2. 试办时期

1950 年，创建不久的中国人民保险公司就开办了汽车保险。但是因宣传不够和认识的偏颇，不久就出现对此项保险的争议，有人认为汽车保险以及第三者责任保险对于肇事者予以经济补偿，会导致交通事故的增加，对社会产生负面影响。于是，中国人民保险公司于1955 年停止了汽车保险业务。直到 20 世纪 70 年代中期，为了满足各国驻华使领馆等外国人拥有汽车保险的需要，才开始办理以涉外业务为主的汽车保险业务。

3. 发展时期

我国保险业恢复之初的 1980 年，中国人民保险公司逐步全面恢复了中断 25 年之久的汽车保险业务，以适应国内企业和单位对于汽车保险的需要，适应公路交通运输业迅速发展、事故日益频繁的客观需要。但当时汽车保险仅占财产保险市场份额的 2%。随着改革开放形势的发展，社会经济和人民生活发生了巨大的变化，机动车辆迅速普及，机动车辆保险业务随之得到迅速发展。1983 年将汽车保险改为机动车辆保险，使其具有更广泛的适应性。在此后的近 20 年间，机动车辆保险在我国保险市场，尤其在财产保险市场中始终发挥着重要作用。到 1988 年，汽车保险的保费收入超过 20 亿元，占财产保险份额的 37.6%，第一次超过了企业财产险（35.99%）。此后，汽车保险一直是财产保险业务中的第一大险种，并保持高增长率，我国的汽车保险业务进入高速发展时期。

与此同时，机动车辆保险条款、费率以及管理也日趋完善，1998 年 11 月 18 日中国保险监督管理委员会（简称中国保监会）成立，根据国务院授权履行行政管理职能，依照法律、法规统一监督管理全国保险市场，维护保险业的合法、稳健运行。中国保监会成立以来，完善了机动车辆保险的条款，加大了对于费率、保险单证以及保险人经营活动的监管力度，加速建设并完善了机动车辆保险中介市场，对全面规范市场，促进机动车辆保险业务的发展起到了积极作用。

1.4.2 我国汽车保险业务概述

《机动车交通事故责任强制保险条例》于 2006 年 3 月 1 日公布，自 2006 年 7 月 1 日起施行。2012 年 3 月 30 日，温家宝总理签署第 618 号中华人民共和国国务院令：《国务院关于修改〈机动车交通事故责任强制保险条例〉的决定》，自 2012 年 5 月 1 日起施行。其中包含如下修改：第五条第一款修改为"保险公司经保监会批准，可以从事机动车交通事故责任强制保险业务"。

根据我国目前汽车保险的政策，在保险实务中，汽车保险因保险性质的不同，一般又分为"汽车强制责任保险"和"汽车商业保险"两大部分。虽然它们都属于商业保险公司经营，但汽车强制责任保险是强制性保险，而其他险种则是建立在保险人和被保险人自愿基础上的汽车商业保险。

伴随着机动车交通事故责任强制保险的实施，车损险和商业第三者责任险也发生了重大变化。中国保险行业协会率先提出，各保险公司经营的商业车险使用统一条款和费率，这一规定于 2006 年 7 月 1 日起正式施行。

我国现行商业险分为 A、B、C 三套条款，分别对应人保、平安、太平洋车险条款。2007 年 4 月，中国保险行业协会又对已有的商业险 A、B、C 三套条款进行完善，并对主要的附加险给予统一，此时主险、主要的附加险的费率基本一致，只有其他的附加险条款和费率由各公司自行制定。我国汽车保险种类如表 1.1 所示。

表 1.1　我国汽车保险种类

强制商业保险	非强制商业保险		
机动车交通事故责任强制保险	主险	车辆损失险	第三者责任险
	附加险	全车盗抢险、玻璃单独破损险、自燃损失险、新增设备损失险、车辆停驶损失险、发动机特别损失险、车身划痕损失险、特约救助条款等	车上人员责任险、无过错责任险、车载货物掉落责任险
		不计免赔特约险	

车险改革后，有的保险公司把车辆盗抢险以及车上人员责任险也列为基本险，比如，中国保险行业协会根据中国人保财险公司制定的《机动车辆保险条款（A）》把车上人员责任险作为基本险，并可单独投保；根据太平洋保险公司制定的《机动车辆保险条款（C）》同样把盗抢险及车上人员责任险作为基本险，也可单独投保；各车险公司根据市场情况的变化，适时会推出新的车险品种。

特别提示

● 通常所说的交强险（即机动车交通事故责任强制保险）属于广义的第三者责任险，是国家规定强制购买的保险，机动车必须购买交强险后才能上路行驶、年检、挂牌，且在发生第三者损失需要理赔时，必须先赔付交强险再赔付其他险种。

❀ 1.5　最大诚信原则

1.5.1　最大诚信原则的含义

由于保险关系的特殊性，人们在保险实务中越来越感到诚信原则的重要性，要求保险合同双方当事人最大限度地遵守这一原则，故称最大诚信原则。诚信是指诚实、守信用，具体讲即要求合同双方当事人不隐瞒事实，不相互欺诈，以最大诚信全面履行各自的义务，以保证双方权利的实现。其主要表现在以下几个方面。

1. 履行如实告知义务

最大诚信原则要求投保人如实地履行告知义务。由于保险人面对的是广大投保人，不可能一一去了解保险标的物的各种情况，因此，投保人在投保时，应当将足以影响保险人决定是否承保，足以影响保险人确定保险费率或增加特别条款的重要情况，向保险人如实告知。

告知的方式分为无限告知和询问告知两种。采用无限告知的方式时，只要事实上与保险标的有关的任何重要事项，不论保险人是否询问，投保人都有义务告知。在美国、英国等国家有类似的规定。我国《保险法》规定："订立保险合同，保险人应当向投保人说明保险合同的条款内容，并可以就保险标的或者被保险人的有关情况提出询问，投保人应当如实告知。"询问告知则为，保险人所询问的事项为重要事项，对询问以外的事项，投保人或者被保险人不必告知。我国汽车保险实务中一般以投保单为限，即投保单中询问的内容投保人必须如实填写，告知的内容通常包括车辆情况、使用情况、驾驶人情况等，除此之外，投保人不必告知。

投保人故意或因过失不履行告知义务，保险人有权解除保险合同。《保险法》第十六条第二款规定："投保人故意隐瞒事实，不履行如实告知义务的，或者因过失未履行如实告知义务，足以影响保险人决定是否同意承保或者提高保险费率的，保险人有权解除保险合同。"投保人违反告知义务由以下两个要件构成：投保人主观上存在故意或者过失；未告知的事项足以影响保险人决定是否同意承保或者调整保险费率。两个要件必须同时满足，才能判定投保人违反了告知义务。

投保人故意不履行如实告知义务的，保险人除了有权解除保险合同以外，同时对于保险合同解除前发生的保险事故，不承担赔偿或者给付保险金的责任，并不退还保险费。投保人因未履行告知义务，对保险事故发生有严重影响的，保险人对于合同解除前发生的保险事故，不承担赔偿或给付保险金的责任，但可以退还保险费。

2. 履行说明义务

最大诚信原则要求保险人认真履行说明义务。保险人应当就保险合同利害关系条款，特别是免责条款向投保人明确说明。保险人的说明义务是由保险合同的性质决定的。保险合同为附和合同，其内容由保险人单方拟订，投保人或被保险人几乎没有参与的机会，只能对保险条款表示同意与不同意，而没有修改的权利，投保人在订立保险合同时处于弱势地位；同时保险条款集专业性、技术性及科学性于一体，未经专门的研习，难以理解。合同既然是双方当事人意愿表示一致的结果，如果一方不明白合同内容就做出承诺，应视为合同当事人意愿未达成一致，未达成合意的条款不能产生法律效力；如果构成重大误解或有失公平，当事人可以请求撤销合同。因此，在订立合同时，保险人应就保险合同的内容向投保人进行明确说明和必要解释，特别是免责条款。如果保险人在订立保险合同时，没有就一些条款进行明确说明和明确列明，保险人应承担一定的法律后果。《保险法》第十七条规定："保险合同中规定有关保险人责任免除条款的，保险人在订立保险合同时应当向投保人明确说明，未明确说明的，该条款不产生效力。"

3. 履行保证义务

这里的保证是指投保人向保险人做出承诺，保证在保险期间遵守作为或不作为的某些规则，或保证某一事项的真实性，因此，这是最大诚信原则对投保人的要求。

保证是人对事情作为或不作为的承诺。在保险合同中，作为合同生效先决条件的保证，指被保险人承诺不因他的作为或不作为而使保险标的物的危险程度增加。保证事项一般是重要事项，例如，配备 ABS 的汽车发生保险事故的概率有所降低，可享受较优惠的费率，因此被保险人应该保证在保险期内 ABS 处于良好状态，否则就是违反了保证。被保险人不得在驾驶车辆内携带易爆物品，如果携带易爆物品就违反了保证。

保证分为明示保证和默示保证。

（1）明示保证一般以特约条款载于保险单内，或者以口头方式承诺。明示保证又分为承诺保证和确认保证两类。如果被保险人保证的事情现在如此，将来也必须如此，那么这种保证称为承诺保证。如机动车辆保险中有遵守交通法规、安全驾驶、做好车辆维护和保养工作等条款，一旦合同生效，即构成投保人对保险人的保证，对投保人具有作为或不作为的约束力。承诺保证一般在保险单中以条款的形式出现。如果被保险人保证的事情现在如此，将来不一定如此，则称为确认保证。这种保证有时以书面形式出现在保险单中，有时仅仅以口头形式表示确认。

（2）默示保证是根据习惯或惯例认为被保险人应该采取或不应该采取某种行为的事实。默示保证在保险单内虽无文字规定，但一般是国际惯例通行的准则，习惯上或社会公认的被保险人应在保险期内遵守的规则，如要求被保险的车辆必须有正常行驶的能力。如财产保险附加盗窃险合同中，虽然没有明文规定被保险人外出时应该关闭门窗，但这是一般常识下应该做的行为，这种社会公认的常识，即构成默示保证，也成为保险人承保的基础，所以，因被保险人没有关闭门窗而招致的失窃，保险人不承担保险责任。默示保证一般适用于海上保险。

告知的行为主体仅指投保人，而保证的行为主体是投保人和被保险人。在订立保险合同后，保险标的处于投保人和被保险人的控制之下，他们的作为和不作为都极大地影响风险状况，因此保险人一般要求投保人和被保险人对某些重要事项做出保证，以约束投保人和被保险人的某些作为和不作为。

无论是明示保证还是默示保证，都对保证人有约束作用，其法律效力是完全相同的。违反保证的行为可以导致的后果有两种情况；一是保险人不承担赔偿或给付保险金的责任；二是保险人解除保险合同。

应用案例1-1

【案例概况】

某银行投保火险附加盗窃险，在投保单上写明24小时有警卫值班，保险公司予以承保并以此作为减少保费的条件。后银行被窃，银行主张保险公司赔付损失，但是保险公司拒绝赔付。

【案例解析】

经调查某日24小时内有半小时的时间警卫由于吃饭而不在岗。因此，保险公司拒绝承担赔偿责任，理由是该银行违反了保证，而保证是保险合同的一部分，违反了保证，就意味着违约，保险人可以解除保险合同，或宣布保险合同无效，在发生保险事故时不承担赔偿保险金的责任。

---

4. 弃权和禁止抗辩

这是最大诚信原则对保险人的要求。所谓弃权，是指保险人放弃法律或保险合同中规定的某项权利，如拒绝承保的权利、解除保险合同的权利等。禁止抗辩与弃权有紧密联系，是指保险人既然放弃了该项权利，就不得向被保险人或受益人再主张这项权利。

在保险实务中，弃权和禁止抗辩一般针对保险人的权利而言，是对保险人及其代理人的行为进行限制。两者的法律意义虽然不同，但是产生的效果完全一样。当投保人有明显的违约行为时，保险人有权解除保险合同，或者行使其他权利，保险人放弃这些权利，这就是一种弃权行为。以后保险人不能再就此行为主张权利，因为保险人受禁止抗辩的限制。

例如，在美国汽车保险中，限制行驶区域为加拿大，然而当投保人告诉保险公司的代理人，被保险人将在投保后驾车到南美洲，而该代理人为了招揽业务，认为这个告知不影响合同的签订和费率。合同订立后，被保险人驾车到南美洲并发生了意外，那么根据弃权和禁止抗辩规则，保险人当初放弃了对行驶区域的规定，不能抗辩以被保险人违反合同中关于行驶区域的规定而行使保险合同解除权，保险人必须偿付保险金。

特别提示

● 在保险实务中较突出的问题是，保险人或其代理人代替投保人填写投保单，或者在续保业务中沿用上一年度的投保单。在这种情况下，一旦发现投保单没有如实反映事实，即保险人没有履行告知义务，则容易出现责任追究的问题。

1.5.2　最大诚信原则在汽车保险实务中的运用

在目前的保险市场中，尤其是在汽车保险业务中，保险欺诈的现象日益严重，违背最大诚信原则的恶意违法行为很多。保险人在经营汽车保险时，要对车险的风险因素有足够的认识，加强经营中的风险防范措施，最大限度地限制和打击保险欺诈活动。同时，投保人也应认真遵守最大诚信原则，以免给自己带来不必要的损失。

应用案例 1 – 2

【案例概况】

某企业一辆货车因年久且设备老化，经批准予以报废。但该企业并未按规定将该车作为报废车处理，而是以数千元的价格卖给王某。王某将该车重新加以拼装整修，并通过关系经当地车管部门年审合格后，以 1.5 万元的价格卖给运输个体户赵某。赵某明知该车有"猫腻"，但却抵不住价格的诱惑将车买下，并向某保险公司投保了机动车辆基本险，保额为 6 万。几个月后，该车翻在路沟，损毁较重，保险公司派人勘查后，决定以 8 000 元将其修复，但赵某不同意，而是要求保险公司全额赔付。后保险公司拒赔，双方诉诸法院。

【案例解析】

根据我国《保险法》等的有关规定，本案中的赵某明知该货车有问题，但仍以低价买入，投保时他不仅超额投保了机动车辆基本险，还隐瞒了货车的真实情况，违反了最大诚信原则的履行告知义务，由此，保险公司有权解除该保险合同，并不负赔偿责任。

《机动车辆保险条款》第二十五条第一款规定："被保险人及其驾驶人应当做好机动车辆的维护、保养工作，保险车辆装载必须符合规定，使其保持安全行驶技术状态。"我国《民法通则》第五十八条规定："一方以欺诈、胁迫或者乘人之危，使对方在违背真实意愿的情况下所为的民事行为无效，以合法形式掩盖非法目的的民事行为无效。"并且，根据我国《保险法》第十六条的规定，法院审理认为，本案中赵某通过欺诈手段订立保险合同，出险后索要高额赔付，严重违反了有关法律、法规的规定，保险公司拒赔成立，并不退还保险费。

✳ 1.6　保险利益原则

1.6.1　保险利益原则的含义

保险利益是指投保人对保险标的所具有的法律上承认的经济利益，体现的是投保人或被保险人与保险标的物之间存在的经济利益关系，当保险标的发生保险事故时，必然使被保险人蒙受经济损失。

保险利益原则又称可保利益原则，是指在签订和履行保险合同过程中，投保人对保险标的物应当具有保险利益。投保人对保险标的不具有保险利益的，保险合同无效。如果保险合同生效后，投保人或被保险人对保险标的失去保险利益，也可能导致保险合同随之失效。保险利益原则主要有两层含义：其一，投保人在投保时，必须对保险标的具有保险利益，否则，保险就可能成为一种赌博，丧失其补偿经济损失、给予经济帮助的功能；其二，投保人是否对保险标的具有保险利益，是判断保险合同有效或无效的根本依据，缺乏保险利益要件的保险合同，自然不产生法律效力。

1.6.2 保险利益原则的意义

1. 避免变保险为赌博

保险与赌博行为都具有射幸性。如果保险关系不是建立在投保人对保险标的具有保险利益的基础上，那么必将助长人们为追求获得远远高于其保险费支出的赔付数额而利用保险进行投机的行为。例如，投保人以与自己毫无利害关系的车辆为标的投保，一旦发生保险事故就可获得相当于投保标的价值千百倍的巨额赔款，人们会像在赛马场上下赌注一样买保险，这会严重影响社会安定。

2. 防止道德风险的发生

这里所谓的道德风险，是指被保险人或受益人为获取保险赔付而违反道德规范，甚至故意促使保险事故发生或在保险事故发生时放任损失扩大。由于保险费与保险赔偿或给付金额的悬殊，如果不以投保人对保险标的具有保险利益为保险合同的有效条件，将诱发投保人或被保险人为牟取保险赔款而故意破坏保险标的物的道德风险，引发犯罪动机与犯罪行为。

3. 限定保险赔付程度

以保险利益作为保险人承担赔偿或给付责任的最高额度，既能保证被保险人能够获得足够的、充分的补偿，又不会使被保险人因保险而获得超过损失的额外利益，不允许他们通过保险而"增加财富"。保险利益原则可以为保险赔偿数额的界定提供合理的科学依据。

1.6.3 保险利益原则的运用

1. 保险利益的种类

1）财产保险利益

财产保险的保险标的是财产及其相关利益，其保险利益是指投保人对保险标的具有法律上承认的经济利益。财产保险的保险利益应当具备三个要素：

（1）必须是法律认可并予以保护的合法利益。

（2）必须是客观存在的利益。主要是指投保人或被保险人的现有利益，如财产所有权、使用权等，期待利益可以确定并可实现的话，也可以作为可保利益。期待利益是指当时尚未确定但将来可以确定的利益或利害关系，而不是主观臆断、凭空想象的利益，例如预期的营业利润等。

（3）必须是确定的经济利益，即可以通过货币形式计算出来的利益。

在财产保险实务中，下列人员在法律上享有财产保险利益：

所有权人对其所拥有的财产；没有财产所有权，但有合法的占有、使用、收益、处分权中的一项或几项权利的人；他物权人对依法享有他物权的财产，如承租人对承租的房屋等；公民、法人对其因侵权行为或合同而可能承担的民事赔偿责任；债权人对现有的或期待的债券等。

在机动车辆保险合同中，对机动车享有保险利益的人一般包括：机动车的所有人、驾驶人、实际使用人和车辆的保管人等，他们可以为机动车投保车辆损失险、道路交通事故责任强制险以及各种附加险。

知识链接 1 - 5

一般财产保险的保险利益原则是最严格的。在一般财产保险中，保险利益原则是要求投保人对其与保险人订立的保险合同所对应的保险标的具有保险利益，而且所约定的保险金额不得超过该保险利益额度。一般财产保险的保险利益必须从保险合同订立到损失发生的全过程都存在。一般财产的保单转让一定要事先征得保险人同意并由其签字；否则，转让无效。

2）人身保险利益

人身保险的保险标的是人的寿命和身体，其保险利益是指投保人对被保险人寿命和身体所具有的经济利害关系。人身保险的保险利益具有以下特点：

（1）是法律认可并给予保护的人身关系。

（2）人身关系中具有财产内容。

（3）构成保险利益的是经济利害关系。

我国《保险法》第三十一条规定："投保人对下列人员具有保险利益：本人；配偶、子女、父母；前项以外与投保人有抚养、赡养或者扶养关系的家庭其他成员、近亲属。除前款规定外，被保险人同意投保人为其订立合同的，视为投保人对被保险人具有保险利益。"为了保证被保险人的人身安全，我国在《保险法》中还严格限定了人身保险利益。

《保险法》第三十四条第一款规定："以死亡为给付保险金条件的合同，未经被保险人书面同意并认可保险金额的，合同无效。"

人身保险的保险利益必须在保险合同订立时存在，而不要求在保险事故发生时具有保险利益。此外，人寿保险单可出售、转让和抵押。

特别提示

● 就损失的赔付功能而言，人身保险与财产保险并不完全一致。其原因在于，财产保险与人身保险的保险标的不同。财产保险的标的物是财产或与财产有关的利益，这是能够用货币来准确衡量价值的。当危险事故发生时，自然也能用货币来准确测量其损失程度。

2. 保险利益原则在汽车保险实务中的运用

在汽车保险实务中，较为常见和突出的涉及可保利益的问题是，被保险人与车辆所有人不吻合的问题，即在车辆交易过程中，由于没有对保单项下的被保险人进行及时变更，导致其与行驶证上车辆所有人不吻合，一旦车辆发生损失，原车辆所有人由于转让了车辆，不具备对车辆的可保利益，而导致其名下的保单失效；而车辆新的所有人由于不是保险合同中的被保险人，当然就没有索赔权。

❋ 1.7 近因原则

1.7.1 近因原则的含义

保险中的近因是指促成损失结果的最有效的或起决定作用的原因，而不是指在时间或空间上与损失结果最为接近的原因。当保险标的遭受损害时，被保险人能否得到保险赔偿或取得保险金，取决于损害事故发生的原因是否属于保险责任。如果保险事故的发生是由多种原因造成的，则必须判定促成损失结果最有效或起决定作用的原因。英国在《1906年海上保险法》第五十五条给出近因原则的定义："任何灭失的最近原因是由承保的风险所造成，保险人应承担责任。"因此，灭失的最近原因如果不属于所承保的风险，保险人便可不负赔偿责任。

在实际生活中，损害结果可能由单因造成，也可能由多因造成。单因比较简单，多因则比较复杂，主要有以下几种情况。

1. 多种原因同时并存发生

多种原因同时并存发生是指损失由多原因造成，且这些原因几乎同时发生，无法区分时间上的先后顺序。如果损失的发生有同时存在的多种原因，且对损失都起决定性作用，则它们都是近因。而保险人是否承担赔付责任，应区分两种情况。第一，如果这些原因都属于保险风险，则保险人承担赔付责任；相反，如果这些原因都属于除外风险，保险人则不承担赔付责任。第二，如果这些原因中既有保险风险，也有除外风险，保险人是否承担赔付责任，则要看损失结果是否容易分解。对于损失结果可以分别计算的，保险人只负责保险风险所致损失的赔付；对于损失结果难以划分的，保险人一般不予赔付。

2. 多种原因连续发生

多种原因连续发生是指损失是由若干个连续发生的原因造成的，且各原因之间的因果关系没有中断。如果损失的发生是由具有因果关系的连续事故所致，保险人是否承担赔付责任，也要区分两种情况：第一，如果这些原因中没有除外风险，则这些原因即损失的近因，保险人应承担赔付责任；第二，如果这些原因中既有保险风险，也有除外风险，则要看损失的前因是保险风险还是除外风险。如果前因是保险风险，后因是除外风险，且后因是前因的必然结果，则保险人应承担赔付责任；相反，如果前因是除外风险，后因是保险风险，且后因是前因的必然结果，则保险人不承担赔付责任。例如，人身意外伤害保险（疾病是除外风险）的被保险人因车祸撞成重伤，因伤重无法行走，只能倒卧在湿地上等待救护，结果由于着凉而感冒发烧，后来并发了肺炎，最终因肺炎致死。此案中，被保险人的意外伤害与死亡所存在的因果关系并未因肺炎疾病的发生而中断，虽然与死亡最直接的原因是除外风险——肺炎，但它发生在保险风险——意外伤害之后，且是意外伤害的必然结果，所以被保险人死亡的近因是意外伤害而非肺炎，保险人应承担赔付责任。

3. 多种原因间断发生

多种原因间断发生是指损失是由间断发生的多种原因造成的。如果风险事故的发生与损失之间的因果关系由于另外独立的新原因介入而中断，则该新原因就是损失的近因。如果该新原因属于保险风险，则保险人应承担赔付责任；相反，如果该新原因属于除外风险，则保险人不承担赔付责任。例如，在人身意外伤害保险中，被保险人在交通事故中因严重的脑震荡而诱发癫狂与抑郁交替症。在治疗过程中，医生叮嘱其在服用药物巴斯德林时切忌进食干酪。但是，被保险人却未遵循医嘱，服用该药时又进食了干酪，终因中风而亡，据查中风确系巴斯德林与干酪所致。在此案中，食用相忌的食品与药物所引发的中风死亡，已打断了车祸与死亡之间的因果关系，食用干酪为中风的近因，故保险人对被保险人中风死亡不承担赔付责任。

1.7.2　近因原则在汽车保险实务中的运用

在汽车保险业务中，近因的确定对于认定是否属于保险责任具有十分重要的意义。坚持近因原则的目的是分清风险事故有关各方的责任，明确保险人承保的风险与保险标的损失结果之间存在的因果关系。虽然确定近因有其原则性的规定，即以最具作用和最有效果的致损原因作为近因，但在实践中，由于致损原因的发生与损失结果之间的因果关系错综复杂，判定近因和运用近因原则绝不是轻而易举的事。

应用案例 1 – 3

【案例概况】

车主王某在 2006 年 5 月为自己的轿车投保车辆损失险和第三者责任险，在保险期内，王某驾车外出途中，车辆前盖突然翻起，将挡风玻璃打碎，王某立即采取制动措施，但因其视线被翻起的前盖挡住，无法有效控制车辆，车辆在惯性作用下偏离正常行驶轨道，撞到道路中央的护栏上，造成车辆保险杠、左侧前照灯、翼子板等受损，护栏被撞坏，共计损失 2.3 万元。事后，车主王某向保险公司索赔关于风窗玻璃、车辆保险杠、左侧前照灯、翼子板、护栏的损失赔偿，保险公司认为以上损失属于除外责任，拒绝赔偿。后王某将保险公司告上法庭，请求法院判决保险公司承担赔偿责任。

【案例解析】

经法院审理认为：根据保险法车辆损失险的保险责任，当保险车辆遭遇意外事故，如碰撞、坠落等意外事故时，造成的车辆损失保险人应当承担赔偿责任。但此案中的风窗玻璃是与车辆前盖（自身零部件）相撞，因此属于除外责任，保险公司不负赔偿责任。对于车辆保险杠、左侧前照灯、翼子板等是与外界碰撞，属于车辆损失险的责任范围，护栏属于第三者责任险的保险范围，这些损失保险公司要根据合同有关规定赔偿。

🏵 1.8 损失补偿原则

1.8.1 损失补偿原则的含义

损失补偿原则是指保险事故发生后，保险人在其责任范围内，对被保险人遭受的实际损失进行赔偿。损失补偿只能使被保险人在经济上恢复到受损前的状态，而不允许被保险人通过额外索赔获得经济利益。损失补偿原则运用于财产保险，其内涵主要有以下几点：

第一，赔偿必须在保险人的责任范围内进行，即保险人只在保险合同规定的期限内，以约定的保险金额为限，对合同中约定的危险事故所致损失进行赔偿。

第二，赔偿额应以实际损失额为限。当保险标的遭受损失后，按照保险合同规定，保险人的赔偿以被保险人所遭受的实际损失为限，不能超过被保险人的实际损失，被保险人不能通过保险获得额外利益。换而言之，保险人的赔偿应恰好使保险标的恢复到保险事故发生前的状态。

第三，赔偿额应当以保险利益为限。保险利益是被保险人向保险人索赔的基本依据，因此，实施损失补偿原则的第三个限度就是以保险利益为限。

第四，损失补偿是保险人的义务。据此，被保险人提出索赔请求后，保险人应当按照主动、迅速、准确、合理的原则，尽快核定损失，与索赔人达成协议并履行赔偿义务；保险人未及时履行赔偿义务时，除支付保险金外，还应赔偿被保险人由此遭受的损失。

1.8.2 损失补偿原则的派生原则

1. 代位原则

1）代位原则的含义及意义

代位原则是指保险人依照法律或保险合同约定，对被保险人遭受的损失进行赔偿后，依法取得向对财产损失负有责任的第三者进行追偿的权利，或者取得被保险人对保险标的物的所有权。

规定代位原则的意义在于：

（1）防止被保险人因同一损失而获取超额赔偿，即避免被保险人获取双重利益。如果保险标的损失的原因是由第三者的疏忽、过失或故意行为造成的，而且又属于保险人承保的责任范围，那么被保险人既可以按照法律向第三者要求赔偿，也可以按照保险合同的规定向保险人提出赔偿。这样，被保险人获得的赔偿就有可能超过其实际损失额，获得额外利益，从而违背损失补偿原则。

特别提示

● 在保险标的发生保险事故导致实际全损或推定全损，保险人全额赔付后，如果允许被保险人处理保险标的的剩余物资或保险标的被找回，那么被保险人获得的利益将超出其实际损失，从而获得额外利益。

（2）维护社会公共利益，保障公民、法人的合法权益不受侵害。社会公共利益要求责任人对其因疏忽或过失而对他人造成的损失承担经济赔偿责任。通过代位，责任人无论如何都要承担损害的经济赔偿责任，保险人也可以通过代位追偿从责任人处追回所支付的保险赔偿款，维护保险人的合法权益。

（3）有利于被保险人及时获得经济补偿，尽快恢复正常的生产和生活。通常被保险人或受害人向责任人索赔比向保险人索赔所花费的时间、物力和人力更多，通过代位，会尽快使被保险人恢复到保险事故发生前的经济水平而不必直接向责任方索赔。

2）代位原则的内容

代位原则的内容主要包括两部分：代位求偿和物上代位。

（1）代位求偿。代位求偿是指当保险标的遭受保险事故损失而依法应由第三者承担赔偿责任时，保险人在支付了保险赔款后，在赔偿金额的限度内相应取得对第三者的索赔权利。

①代位求偿的实现应具备以下条件；第一，保险标的损失是由于保险责任事故引起的；第二，保险事故由第三方的责任引起；第三，保险人必须在履行了赔偿责任之后才能取得代位求偿权。

②保险双方在代位求偿中的权利和义务。

a. 保险人的权利和义务。保险人的权利是保险人在赔偿金额范围内代位行使被保险人对第三者请求赔偿的权利。保险人的义务是保险人追偿的权利应当与他的赔偿义务等价，如果追得的款项超过赔偿金额，超过部分归被保险人。

b. 被保险人的权利和义务。第一，在保险赔偿前，被保险人需保持对过失方起诉的权利；第二，不能放弃对第三者责任方的索赔权；第三，由于被保险人的过错致使保险人不能行使代位请求赔偿权利的，保险人可以相应扣减保险赔偿金；第四，被保险人有义务协助保险人向第三责任方追偿；第五，被保险人已经从第三者取得损害赔偿的，保险人赔偿保险金时，可以相应扣减被保险人从第三者已取得的赔偿金额。

③代位求偿原则的适用范围包括两个方面：第一，保险人代位求偿的对象是对保险标的损失负有责任的第三者，但保险人对被保险人的家庭成员及组成人员的过失行为造成的损失不能行使代位求偿权；第二，代位求偿原则不适用于人身保险。

（2）物上代位。物上代位是指保险标的因遭受保险事故而发生全损时，保险人在全额支付保险赔偿金之后，依法拥有对该保险标的物的所有权，即代位取得受损保险标的物的一切权利。

《保险法》第五十九条规定："保险事故发生后，受损保险标的全部权利归于保险人；保险金额低于保险价值的，保险人按照保险金额与保险价值的比例取得受损保险标的部分权利。"

物上代位的产生有两种情况：一是发生在实际全损后有残留物，保险人全额赔付后，残留物归保险人；二是发生推定全损，推定全损是指保险标的发生保险事故后，认为实际全损已不可避免，或者为避免发生实际全损所需支付的费用将超过保险价值，则按全损予以赔偿。

代位求偿与物上代位存在明显区别：第一，代位求偿的保险标的损失是由第三者责任引起的；第二，代位求偿取得的是追偿权，而物上代位取得的是所有权。在物上代位中，保险人取得了对保险标的物的所有权利和义务。

在保险车辆被盗抢的情况下，保险人赔偿后，如被盗抢的保险车辆找回，应将该车辆归还被保险人，同时收回相应的赔款。如果被保险人不愿意收回原车，则车辆所有权益归保险人。这是代位原则所要求的。

【案例概况】

2013 年 7 月 10 日，车主杨某在某保险公司为其帕萨特轿车投保车辆损失险、第三者责任险和盗抢险等险种，其中盗抢险的保险金额为 32 万元，保险期限自 2013 年 7 月 11 日起至 2014 年 7 月 10 日止。2013 年 10 月 15 日，杨某所投保的帕萨特轿车在 A 小区停车场内被盗，杨某于 2014 年 1 月 20 日在保险公司领取 25.4 万元保险金，并同时签署了一份权益转让书：杨某愿意将车的所有权，包括向任何第三者的追偿权完全转让给保险公司，并愿意为保险公司行使上述权利提供协助。

【案例解析】

经查明，2013 年 8 月，车主杨某在 A 小区办理了车辆停放保管手续，申领了固定停车位 21 号车位，并每月向 A 小区物业交纳管理费 150 元，交至同年 10 月，期间 A 小区将停车证及其公司自行制定的《小区停车场汽车保管有关规定及细则》交给杨某，并要求杨某在其自行印制的《承诺书》上签名，承诺遵守上述规定。该规定第六条为："本车场仅提供车位泊车及相关服务，车辆在停车场内失窃或由于意外而受损，本小区物业概不负责赔偿。"2013 年 10 月 14 日晚，杨某将车停放在 A 小区停车场 21 号车位，次日早晨发现丢车，遂向公安机关报案，失车尚未找回。保险公司取得代位求偿权后，将 A 小区物业诉诸法院，引起诉讼。

法院审理认为，杨某按月向车辆管理处支付车管费，即双方间的车辆保管关系成立，车管处规定及细则中的免责条款在法律上无依据，有悖公平原则，不具有约束力，物业未能履行应尽义务，致该车丢失，依法应当承担赔偿责任。保险公司依法代位行使追偿权，手续齐备，其诉讼请示应予支持，据此判决 A 小区物业在判决发生法律效力之日起 10 日内赔偿原告 25.4 万元，本案受理费由被告承担。

2. 分摊原则

分摊原则仅适用于财产保险中的重复保险，是指在同一投保人对同一保险标的、同一保险利益、同一保险事故分别与两个以上保险人订立保险合同的情况下，被保险人在发生保险事故后，所得赔偿金由各保险人采用适当的方法进行分摊。

在重复保险情况下，对于损失发生后的赔款保险人如何进行分摊，各国做法有所不同。主要有以下三种分摊方法：

1）比例责任制

比例责任制又称保险金额比例分摊制，该分摊方法是将各保险人所承保的保险金额进行加总，得出各保险人应分摊的比例，然后按比例分摊损失金额。公式为：

某保险人责任 =（某保险人的保险金额/所有保险人的保险金额之和）× 损失额

例如，某投保人先后分别与甲、乙、丙三家公司签订了一份火灾保险合同。甲、乙、丙公司承保的金额分别为 200 000 元、250 000 元、350 000 元，因发生火灾，损失 300 000 元。

甲保险人应赔付金额为：

$$200\ 000/(200\ 000 + 250\ 000 + 350\ 000) \times 300\ 000 = 75\ 000(元)$$

乙保险人应赔付金额为：

$$250\ 000/(200\ 000+250\ 000+350\ 000)\times300\ 000=93\ 750(元)$$

丙保险人应赔付金额为：

$$350\ 000/(200\ 000+250\ 000+350\ 000)\times300\ 000=131\ 250(元)$$

2）限额责任制

限额责任制又称为赔款额比例责任制，即保险人分摊赔款额不以保额为基础，而是按照在无他保的情况下各自单独应负的责任限额进行比例分摊赔款。公式为：

某保险人责任=（某保险人独立责任限额/所有保险人独立责任之和）×损失额

仍以上题为例，在采用第二种分摊方法计赔时，各保险人应承担的赔付金额如下：

甲保险人应赔付金额为：

$$200\ 000/(200\ 000+250\ 000+300\ 000)\times300\ 000=80\ 000(元)$$

乙保险人应赔付金额为：

$$250\ 000/(200\ 000+250\ 000+300\ 000)\times300\ 000=100\ 000(元)$$

丙保险人应赔付金额为：

$$300\ 000/(200\ 000+250\ 000+30\ 0000)\times300\ 000=120\ 000(元)$$

3）顺序责任制

顺序责任制又称主要保险制，该方法中各保险人所负责任依签订保单顺序而定，由先订立保单的保险人首先负责赔偿，当赔偿不足时再由其他保单依次承担不足的部分。

顺序责任制对有的保险人有失公平，因而各国实务中已不采用该法，多采用前两种分摊方法。我国《保险法》第五十六条第二款规定："除合同另有约定外，各保险人按照其保险金额与保险金额总和的比例承担赔偿责任。"可见，我国一般采用比例责任制的分摊方法。

在重复保险情况下，同样的损失用不同的分摊方法计算，各保险公司承担的赔款额是不同的。仍以上题为例，对三种分摊方法加以对比，如表1.2所示。

表1.2 重复保险的分摊方法运用举例

公司类型 / 分摊方法	A公司	B公司	C公司
比例责任制/元	75 000	93 750	131 250
限额责任制/元	80 000	100 000	120 000
顺序责任制/元	200 000	100 000	0

1.8.3 损失补偿原则在汽车保险实务中的运用

在汽车保险实务中，曾经存在的最大纠纷之一就是围绕着损失补偿原则展开的，即在机动车辆全部损失的情况下是应当按照出险前机动车辆的实际价值进行赔偿，还是按照保险金额进行赔偿的问题，不少保险人与被保险人为此对簿公堂，乃至整个社会对此也存在认识方面的分歧。为统一认识，中国保监会在《机动车辆保险条款》（2000年版）中明确规定，机动车辆保险合同为不定值保险合同。由此决定了在保险事故发生后，确定赔偿金额时，要确定事故发生时保险标的物的实际价值，以实际价值作为保险赔偿金额的计算依据。

❋ 1.9 保险合同常识

1.9.1 汽车保险合同的定义

保险合同，是保险人与投保人约定双方权利义务关系的协议。即根据当事人双方约定，投保人向保险人缴纳保险费，保险人在保险标的遭受约定的事故时，承担经济补偿或给付保险金义务。保险合同按保险人承担的责任，可分为财产保险合同和人身保险合同。

汽车保险合同是财产保险合同的一种，是指以汽车及其有关利益作为保险标的物的保险合同。汽车保险合同不仅适用《保险法》《道路交通安全法》《机动车交通事故责任强制保险条例》等法律法规的规定，而且适用《中华人民共和国合同法》和《中华人民共和国民法通则》的有关规定。

1.9.2 汽车保险合同的法律特征

汽车保险合同是双方当事人在社会地位平等的基础上产生的一项经济活动，是双方当事人平等、等价的一项民事法律行为，属于经济合同的一种。又由于汽车保险合同的客体不同于一般的经济合同，因此，它既具有经济合同的一般特点，同时又有自身的独特之处。

1. 汽车保险合同的一般特征

1）汽车保险合同是有名合同

以法律是否设有规范并赋予一个特定名称为标准，合同分为有名合同与无名合同。法律尚未确定名称和规范的合同是无名合同，法律直接赋予某种合同名称并规定了其调整规范的合同为有名合同。汽车保险合同是典型的有名合同，目前根据我国《机动车辆保险条例》，我国的汽车保险被赋予"机动车辆保险"的名称，汽车保险合同被称为"机动车辆保险合同"。

2）汽车保险合同是有偿合同

订立保险合同是双方当事人的有偿法律行为，保险合同的一方享有合同规定权利的同时，必须付出一定的代价，这种相互的报偿关系称为对价。汽车保险合同的生效是以投保人交付保险费为条件，换句话说是以交付保险费换取保险人承担危险的代价，这种对价是相互的和有偿的，因此，汽车保险合同是典型的有偿合同。

3）汽车保险合同是射幸合同

射幸就是碰运气、赶机会的意思。射幸合同是合同的效果在订约时不能确定的合同，即合同当事人一方并不必然履行给付义务，而只有当合同中约定的条件具备或合同约定的事件发生时才履行。汽车保险合同是一种典型的射幸合同，投保人根据保险合同支付保险费的义务是确定的，而保险人仅在保险事故发生时才承担赔偿或给付义务，即保险人的义务是否履行在汽车保险合同订立时尚不确定，而是取决于偶然的、不确定的保险事故是否发生。但是，汽车保险合同的射幸性是就单个保险合同而言的，而且是仅就有形保障而言的。

4）汽车保险合同是最大诚信合同

任何合同的订立，都应本着诚实、守信用的原则。自投保人正式向保险人提出签订合同的要求时起，就必须将汽车保险合同中规定的要素如实告知保险人。作为投保人，应当将汽车本身的情况，如是否是营运车辆、是否重复保险等情况如实告知保险人，或者如实回答保险公司提出的问题，不得隐瞒，这一点是所有投保汽车保险的投保人应当明白的规则。因为作为保险人的保险公司如果发现投保人对汽车本身的主要危险情况没有告知、隐瞒或者错误告知，即便汽车保险合同已经生效，保险人也有权拒绝承担赔偿责任。汽车保险合同的最大诚信原则不仅是针对投保人而言的，也是针对保险人而言的。保险人也应将保险合同的内容及特别约定事项、免赔责任如实向投保人进行解释，不得误导或引诱投保人参加汽车保险。因此，最大诚信原则对投保人与保险人是同样适用的。

5）汽车保险合同是对人的合同

在汽车保险中，保险车辆的过户、转让或者出售，必须事先通知保险人，经保险人同意并将保险单或保证凭证批改后方可有效，否则自保险车辆过户、转让、出售时起，保险责任即行终止。保险车辆的过户、转让、出售行为是其所有权的转移，必然带来被保险人的变更，而原被保险人在其投保前已经履行了告知义务，承担了支付保险费等义务，保险人对其资信情况有一定了解，如果被保险人的汽车所有权发生转移，势必导致保险人对新的车辆所有者的资信情况一无所知。众所周知，在汽车保险中，保险事故的发生，除了客观自然因素外，还与投保人、被保险人的责任心及道德品质有关，倘若汽车新的所有者妄想骗取索赔额，那么汽车保险事故就成为一种必然风险。因此，保险车辆所有权转移行为必须通知保险人，否则，保险人有据此解除保险合同关系的权利，从这个角度说，汽车保险合同是对人的合同。

6）汽车保险合同是双务合同

双务合同是指合同当事人双方互相承担义务，互相享有权利。汽车保险合同的投保人和保险人相互承担义务和享有权利，投保人承担支付保险费义务，保险人承担约定事故出现后的赔款义务；投保人或被保险人在约定事故发生后有权向保险人索赔，而保险人也有权要求投保人缴纳保险费。因此，汽车保险合同是双务合同。

7）汽车保险合同是非要式合同

要式合同是指法律要求必须具备一定形式和手续的合同，与之相对应，非要式合同是指法律不要求具备一定形式和手续的合同。非要式合同可由合同双方当事人自由决定合同的形式，无论采用何种形式都不影响合同的成立和生效。在汽车保险实务中，只要投保人如实填写投保单，并缴纳了相应的保险费，无论保险人是否签发了其他的保险单证，法律上都认定汽车保险合同已经成立和生效。

8）汽车保险合同是附和合同

附和合同是指合同不是双方当事人充分商议而订立的，而是由一方提出合同的主要内容，而另一方只能取与舍，既可选择接受对方提出的条件订立合同，也可拒绝，而没有修改合同内容的权利。汽车保险合同是附和合同，汽车保险合同是保险人编制的，通常情况下投保人无权修改合同的内容，但有权决定是否与保险人订立合同。

2. 汽车保险合同有别于一般保险合同的特征

汽车保险合同除了具有上述一般经济合同的特征以外，还有不同于一般保险合同的自身特征。

1）汽车保险合同的可保利益较大

对于汽车保险，不仅被保险人使用汽车时具有保险利益，对于被保险人允许的合法驾驶人使用保险车辆，同样具有可保利益。

2）汽车保险合同属于不定值保险合同

保险合同中汽车的保险金额，可以由投保人和保险人约定并在保险合同中载明，也可以按照保险事故发生时汽车的实际价值确定。投保汽车保险时，车辆损失险的保险金额不能超过保险价值，超过保险价值的，超过部分无效；保险金额低于保险价值，保险人按照保险金额与保险价值的比例承担赔偿责任。这就是说，汽车保险金额定得太高，超出了保险价值，多投保的那一部分，投保人也不能多得；如果保险金额定得太低，投保人的损失将得不到足额补偿。我国现行的机动车辆保险条款中，明确规定了汽车保险合同为不定值保险合同。

3）汽车保险合同适用代位原则

如果汽车的损毁由第三者造成的保险事故引起，保险人自向被保险人赔偿保险赔款之日起，在赔款金额范围内代位行使被保险人对第三者请求赔偿的权利。如果被保险人已经从第三者取得损害赔偿，保险人在赔偿保险赔款时，可以相应扣减被保险人从第三者已取得的赔款金额。

1.9.3 汽车保险合同的形式

在汽车保险的具体实务工作中，汽车保险合同主要有以下几种形式。

1. 投保单

汽车保险投保单又称为"要保单"或"投保申请书"，是投保人申请保险的一种书面形式。通常，投保单由保险人事先设计并印制，上面列明了保险合同的具体内容，投保人只需在投保单上按列明的项目逐项填写即可。投保人填写好投保单后，保险人审核同意签章承保，这意味着保险人接受了投保人的书面要约，说明汽车保险合同已告成立。汽车投保单的主要内容包括被保险人名称、投保人名称、保险车辆的情况、投保的险别、保险金额、保险期限等内容。上述投保单的内容经保险人签章后，保险合同即告成立，保险人按照约定的时间开始承担保险责任。

2. 暂保单

暂保单是保险人出具正式保单以前签发的临时保险合同，用以证明保险人同意承保。暂保单的内容较为简单，仅包括保险标的、保险责任、保险金额以及保险关系当事人的权利义务等。

签订暂保单不是签订保险合同的必经程序。一般来说，使用暂保单有以下几种情况：

（1）保险代理人在争取到业务但尚未向保险人办妥保险单之前，需给被保险人开具的临时证明。

（2）保险公司的分支机构在接受投保人的要约后，需要获得上级保险公司或保险总公司的批准。

（3）保险人和投保人在洽谈或续订保险合同时，订约双方已就主要条款达成一致，但一些条件尚未谈妥。

（4）出口贸易结汇，保险单是必备的文件之一，在保险单或保险凭证未出具之前，可出具暂保单，以证明出口货物已办理保险，作为办理结汇的凭证之一。

知识链接 1-6

暂保单与正式保单具有同等的法律效力。与正式保单相比，暂保单的内容相对简单，保险期限短，可由保险人或兼业保险代理机构签发；而正式保单尽管法律效力与暂保单相同，但其内容较为复杂，保险期限通常为一年，保险单只能由保险人签发。我国现行的汽车保险中，提车暂保单承保车辆损失险和第三者责任险。

---

3. 保险单

保险单，是保险人和投保人之间订立保险合同的正式书面凭证，如图 1.2 所示。它根据汽车投保人申请，在保险合同成立之后，由保险人向投保人签发。保险单上列明了保险合同的所有内容，它是保险双方当事人确定权利、义务和在发生保险事故遭受经济损失后，被保险人向保险人索赔的重要依据。

4. 保险凭证

保险凭证也称保险卡，是保险人发给投保人用以证明保险合同已经订立或保险单已经签发的一种凭证。由于机动车辆保险标的具有流动性大、出险概率较高的特点，一旦出险需要出示保险合同。然而，被保险人与其允许的驾驶人往往不止一人，尤其是单位投保人同时投保多辆车辆，不方便也不可能随身携带保险单，因此保险人在签发保险单时还向被保险人签发机动车辆保险凭证，便于被保险人或其允许的驾驶人随身携带，证明保险合同的存在。

保险凭证的法律效力与保险单相同，保险凭证上未列明的事项以保险单为准。

5. 批单

在保险合同有效期间，可能发生需要部分变动的情况，这时要求对保险单进行批改。保险单的批改应该根据不同的情况采用统一和标准措辞的批单。批单的内容通常包括批改申请人、批改的要求、批改前的内容、批改后的内容、是否增加保险费、增加保险费的计算方式、增加的保险费，并明确除本批改外原合同的其他内容不变。

批单应该加贴在原保险单正本和副本背面上，并加盖骑缝章，使其成为保险合同的一部分。

在多次批改的情况下，最近一次批改的效力优于之前的批改，手写批改的效力优于打字的批改。

6. 书面协议

保险人经与投保人协商同意，可将双方约定的承保内容及彼此的权利义务关系以书面协议形式明确下来。这种书面协议也是保险合同的一种形式。与正式保单相比，书面协议的内容不事先拟就，而是根据保险关系双方当事人协商一致的结果来签订，具有较大的灵活性和针对性，是一种不固定格式的保险单，它与保险单具有同等法律效力。

机动车交通事故责任强制保险单（正本）

缴费确认时间：2009年01月21日16时36分
投保确认时间：2009年01月21日16时37分

打印时间：2009年01月21日16时38分

中华联合财产保险股份有限公司
CHINA UNITED PROPERTY INSURANCE COMPANY LIMITED

鲁：0 837478279

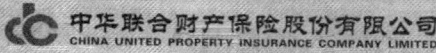

保险单号：02093711090003320

被保险人					
被保险人身份证号码(组织机构代码)					
地　址	日照市			联系电话	

被保险机动车	号牌号码	鲁L	机动车种类	六座以下客车	使用性质	非营业—家庭
	发动机号码		识别代码(车架号)	LDCC43X		
	厂牌型号	东风雪铁龙DC7205D轿车	核定载客	5 人	核定载质量	0 千克
	排　量		功　率		登记日期	2007-11

责任限额	死亡伤残赔偿限额	110000元	无责任死亡伤残赔偿限额	11000元
	医疗费用赔偿限额	10000元	无责任医疗费用赔偿限额	1000元
	财产损失赔偿限额	2000元	无责任财产损失赔偿限额	100元

与道路交通安全违法行为和道路交通事故相联系的浮动比率			−10.0%
保险费合计(人民币大写)	捌佰伍拾伍元整	(¥ 855 元)其中救助基金(%)¥:	元
保险期间自 2009 年 01 月 22 日零时起至 2010 年 01 月 21 日二十四时止			
保险合同争议解决方式	仲裁		

代收车船税	整备质量			纳税人识别号				
	当年应缴	¥: 420 元	往年补缴	¥: 0 元	滞纳金	¥: 0 元
	合计(人民币大写)： 肆佰贰拾元整					(¥: 420 元)	
	完税凭证号(减免税证明号)			开具税务机关			

特别约定	1、该车上年在大地公司承保，保险期内未出险，上年保单号为：PDDH200737010

重要提示	1. 请详细阅读保险条款，特别是责任免除和投保人、被保险人义务。 2. 收到本保险单后，请立即核对，如有不符或疏漏，请及时通知保险人并办理变更或补充手续。 3. 保险费应一次性交清，请您及时核对保险单和发票(收据)，如有不符，请及时与保险人联系。 4. 投保人应如实告知对保险费计算有影响的或被保险机动车因改装、加装、改变使用性质等导致危险程度增加的重要事项，并及时通知保险人办理批改手续。 5. 被保险人应当在交通事故发生后及时通知保险人。

保险人	公司名称：	中华联合财产保险股份有限公司日照新市区营销服务部
	公司地址：	日照市海区东路沿街门面房
	邮政编码： 276800	服务电话：95585　签单日期：20090121　(保险人签章)

核保：	制单：	经办：

图1.2　中华联合财产保险股份有限公司保险单

本章小结

风险与人类活动密切相关，风险伴随着人类生活活动，风险无时不有、无处不在。风险是指某种事件发生的不确定性，实际与预期结果的差异性，损失的概率。

风险三要素是指：风险因素、风险事故和损失。风险的特征包括：风险的客观性、风险的普遍性、风险的社会性、风险的不确定性、风险的可预测性和风险的发展性。

风险管理主要包括：风险识别、风险估测、风险评估、选择风险管理技术、风险管理效果评价。

风险的客观存在是保险产生和存在的自然前提，风险的发展是保险发展的客观依据。保险是风险管理传统的、有效的措施，保险的经营效益受到风险管理技术的制约。

保险是商业行为，保险是合同行为，保险是权利和义务行为，经济补偿和保险金给付是以合同约定的事故发生为条件的。

保险构成的前提要素是可保风险的存在；保险的基础要素是众人协力，即多数人参与；保险的功能要素是损失补偿。

共同保险中，投保人和各保险人之间签订的是一个保险合同，其赔偿金额不会超过保险价值。在重复保险中，各保险人之间没有相互沟通，投保人与每个保险人均签订了一个合同，很可能使被保险人获得超额利益。共同保险的当事人之间的关系是横向的，再保险的当事人之间的关系是纵向的。

大多数财产保险属于不定值保险，如企业和个人财产保险、机动车辆保险。

保险的基本职能就是组织经济补偿和实现保险金的给付；保险的派生职能是防灾防损和金融融资。

汽车保险扩大了对汽车的需求，稳定了社会公共秩序，促进了汽车安全性能的提高，机动车保险业务在财产保险业务中占有重要地位。

保险法以法律形式规定了保险人的权利和义务，规定了投保人和被保险人的权利和义务。

我国汽车保险业经历了萌芽时期、试办时期和发展时期，现阶段我国保险业正处于发展时期。

我国汽车保险分为商业汽车保险和强制汽车保险两大类，商业汽车保险有 A、B、C 三款不同模式供保险人和被保险人选择，根据运营情况，各保险人又分别为投保人或被保险人提供了不同的主险和附加险以供选择。

汽车保险利益原则其实就是保险基本原则在汽车保险业务运营中的体现，保险原则是指投保人对保险标的所具有的法律上承认的经济利益，是指在签订和履行保险合同过程中对保险标的应当具有的保险利益，否则合同无效。

财产保险的保险利益应具有以下特点：是法律认可并予以保护的合法利益；必须是客观存在的利益。人身保险的保险利益具有以下特点：是法律认可并予以保护的人身关系；人身关系中具有财产内容；构成保险利益的是经济利害关系。

最大诚信原则要求：保险人履行说明义务，投保人履行如实告知义务，投保人和被保险人履行保证义务，保证分明示保证和默示保证。当事人未履行义务的保险合同无效，由此产生的后果由当事人自己承担。

近因原则在保险业务中的运用是指，促成损失结果的最有效的或起决定作用的原因，而不是指时间和空间上最近的原因。

损失补偿原则在运用时，只能使被保险人在经济上恢复到受损前的状态，而不允许被保险人通过额外索赔获得经济利益。具体体现在以下几方面：赔偿必须在保险人责任范围内，赔偿必须以实际损失额为限，赔偿应以保险利益为限，损失赔偿是保险人的义务。

代位原则是指保险人依照法律或保险合同约定，对被保险人遭受的损失进行赔偿后，依法取得向对财产损失负有责任的第三者进行追偿的权利或者取得被保险人对保险标的物的所有权。

分摊原则仅适用于财产保险中的重复保险，是指在同一投保人对同一保险标的、同一保险利益、同一保险事故分别与两个以上保险人订立保险合同的情况下，被保险人在发生保险事故后，所得赔偿金由各保险人采用适当的方法进行分摊。

最大诚信原则、保险利益原则、近因原则、损失补偿原则既适用于人身保险也适用于财产保险；订立保险合同、履行保险合同期间应遵循最大诚信原则和保险利益原则；保险理赔阶段应遵循近因原则和损失补偿原则。

✹ 习题

一、选择题

1. 当事人之间基于不确定的事件取得利益或遭受损失而达成的协议是（   ）。
   A. 有偿合同   B. 附和合同   C. 射幸合同   D. 议商合同
2. 投保人指定或变更受益人需要经过（   ）同意。
   A. 保险人   B. 被保险人
   C. 原先指定的受益人   D. 变更的受益人
3. 某厂 2016 年 5 月 1 日将可投保的 100 万元财产投保了一年期的财产基本险，2016 年 8 月 7 日由于火灾致标的全部损失，保险人赔偿 100 万元，保险合同终止。该财产保险合同中止属于（   ）而终止。
   A. 保险期间届满   B. 因履行   C. 双方约定   D. 法定裁决

二、名词解释

1. 汽车保险合同的主体、汽车保险合同的客体。
2. 投保人、被保险人、保险人。
3. 保险标的。
4. 投保单、保险单、批单、保险凭证。

三、简答题

1. 试分析风险三要素之间的关系。
2. 风险的特性是什么？
3. 什么是可保风险？可保风险包括哪些风险？
4. 风险与保险的关系是什么？为什么说保险是传统风险管理的有效措施？
5. 保险的要素是什么？

6. 重复保险、共同保险、再保险有什么区别？

7. 为什么说汽车保险是不定值保险？

8. 汽车保险是什么时候产生的？什么是汽车保险？汽车保险的职能有哪些？

9. 简述汽车保险市场的构成。

10. 保险商品具有哪些特点？保险商品的营销模式有哪些？

11. 简述我国汽车保险的发展历程和作用。

12. 我国汽车保险业务有哪些种类？

13. 汽车保险应遵循哪些原则？

14. 何谓保险利益？成为可保利益的条件是什么？简述保险利益原则在汽车保险实施中的理论指导意义。

15. 何谓补偿原则？简述补偿原则在汽车保险实践中的理论指导意义。

16. 举例说明什么是物上代位，什么是代位求偿。

17. 何谓近因？简述近因原则在汽车保险实践中的理论指导意义。

四、案例题

1. 张某 2015 年 12 月 18 日向某保险公司投保了保险期为 1 年的家庭财产保险，其保险金额为 40 万元。2016 年 2 月 28 日张某家因意外发生火灾，火灾发生时，张某的家庭财产实际价值为 50 万元，若按第一危险赔偿方式，则：

（1）家庭财产损失 10 万元时，保险公司应赔偿多少？为什么？

（2）家庭财产损失 45 万元时，保险公司又应赔偿多少？为什么？

2. 某建材公司在 2016 年 5 月 18 日为其车辆在保险公司购买了车辆损失险、第三者责任险、盗窃险，保险期自 2016 年 5 月 19 日 0 时起至 2017 年 5 月 18 日 24 时止并及时交付了保险费。2016 年 10 月 25 日，建材公司将该车转让给个体户刘某，并同时在车辆管理所办理了过户手续。2016 年 11 月 14 日，刘某所雇驾驶员张某驾驶该车与一辆货车相撞，两辆事故车的维修费分别为 2.9 万元和 3.5 万元。根据公安交警大队出具的道路交通事故责任认定书，张某应对交通事故负全部责任。2016 年 12 月，建材公司和刘某一起向保险公司提出索赔申请，并向保险公司出具了该车在车辆管理所过户的证明。保险公司以保险车辆已过户，但未申请办理保险批改手续为由，向被保险人发出拒赔通知书。

问题：请结合修订的保险法讨论，给出相应的处理意见。

项目 2

汽车保险

✓ 学习目标

1. 了解交强险和商业险的意义。
2. 掌握交强险责任限额、责任免除和计算方法。

✓ 学习要求

能力目标	知识要点	权重
了解各保险险种	交强险、商业主险和附加险，不同险种的特性不相同	20%
熟悉各险种的保险责任和责任免除	保险责任、责任免除、保险限额及赔偿处理	60%
运用知识分析案例，了解各险种的责任范围及赔偿处理	理赔的步骤	20%

引 例

2017 年 3 月 2 日，张先生在上班途中等红绿灯时被一辆桑塔纳轿车追尾，导致自己的马自达新车后保险杠被撞坏，维修花费 400 元。除了交强险之外，张先生还投保了车损险，在自己无责的情况下，交强险和车损险会怎么赔？会赔多少？

汽车保险可以分为商业保险和强制保险两种。商业保险又包括主险和附加险。交强险是强制保险，它是中国应《道路交通安全法》的实行推出的针对机动车的车辆险种，全称是机动车交通事故责任强制保险。

❀ 2.1 机动车交通事故责任强制保险概述

2.1.1 交强险的发展概述

机动车交通事故责任强制保险，简称交强险。就国外发展而言，1931 年，英国开始正式实施交强险。1955 年制定了《机动车第三者责任保险法》，1970 年马萨诸塞州首先颁布了无过失汽车保险法，之后，美国大部分州开始实施"无过失责任"保险制度，即无论驾驶员在交通事故中有无过错或过失，只要与行人或者非机动车相撞，就依法承担民事赔偿责任。我国台湾地区从 1998 年 1 月 1 日起正式实施《强制汽车责任保险法》。大陆于 2006 年 7 月 1 日正式施行，根据配套措施的最终确立，于 2007 年 7 月 1 日正式普遍推行的。

2.1.2 交强险的特征

1. 强制性

机动车交通事故责任强制保险为国家规定的强制性保险，依照《机动车交通事故责任强制保险条例》的规定，投保人（被保险人）应当向保险人投保交强险，也就是说车主只要购车，就需要每年对其进行投保。同时，保险人不能拒绝承保，不得拖延承保，不得随意解除合同。保险合同的内容是由国家法律统一规定的。

2. 对第三者承担赔偿责任

发生道路交通事故后，有的因没有保险保障或致害人支付能力有限，第三者受害人往往得不到及时的赔偿，造成大量经济赔偿纠纷。而交强险则可以减少投保人和第三者的经济损失，按照 2016 年的新规定，第三者是指保险车辆上人员以外的人员。

3. 广泛性

除了《机动车交通事故责任强制保险条例》规定的个别事项外，交强险的赔偿范围几乎涵盖了所有道路交通责任风险。

4. 无过失责任性

机动车一方对第三方造成的人身伤亡和财产损失，无论投保人（被保险人）有无责任，均应承担赔偿责任，而保险人不得以任何理由拒绝投保人一方造成的第三方损失的赔偿，这就是交强险的无过失责任性。

2.2 交强险包含的机动车类型和条款

2.2.1 交强险包含的机动车类型

交强险按机动车种类和使用性质分为家庭自用汽车、非营业客车、营业客车、非营业货车、营业货车、特种车、摩托车、拖拉机和挂车 9 种类型。

1. 家庭自用汽车

家庭自用汽车是指家庭或个人所有，且用途为非营业性的汽车。

2. 非营业客车

非营业客车是指党政机关、企事业单位、社会团体、使领馆等机构从事公务或在生产经营活动中不以直接或间接方式收取运费或租金的客车，包括党政机关、企事业单位、社会团体、使领馆等机构为从事公务或在生产经营活动中承租且租赁期限为 1 年或 1 年以上的客车。

非营业客车分为党政机关、事业团体客车，企业客车。

驾校用于驾驶教练、邮政公司用于邮递业务、快递公司用于快递业务的客车以及警车、普通囚车、医院的普通救护车、殡葬车按照其行驶证上载明的核定载客数，适用对应的企业非营业客车的费率。

3. 营业客车

营业客车是指用于旅客运输或租赁，并以直接或间接方式收取运费或租金的客车。

营业客车分为城市公交客车，公路客运客车，出租、租赁客车。

旅游客运车按照其行驶证上载明的核定载客数，适用对应的公路客运车费率。

4. 非营业货车

非营业货车是指党政机关、企事业单位、社会团体自用或仅用于个人及家庭生活，不以直接或间接方式收取运费或租金的货车（包括客货两用车）。货车是指载货机动车、厢式货车、半挂牵引车、自卸车、电瓶运输车、装有起重机械但以载重为主的起重运输车。

驾校用于驾驶教练、邮政公司用于邮递业务、快递公司用于快递业务的货车按照其行驶证上载明的核定载质量，适用对应的非营业货车的费率。

5. 营业货车

营业货车是指用于货物运输或租赁，并以直接或间接方式收取运费或租金的货车（包括客货两用车）。

6. 特种车

特种车是指用于装载各类油料、气体、液体等的专用罐车；或用于清障、清扫、清洁、起重、装卸（不含自卸车）、升降、搅拌、挖掘、推土、压路等的各种专用机动车，或装有冷冻或加温设备的厢式机动车；或车内装有固定专用仪器设备，从事专业工作的监测、消防、运钞、医疗、电视转播、雷达、X 光检查等机动车；或专门用于牵引集装箱箱体（货柜）的集装箱拖头。

特种车按其用途共分成 4 类，不同类型的机动车采用不同的收费标准。

特种车一：油罐车、气罐车、液罐车。

特种车二：专用净水车、特种车一以外的罐式货车，以及用于清障、清扫、清洁、起重、装卸（不含自卸车）、升降、搅拌、挖掘、推土、冷藏、保温等的各种专用机动车。

特种车三：装有固定专用仪器设备，从事专业工作的监测、消防、运钞、医疗、电视转播等的各种专用机动车。

特种车四：集装箱拖头。

7. 摩托车

摩托车是指以燃料或电瓶为动力的各种两轮、三轮摩托车。

摩托车分成 3 类：50 mL 及以下、50 ~ 250 mL（含）、250 mL 以上及侧三轮。正三轮摩托车按照排气量分类执行相应的费率。

8. 拖拉机

拖拉机按其使用性质分为兼用型拖拉机和运输型拖拉机。兼用型拖拉机是指以田间作业为主，通过铰接连接牵引挂车可进行运输作业的拖拉机。兼用型拖拉机分为 14.7 kW 及以

下和 14.7 kW 以上两种。运输型拖拉机是指货厢与底盘一体，不通过牵引挂车就可进行运输作业的拖拉机。运输型拖拉机分为 14.7 kW 及以下和 14.7 kW 以上两种。低速载货汽车参照运输型拖拉机 14.7 kW 以上的费率执行。

9. 挂车

挂车是指就其设计和技术特征需机动车牵引才能正常使用的一种无动力的道路机动车。挂车根据实际的使用性质并按照对应吨位货车的 30% 计算费率。装置有油罐、气罐、液罐的挂车按特种车一的 30% 计算费率。

2.2.2 条款

根据《中华人民共和国道路交通安全法》《中华人民共和国保险法》《机动车交通事故责任强制保险条例》等法律和行政法规，交强险条款包括以下几项：

(1) 机动车交通事故责任强制保险合同由本条款与投保单、保险单、批单和特别约定共同组成。凡与交强险合同有关的约定，都应当采用书面形式。

(2) 交强险费率实行与被保险机动车道路交通安全违法行为、交通事故记录相联系的浮动机制。

(3) 签订交强险合同时，投保人应当一次性支付全部保险费。保险费按照中国保险监督管理委员会批准的交强险费率计算。

(4) 在交强险合同中的被保险人是指投保人及其允许的合法驾驶人。投保人是指与保险人订立交强险合同，并按照合同负有支付保险费义务的机动车的所有人和管理人。

(5) 交强险合同中的受害人是指因被保险机动车发生交通事故而遭受人身伤亡或者财产损失的人，但不包括被保险机动车本车车上人员和被保险人。

(6) 交强险合同中的责任限额是指被保险机动车发生交通事故，保险人对每次保险事故所有受害人的人身伤亡和财产损失所承担的最高赔偿金额。其中，无责任的赔偿限额分为无责任死亡伤残赔偿限额、无责任医疗费用赔偿限额以及无责任财产损失赔偿限额。交强险责任限额如表 2.1 所示。

表 2.1 交强险责任限额

	限额	责任限额总和
有责赔偿	死亡伤残赔偿限额为 110 000 元； 医疗费用赔偿限额为 10 000 元； 财产损失赔偿限额为 2 000 元	122 000 元
无责赔偿	死亡伤残赔偿限额为 11 000 元； 医疗费用赔偿限额为 1 000 元； 财产损失赔偿限额为 100 元	12 100 元

注：有责任死亡伤残赔偿限额和无责任死亡伤残赔偿限额项下负责赔偿丧葬费、死亡补偿费、受害人亲属办理丧葬事宜支出的交通费用、残疾赔偿金、残疾辅助器具费、护理费、康复费、交通费、被扶养人生活费、住宿费、误工费，被保险人依照法院判决或者调解承担的精神损害抚慰金。

有责任医疗费用赔偿限额和无责任医疗费用赔偿限额项下负责赔偿医药费、诊疗费、住院费、住院伙食补助费，必要的、合理的后续治疗费、整容费、营养费。

（7）交强险合同中的抢救费用是指被保险机动车发生交通事故导致受害人受伤时，医疗机构对生命体征不平稳和虽然生命体征平稳但如果不采取处理措施会产生生命危险，或者导致残疾、器官功能障碍，或者导致病程明显延长的受害人，参照国务院卫生主管部门组织制定的交通事故人员创伤临床诊疗指南和国家基本医疗保险标准，采取必要的处理措施所发生的医疗费用。

（8）在中华人民共和国境内（不含港、澳、台地区），被保险人在使用被保险机动车过程中发生交通事故，致使受害人遭受人身伤亡或者财产损失，依法应当由被保险人承担的损害赔偿责任，保险人按照交强险合同的约定对每次事故在赔偿限额内负责赔偿：

（9）被保险机动车在驾驶人未取得驾驶资格、驾驶人醉酒、被保险机动车被盗抢期间肇事、被保险人故意制造交通事故这四种之一的情形下发生交通事故，造成受害人受伤需要抢救的，保险人在接到公安机关交通管理部门的书面通知和医疗机构出具的抢救费用清单后，按照国务院卫生主管部门组织制定的交通事故人员创伤临床诊疗指南和国家基本医疗保险标准进行核实。对于符合规定的抢救费用，保险人在医疗费用赔偿限额内垫付。被保险人在交通事故中无责任的，保险人在无责任医疗费用赔偿限额内垫付。对于其他损失和费用，保险人不负责垫付和赔偿。对于垫付的抢救费用，保险人有权向致害人追偿。

（10）下列损失和费用，交强险不负责赔偿和垫付：因受害人故意造成的交通事故造成的损失；被保险人所有的财产及被保险机动车上的财产遭受的损失；被保险机动车发生交通事故，致使受害人停业、停驶、停电、停水、停气、停产、通信或者网络中断、数据丢失、电压变化等造成的损失以及受害人财产因市场价格变动造成的贬值、修理后因价值降低造成的损失等其他各种间接损失；因交通事故产生的仲裁或者诉讼费用以及其他相关费用。

（11）在保险合同有效期内，被保险机动车因改装、加装、使用性质改变等导致危险程度增加的，被保险人应当及时通知保险人，并办理批改手续。否则，保险人按照保单年度重新核定保险费计收。

（12）被保险机动车发生交通事故，被保险人应当及时采取合理、必要的施救和保护措施，并在事故发生后及时通知保险人。

（13）发生保险事故后，被保险人应当积极协助保险人进行现场查勘和事故调查。

（14）发生与保险赔偿有关的仲裁或者诉讼时，被保险人应当及时书面通知保险人。

✺ 2.3 交强险费率

2.3.1 费率表

交强险费率实行与被保险机动车道路交通安全违法行为、交通事故记录相联系的浮动机制。

交强险的基础费率共分42种，家庭自用车、非营业客车、营业客车、非营业货车、营业货车、特种车、摩托车和拖拉机等8大类42小类车型保险费率各不相同。但对同一车型，全国执行统一价格。2008年版交强险基础费率如表2.2所示。

表 2.2　2008 年版交强险基础费率

车辆大类	序号	车辆明细分类	保费/元
家庭自用车	1	家庭自用汽车 6 座以下	950
	2	家庭自用汽车 6 座及以上	1 100
非营业客车	3	企业非营业汽车 6 座以下	1 000
	4	企业非营业汽车 6～10 座	1 130
	5	企业非营业汽车 10～20 座	1 220
	6	企业非营业汽车 20 座以上	1 270
	7	机关非营业汽车 6 座以下	950
	8	机关非营业汽车 6～10 座	1 070
	9	机关非营业汽车 10～20 座	1 140
	10	机关非营业汽车 20 座以上	1 320
营业客车	11	营业出租租赁 6 座以下	1 800
	12	营业出租租赁 6～10 座	2 360
	13	营业出租租赁 10～20 座	2 400
	14	营业出租租赁 20～36 座	2 560
	15	营业出租租赁 36 座以上	3 530
	16	营业城市公交 6～10 座	2 250
	17	营业城市公交 10～20 座	2 520
	18	营业城市公交 20～36 座	3 020
	19	营业城市公交 36 座以上	3 140
	20	营业公路客运 6～10 座	2 350
	21	营业公路客运 10～20 座	2 620
	22	营业公路客运 20～36 座	3 420
	23	营业公路客运 36 座以上	4 690
非营业货车	24	非营业货车 2 吨以下	1 200
	25	非营业货车 2～5 吨	1 470
	26	非营业货车 5～10 吨	1 650
	27	非营业货车 10 吨以上	2 220
营业货车	28	营业货车 2 吨以下	1 850
	29	营业货车 2～5 吨	3 070
	30	营业货车 5～10 吨	3 450
	31	营业货车 10 吨以上	4 480

车辆大类	序号	车辆明细分类	保费/元
特种车	32	特种车一	3 710
	33	特种车二	2 430
	34	特种车三	1 080
	35	特种车四	3 980
摩托车	36	摩托车 50 mL 及以下	120
	37	摩托车 50 ~ 250 mL（含）	120
	38	摩托车 250 mL 以上及侧三轮	400
拖拉机		按保监产险〔2007〕53 号文件实行地区差别费率待定	

注：①座位和吨位的分类都按照"含起点不含终点"的原则来解释。
②特种车一：油罐车、气罐车、液罐车；特种车二：专用净水车、特种车一以外的罐式货车，以及用于清障、清扫、清洁、起重、装卸、升降、搅拌、挖掘、推土、冷藏、保温等各种专用机动车；特种车四：集装箱拖头。
③挂车不投保机动车交通事故责任强制保险。
④低速载货汽车参照运输型拖拉机 14.7 kW 以上的费率执行。

2.3.2 保费计算方法

1. 一年期基础保费的计算

投保一年期机动车交通事故责任强制保险的，根据《机动车交通事故责任强制保险基础费率表》中相对应的金额确定基础保费。交强险费率浮动因素及比率如表 2.3 所示。

最终保费 = 基础保费 × （1 + 与道路交通事故相联系的浮动比率） × （1 + 与交通安全违法行为相联系的浮动比率 A）

表 2.3 交强险费率浮动因素及比率

	浮动因素	浮动比率/%
A1	上一个年度未发生有责任道路交通事故	−10
A2	上两个年度未发生有责任道路交通事故	−20
A3	上三个年度未发生有责任道路交通事故	−30
A4	上一个年度发生一次有责任不涉及死亡的道路交通事故	0
A5	上一个年度发生两次有责任不涉及死亡的道路交通事故	10
A6	上一个年度发生有责任道路交通死亡事故	30

注：摩托车和拖拉机暂不浮动。

交强险酒驾挂钩制度在全国范围全面铺开，酒后驾驶与机动车交强险费率联系浮动比率如表 2.4 所示。

表 2.4　酒后驾驶与机动车交强险费率联系浮动比率

浮动因素	浮动比率/%
上年每发生一次饮酒后驾驶交通违法行为且尚未处理的	15
上年每发生一次饮酒后驾驶交通违法行为且已处理完毕的	10
上年每发生一次醉酒后驾驶交通违法行为且尚未处理的	30
上年每发生一次醉酒后驾驶交通违法行为且已处理完毕的	25

2. 短期基础保费的计算

投保保险期间不足一年的机动车交通事故责任强制保险，按短期费率系数计收保费，不足一个月按一个月计算。具体为：先按《机动车交通事故责任强制保险基础费率表》中相对应的金额确定基础保费，再根据投保期限选择相对应的短期月费率系数，两者相乘即短期基础保费。交强险短期月费率系数如表 2.5 所示。

表 2.5　交强险短期月费率系数

保险月数	1	2	3	4	5	6	7	8	9	10	11	12
短期月费率系数/%	10	20	30	40	50	60	70	80	85	90	95	100

3. 交强险退保

除下列情况外，保险人不得接受投保人解除交强险合同的申请：

（1）被保险机动车被依法注销登记的（需提供车辆管理部门出具的注销证明）。

（2）被保险机动车办理停驶的（需提供当地交通运输管理部门出具的合法停驶证明）。

（3）被保险机动车经公安机关证实丢失的（需提供公安机关出具的丢失证明）。

（4）投保人重复投保交强险的（需提供重复投保的交强险保单正本原件或复印件）。

（5）被保险机动车被转卖、转让、赠送至车籍所在地以外的地方（车籍所在地按地市级行政区划分）。

（6）新车因质量问题被销售商收回或因相关技术参数不符合国家规定，交管部门不予上户的（需提供产品质量缺陷证明、销售商退车证明或交管部门出具的不予上户证明）。

✿ 2.4　商业主险

主险属于汽车商业保险，车主投保了国家规定必保的机动车辆交强险后，可自愿投保商业保险公司的机动车辆保险。商业保险可分为主险和附加险。主险又叫基础险，它包括车辆损失险、全车盗抢险、车上人员责任险和商业第三者责任险四种。而附加险则包括车身划痕险、玻璃单独破碎险、自燃险、不计免赔险等，其中附加险不能独立投保，而必须依附于相应的基本险投保。

2007 年 2 月 27 日保监会对中国保险行业协会申报的《中国保险行业协会关于申报车险 A、B、C 三款（07 版）行业条款费率方案的请示》批复，2007 年 4 月 1 日起正式启用。新条款和费率由中国保险行业协会制定，共有 A、B、C 三款，各保险公司任选其一。A、B、

C 三套条款只是对车辆损失险和商业第三者责任险两个主要险种的条款进行了统一，其他险种的条款由各保险公司自己制定，报保险监督管理部门备案即可。A、B、C 三款的险种如表 2.6 所示。

表 2.6　2007 年 4 月 1 日实施的 A、B、C 三款险种

条款	A 款	B 款	C 款
主险	机动车第三者责任保险 家庭自用汽车损失保险 非营业用汽车损失保险 营业用汽车损失保险 特种车保险 摩托车、拖拉机保险 机动车车上人员责任保险 机动车盗抢保险 机动车提车保险	第三者责任保险 车辆损失保险 全车盗抢保险 车上人员责任保险 摩托车、拖拉机保险 机动车单程保险	第三者责任保险 机动车损失保险 车上人员责任保险 全车盗抢损失保险 单程提车损失保险 单程提车三者保险 摩托车、拖拉机保险
附加险和特约条款	玻璃单独破碎险 火灾、爆炸、自燃损失险 自燃损失险 车身划痕损失险 可选免赔额特约条款 新增加设备损失险 发动机特别损失险 机动车停驶损失险 不计免赔率特约条款 车上货物责任险 无过失责任险 教练车特约条款 附加油污污染责任险 异地出险住宿费特约条款 代步机动车服务特约条款 更换轮胎服务特约条款 送油、充电服务特约条款 拖车服务特约条款 附加换件特约条款 随车行李物品损失保险 新车特约条款 A 新车特约条款 B 附加交通事故精神损害赔偿责任保险 附加机动车出境保险 起重、装卸、挖掘车辆损失扩展条款 特种车辆固定设备、仪器损坏扩展条款 多次出现增加免赔率特约条款 约定区域通行费用特约条款 指定专修厂特约条款 租车人人车失踪险条款 法律费用特约条款	玻璃单独破碎险 车身划痕损失险 自燃损失险 车辆停驶损失险 代步车费用险 新增加设备损失险 车上货物责任险 车载货物掉落责任险 附加油污污染责任险 交通事故精神损害赔偿险 轮胎单独损坏险 涉水行驶损坏险 随车行李物品损失险 保险事故附随费用损失险 车辆重置特险条款 A 车辆重置特险条款 B 换件特约险 系安全带补偿特约险 指定专修厂特约条款 特种车特约条款 多次事故免赔特约条款 基本险不计免赔率特约条款 附加险不计免赔率特约条款	自燃损失险 玻璃单独破碎险 新增设备损失险 车身油漆单独损伤险 涉水损失险 零部件、附属设备被盗抢险 车上货物责任险 精神损害抚慰金责任险 随车携带物品责任险 特种车车辆损失扩展险 特种车固定机具、设备损失险 免税车辆关税责任险 道路污染责任险 车损免赔额特约条款 救援费用特约条款 修理期间费用补偿特约条款 事故附随费用特约条款 更换新车特约条款 多次事故免赔率特约条款 使用安全带特约条款 基本险不计免赔特约条款 附加险不计免赔特约条款 法律服务特约条款 节假日行驶区域扩展特约条款 指定专修厂特约条款 换件特约条款

2.4.1 机动车商业保险险种概述

1. 机动车第三者责任保险

机动车第三者责任保险简称第三者责任险，是指被保险人或其允许的驾驶人在使用保险车辆过程中发生意外事故，致使第三者遭受人身伤亡或财产直接损毁，依法应当由被保险人承担的经济责任，保险公司负责赔偿。同时，若经保险公司书面同意，被保险人因此发生仲裁或诉讼费用的，保险公司在责任限额以外赔偿，但最高不超过责任限额的30%。以往绝大多数地方政府将第三者责任险列为强制保险险种，不买这个保险，机动车便上不了牌照，也不能年检。在机动车交通事故责任强制保险（简称交强险）出台后，第三者责任险已成为非强制性的保险。但是交强险在对第三者的财产损失和医疗费用部分赔偿较低，可考虑购买第三者责任险作为交强险的补充。

特别提示

- 2016年新车险将被保险人家庭成员的人身伤亡列入第三者责任险的责任范围。

2. 车辆损失险

车辆损失险简称车损险，是指被保险人或其允许的驾驶人在驾驶保险车辆时发生保险事故而造成保险车辆受损，保险公司在合理范围内予以赔偿的一种汽车商业保险。车辆损失险的保险金额可以按投保时的保险价值或实际价值确定，也可以由投保人与保险公司协商确定，但保险金额不能超出保险价值。即价值10万元的车辆，保险金额只能在10万元以内。大多数保险公司的车辆损失险一般保障的是因雷击、暴风、暴雨、洪水等自然灾害和碰撞、倾覆等意外事故造成保险车辆的损失以及相关的施救费用。

3. 车上人员责任险

车上人员责任险，即车上座位险，是车上人员责任险中的乘客部分，指的是被保险人或其允许的驾驶人在使用保险车辆过程中发生保险事故，致使车内乘客人身伤亡，依法应由被保险人承担的赔偿责任，保险公司会按照保险合同进行赔偿。

特别提示

- 2016年新车险规定，发生意外事故的瞬间，在被保险机动车车体内或车体上的人员，包括正在上下车的人员。

4. 全车盗抢险

机动车辆全车盗抢险简称全车盗抢险。全车盗抢险的保险责任为全车被盗窃、被抢劫、被抢夺造成的车辆损失以及在被盗窃、被抢劫、被抢夺期间受到损坏或车上零部件、附属设备丢失需要修复的合理费用。可见，全车盗抢险的保险责任包含两部分：一是因被盗窃、被抢劫、被抢夺造成的保险车辆的损失；二是因保险车辆被盗窃、被抢劫、被抢夺造成的合理费用支出。对上述两部分费用，由保险公司在保险金额内负责赔偿。保险公司会按照保险合同的有关规定，按实际的保险金额对出险时被保险车辆的实际价值进行赔偿，从而减少车主的经济损失与负担。

2.4.2 机动车第三者责任保险

1. 保险责任

在保险期间内，被保险人或其允许的合法驾驶人在使用被保险机动车过程中发生意外事故，致使第三者遭受人身伤亡或财产直接损毁，依法应当由被保险人承担的损害赔偿责任，保险人依照保险合同的约定，对于超过机动车交通事故责任强制保险各分项赔偿限额的部分负责赔偿。

（1）被保险人允许的合法驾驶人：这里有两层含义，一是被保险人允许的驾驶人，指持有驾驶执照的被保险人本人、配偶及他们的直系亲属，或被保险人的雇员或驾驶员使用保险车辆在执行被保险人委派的工作期间，或被保险人与使用保险车辆的驾驶员具有营业性的租赁关系；二是合法，指上述驾驶员必须持有效驾驶执照，并且所驾车辆与驾驶执照规定的准驾车型相符。只有"允许"和"合法"两个条件同时具备的驾驶员在使用保险车辆发生保险事故造成损失时，保险人才予以赔偿。保险车辆被人私自开走，或未经车主、保险车辆所属单位主管负责人同意，驾驶员私自许诺的人开车，均不能视为"被保险人允许的驾驶人"开车，此类情况发生肇事，保险人不予赔偿。

（2）使用保险车辆过程：保险车辆作为一种工具被运用的整个过程，包括行驶和停放。例如，保险吊车固定车轮后进行吊卸作业，可称"使用保险车辆过程"。

（3）第三者：在保险合同中，保险人是第一方，也叫第一者；被保险人或致害人是第二方，也叫第二者；除保险人与被保险人之外的，因保险车辆的意外事故而遭受人身伤亡或财产损失的受害人是第三方，也叫第三者。

（4）人身伤亡：人的身体受伤害或人的生命终止。

（5）直接损毁：保险车辆发生意外事故，直接造成事故现场他人现有财产的实际损毁。

（6）依法应当由被保险人承担的赔偿责任：依照道路交通事故处理规定和有关法律、法规，按被保险人或其允许的合法驾驶人承担的事故责任所应当支付的赔偿金额。事故责任与所应赔偿情况如表 2.7 所示。

表 2.7　事故责任与所应赔偿情况

保险车辆事故责任	赔偿情况
全部事故责任	事故责任比例不超过 100%
主要事故责任	事故责任比例不超过 70%
同等事故责任	事故责任比例不超过 50%
次要事故责任	事故责任比例不超过 30%
无事故责任	保险人不用承担赔偿责任

2. 责任免除

（1）保险车辆造成本车车上其他人员的人身伤亡或财产损失，不论在法律上是否应当由被保险人承担赔偿责任，保险人均不负责赔偿。

（2）下列情况下之一者，不论任何原因造成的对第三者的经济赔偿责任，保险人均不负责赔偿：

①地震、战争、军事冲突、恐怖活动、暴乱、扣押、罚没、政府征用。

②竞赛、测试，在营业性维修场所修理、养护期间。

③利用保险车辆从事违法活动。

④驾驶人员饮酒、吸食或注射毒品、被药物麻醉后使用保险车辆。

⑤保险车辆肇事逃逸。

⑥驾驶人员有下列情形之一者：

a. 无驾驶证或驾驶车辆与驾驶证准驾车型不相符。

b. 公安交通管理部门规定的其他属于无有效驾驶证的情况下驾车。

c. 使用各种专用机械车、特种车的人员无国家有关部门核发的有效操作证；驾驶营业性客车的驾驶人员无国家有关部门核发的有效资格证书。

⑦非被保险人允许的驾驶人员使用保险车辆。

⑧保险车辆不具备有效行驶证件。

⑨保险车辆拖带未投保第三者责任险的车辆（含挂车）或被未投保第三者责任险的其他车辆拖带。

知识链接 2 – 1

饮酒：是指驾驶人饮用含酒精的饮料，驾驶人驾驶机动车时血液中的酒精含量大于等于 20 mg/100 mL。

醉酒驾驶：饮酒而完全丧失或部分丧失个人意志，在这种状态下驾驶机动车的行为。每百毫升血液中酒精含量大于 20 mg 就算酒后驾驶，大于 80 mg 即醉酒驾驶。

（3）下列损失和费用，保险人不负责赔偿：

①保险车辆发生意外事故，致使第三者停业、停驶、停电、停水、停气、停产、通信中断的损失以及其他各种间接损失。

②精神损害赔偿。

③因污染（含放射性污染）造成的损失。

④第三者财产因市场价格变动造成的贬值、修理后因价值降低引起的损失。

⑤保险车辆被盗窃、抢劫、抢夺造成第三者人身伤亡或财产损失。

⑥被保险人或驾驶人员的故意行为造成的损失。

（4）保险人在依据保险合同约定计算赔款的基础上，在保险单载明的责任限额内，按下列免赔率免赔：

①负次要事故责任的免赔率为5%，负同等事故责任的免赔率为10%，负主要事故责任的免赔率为15%，负全部事故责任的免赔率为20%。

②违反安全装载规定的，增加免赔率10%。

③投保时指定驾驶人，保险事故发生时为非指定驾驶人使用被保险机动车的，增加免赔率10%。

④投保时约定行驶区域，保险事故发生在约定行驶区域以外的，增加免赔率10%。

3. 责任限额

每次事故的责任限额，由投保人和保险人在签订保险合同时按 5 万元、10 万元、20 万元、50 万元、100 万元和 100 万元以上且不超过 1 000 万元的档次协商确定。第三者责任险每次事故的最高赔偿限额应根据不同车辆种类选择确定。除摩托车、拖拉机外的其他汽车第三者责任险的最高赔偿限额分为 6 个档次：5 万元、10 万元、20 万元、50 万元、100 万元和 100 万元以上且不超过 1 000 万元。例如，6 座以下客车分为 5 万元、10 万元、20 万元、50 万元、100 万元及 100 万元以上且不超过 1 000 万元等档次，供投保人和保险人在投保时自行协商选择确定。

但对主车和挂车而言，它们连接使用时视为一体，发生保险事故时，挂车引起的赔偿责任视同主车引起的赔偿责任。保险人对挂车赔偿责任与主车赔偿责任所负赔偿金额之和，以主车赔偿限额为限。主车、挂车在不同保险公司投保的，保险人按照保险单上载明的商业第三者责任险赔偿限额比例分摊赔款。

4. 赔偿处理

（1）发生保险事故时，被保险人或其允许的驾驶人应当及时采取合理的、必要的施救和保护措施，防止或者减少损失，并在保险事故发生后 48 小时内通知保险人。被保险人或其允许的驾驶人根据有关法律法规规定选择自行协商方式处理交通事故的，应当立即通知保险人。

（2）被保险人或其允许的驾驶人根据有关法律法规规定选择自行协商方式处理交通事故的，应当协助保险人勘验事故各方车辆、核实事故责任，并依照《道路交通事故处理程序规定》签订记录交通事故情况的协议书。

（3）被保险人索赔时，应当向保险人提供与确认保险事故的性质、原因、损失程度等有关的证明和资料。被保险人应当提供保险单、损失清单、有关费用单据、被保险机动车行驶证和发生事故时驾驶人的驾驶证。属于道路交通事故的，被保险人应当提供公安机关交通管理部门或法院等机构出具的事故证明、有关的法律文书（判决书、调解书、裁定书、裁决书等）及其他证明。

（4）保险人对被保险人给第三者造成的损害，可以直接向该第三者赔偿。被保险人怠于请求的，第三者有权就其应获赔偿部分直接向保险人请求赔偿。被保险人未向该第三者赔偿的，保险人不得向被保险人赔偿。

（5）因保险事故损坏的第三者财产，应当尽量修复。修理前被保险人应当会同保险人检验，协商确定修理项目、方式和费用。对未协商确定的，保险人可以重新核定。

（6）保险人按照《道路交通事故受伤人员临床诊疗指南》和国家基本医疗保险的同类医疗费用标准核定医疗费用的赔偿金额。未经保险人书面同意，被保险人自行承诺或支付的赔偿金额，保险人有权重新核定。不属于保险人赔偿范围或超出保险人应赔偿金额的，保险人不承担赔偿责任。

（7）保险人受理报案、现场查勘、核定损失、参与诉讼、进行抗辩、要求被保险人提供证明和资料、向被保险人提供专业建议等行为，均不构成保险人对赔偿责任的承诺。

（8）赔款计算

被保险人应负赔偿金额为第三者人身伤亡或财产损失，依法应由被保险人承担的经济赔偿责任超过交强险各分项限额以上的部分，乘以事故责任比例。

（1）当被保险人应负赔偿金额高于赔偿限额时：

$$赔款 = 赔偿限额 × (1 - 事故责任免赔率) × (1 - 绝对免赔率)$$

（2）当被保险人应负赔偿金额等于或低于赔偿限额时：

$$赔款 = 应负赔偿金额 × (1 - 事故责任免赔率) × (1 - 绝对免赔率)$$

应用案例 2 - 1

【案例概况】

小刘开货车在一次出车的途中和另一辆小张的货车碰撞，小刘在这次事故中车辆损失 3 000 元，车上的货物损失 5 000 元，小张的车辆损失 2 000 元，车上的货物损失 3 000 元。事故裁定时交通管理部门认为小刘在这次事故中负有主要责任，小张负次要责任。由于小刘和小张都投保了第三者责任险，试计算这次事故中保险人的赔偿金额。

【案例解析】

小刘负主要责任，所以要承担经济损失的 70%，为 9 100 元。即：

小刘应承担经济损失 =（小刘车损 3 000 元 + 小张车损 2 000 元 + 小刘车上货损 5 000 元 + 小张车上货损 3 000 元）×70% = 9 100 元。

小张负次要责任，承担经济损失的 30%，为 3 900 元。即：

小张应承担经济损失 =（小刘车损 3 000 元 + 小张车损 2 000 元 + 小刘车上货损 5 000 元 + 小张车上货损 3 000 元）×30% = 3 900 元。

小刘、小张车的保险人承担赔款计算如下：

小刘车的第三方保险赔偿计算是：

小刘车保险人负责的赔偿 =（小张的车损 + 小张的货物损失）×70% ×（1 - 免赔率）=（2 000 元 + 3 000 元）×70% ×（1 - 15%）= 2 975 元

对于小张的第三方保险赔偿计算是：

小张车保险人负责的赔偿 =（小刘的车损 + 小刘的货物损失）×30% ×（1 - 免赔率）=（3 000 + 5 000）×30% ×（1 - 5%）= 2 280 元

这样，此案小刘应承担经济损失 9 100 元，得到保险人赔款 2 975 元；小张应承担经济损失 3 900 元，得到保险人赔款 2 280 元。这里的差额部分即保险合同规定不赔的部分。

2.4.3 机动车损失保险

1. 保险责任

保险期间内，被保险人或其允许的驾驶人在使用被保险机动车过程中，因表 2.8 所示原因造成被保险机动车的直接损失，且不属于免除保险人责任的范围，保险人依照保险合同的约定负责赔偿。

另外发生保险事故时，被保险人或其允许的驾驶人为防止或者减少被保险机动车的损失所支付的必要的、合理的施救费用，由保险人承担；施救费用数额在被保险机动车损失赔偿金额以外另行计算，最高不超过保险金额的数额。

表2.8 机动车损失保险赔偿责任

自然灾害	非自然灾害
1. 雷击、暴风、暴雨、洪水、龙卷风、冰雹、台风、热带风暴； 2. 地陷、崖崩、滑坡、泥石流、雪崩、冰陷、暴雪、冰凌、沙尘暴； 3. 载运被保险机动车的渡船遭受自然灾害（只限于驾驶人随船的情形）	1. 碰撞、倾覆、坠落； 2. 火灾、爆炸； 3. 外界物体坠落、倒塌； 4. 受到被保险机动车所载货物、车上人员意外撞击

2. 责任免除

在上述保险责任范围内，下列情况下，不论任何原因造成被保险机动车的任何损失和费用，保险人均不负责赔偿：

（1）事故发生后，被保险人或其允许的驾驶人故意破坏、伪造现场，毁灭证据。

（2）驾驶人有下列情形之一者：

①事故发生后，在未依法采取措施的情况下驾驶被保险机动车或者遗弃被保险机动车离开事故现场。

②饮酒、吸食或注射毒品、服用国家管制的精神药品或者麻醉药品。

③无驾驶证，驾驶证被依法扣留、暂扣、吊销、注销期间。

④驾驶与驾驶证载明的准驾车型不相符合的机动车。

⑤实习期内驾驶公共汽车、营运客车或者执行任务的警车、载有危险物品的机动车或牵引挂车的机动车。

⑥驾驶出租机动车或营业性机动车无交通运输管理部门核发的许可证书或其他必备证书。

⑦学习驾驶时无合法教练员随车指导。

⑧非被保险人允许的驾驶人。

（3）被保险机动车有下列情形之一者：

①发生保险事故时被保险机动车行驶证、号牌被注销的，或未按规定检验或检验不合格的。

②被扣押、收缴、没收、政府征用期间。

③在竞赛、测试期间，在营业性场所维修、保养、改装期间。

④被保险人或其允许的驾驶人故意或重大过失，导致被保险机动车被利用从事犯罪行为。

（4）下列原因导致的被保险机动车的损失和费用，保险人不负责赔偿：

①地震及其次生灾害。

②战争、军事冲突、恐怖活动、暴乱、污染（含放射性污染）、核反应、核辐射。

③人工直接供油、高温烘烤、自燃、不明原因火灾。

④违反安全装载规定。

⑤被保险机动车被转让、改装、加装或改变使用性质等，被保险人、受让人未及时通知

保险人，且因转让、改装、加装或改变使用性质等导致被保险机动车危险程度显著增加。

⑥被保险人或其允许的驾驶人的故意行为。

（5）下列损失和费用，保险人不负责赔偿：

①因市场价格变动造成的贬值、修理后因价值降低引起的减值损失。

②自然磨损、朽蚀、腐蚀、故障、本身质量缺陷。

③遭受保险责任范围内的损失后，未经必要修理并检验合格继续使用，致使损失扩大的部分。

④投保人、被保险人或其允许的驾驶人知道保险事故发生后，故意或者因重大过失未及时通知，致使保险事故的性质、原因、损失程度等难以确定的，保险人对无法确定的部分不承担赔偿责任，但保险人通过其他途径已经及时知道或者应当及时知道保险事故发生的除外。

⑤因被保险人违反中国保险行业协会机动车综合商业保险条款第十六条约定，导致无法确定的损失。

⑥被保险机动车全车被盗窃、被抢劫、被抢夺、下落不明，以及在此期间受到的损坏，或被盗窃、被抢劫、被抢夺未遂受到的损坏，或车上零部件、附属设备丢失。

⑦车轮单独损坏，玻璃单独破碎，无明显碰撞痕迹的车身划痕，以及新增设备的损失。

⑧发动机进水后导致的发动机损坏。

（6）保险人在依据保险合同约定计算赔款的基础上，按照下列方式免赔：

①被保险机动车一方负次要事故责任的，实行5%的事故责任免赔率；负同等事故责任的，实行10%的事故责任免赔率；负主要事故责任的，实行15%的事故责任免赔率；负全部事故责任或单方肇事事故的，实行20%的事故责任免赔率。

②被保险机动车的损失应当由第三方负责赔偿，无法找到第三方的，实行30%的绝对免赔率。

③违反安全装载规定，但不是事故发生的直接原因的，增加10%的绝对免赔率。

④对于投保人与保险人在投保时协商确定绝对免赔额的，在实行免赔率的基础上增加每次事故绝对免赔额。

3. 赔偿处理

（1）发生保险事故时，被保险人或其允许的驾驶人应当及时采取合理的、必要的施救和保护措施，防止或者减少损失，并在保险事故发生后48小时内通知保险人。被保险人或其允许的驾驶人根据有关法律法规规定选择自行协商方式处理交通事故的，应当立即通知保险人。

（2）被保险人或其允许的驾驶人根据有关法律法规规定选择自行协商方式处理交通事故的，应当协助保险人勘验事故各方车辆、核实事故责任，并依照《道路交通事故处理程序规定》签订记录交通事故情况的协议书。

（3）被保险人索赔时，应当向保险人提供与确认保险事故的性质、原因、损失程度等有关的证明和资料。被保险人应当提供保险单、损失清单、有关费用单据、被保险机动车行驶证和发生事故时驾驶人的驾驶证。属于道路交通事故的，被保险人应当提供公安机关交通管理部门或法院等机构出具的事故证明、有关的法律文书（判决书、调解书、裁定书、裁决书等）及其他证明。

（4）因保险事故损坏的被保险机动车，应当尽量修复。修理前被保险人应当会同保险人检验，协商确定修理项目、方式和费用。对未协商确定的，保险人可以重新核定。

（5）被保险机动车遭受损失后的残余部分由保险人、被保险人协商处理。如折归被保险人的，由双方协商确定其价值并在赔款中扣除。

（6）因第三方对被保险机动车的损害而造成保险事故，被保险人向第三方索赔的，保险人应积极协助；被保险人也可以直接向保险人索赔，保险人在保险金额内先行赔付被保险人，并在赔偿金额内代位行使被保险人对第三方请求赔偿的权利。被保险人已经从第三方取得损害赔偿的，保险人进行赔偿时，相应扣减被保险人从第三方已取得的赔偿金额。保险人未赔偿之前，被保险人放弃对第三方请求赔偿的权利的，保险人不承担赔偿责任。被保险人故意或者因重大过失致使保险人不能行使代位请求赔偿的权利的，保险人可以扣减或者要求返还相应的赔款。保险人向被保险人先行赔付的，保险人向第三方行使代位请求赔偿的权利时，被保险人应当向保险人提供必要的文件和所知道的有关情况。

（7）机动车损失赔款按以下方法计算：

①全部损失。

赔款 =（保险金额 – 被保险人已从第三方获得的赔偿金额）×（1 – 事故责任免赔率）×（1 – 绝对免赔率之和）– 绝对免赔额

②部分损失。被保险机动车发生部分损失，保险人按实际修复费用在保险金额内计算赔款：

赔款 =（实际修复费用 – 被保险人已从第三方获得的赔偿金额）×（1 – 事故责任免赔率）×（1 – 绝对免赔率之和）– 绝对免赔额

③施救费。施救的财产中，含有保险合同中未保险的财产，应按保险合同保险财产的实际价值占总施救财产的实际价值比例分摊施救费用。

（8）保险人受理报案、现场查勘、核定损失、参与诉讼、进行抗辩、要求被保险人提供证明和资料、向被保险人提供专业建议等行为，均不构成保险人对赔偿责任的承诺。

（9）被保险机动车发生保险事故，导致全部损失，或一次赔款金额与免赔金额之和（不含施救费）达到保险金额，保险人按保险合同约定支付赔款后，本保险责任终止，保险人不退还机动车损失保险及其附加险的保险费。

2.4.4 机动车车上人员责任保险

1. 保险责任

保险期间内，被保险人或其允许的驾驶人在使用被保险机动车过程中发生意外事故，致使车上人员遭受人身伤亡，且不属于免除保险人责任的范围，依法应当对符合国家有关法律法规允许搭乘人员的保险机动车车体内或车体上人员承担的损害赔偿责任，保险人依照保险合同的约定负责赔偿，意外事故的瞬间，包括正在上下车的人员。保险人依据被保险机动车一方在事故中所负的事故责任比例，承担相应的赔偿责任。事故责任是根据有关法律法规规定选择自行协商或由公安机关交通管理部门处理事故确定，其比例是按照下列情况确定：

①被保险机动车一方负主要事故责任的，事故责任比例为70%。

②被保险机动车一方负同等事故责任的，事故责任比例为50%。

③被保险机动车一方负次要事故责任的，事故责任比例为30%。

2. 责任免除

下列情况下，不论任何原因造成的人身伤亡，保险人均不负责赔偿：

（1）交通肇事后逃逸，驾驶人、被保险人、投保人故意破坏现场、伪造现场、毁灭证据；车上人员、被保险人或其允许的驾驶人的故意行为、犯罪行为；车上人员与被保险人或其他致害人恶意串通行为。

（2）被保险人向保险人索赔时，未按规定提交应予以的事故证明的。

（3）驾驶人有下列情形之一者：

①饮酒、服用国家管制的精神药品或者麻醉药品。

②无驾驶证，驾驶证失效或者被依法扣留、暂扣、吊销期间。

③驾驶与驾驶证载明的准驾车型不相符合的机动车。

④实习期内驾驶公共汽车、营运客车或者执行任务的警车、消防车、救护车、工程救险车、载有危险物品的机动车或牵引挂车的机动车。

⑤使用各种专用机械车、特种车的人员无国家有关部门核发的有效操作证，或驾驶出租机动车或营业性机动车无交通运输管理部门核发的许可证书或其他必备证书。

⑥法律、法规规定的其他属于无有效驾驶资格的情况。

（4）保险机动车有下列情形之一者：

①除保险合同另有书面约定外，发生保险事故时保险机动车没有公安机关交通管理部门及其他相关管理部门核发的行驶证、号牌或临时号牌或临时移动证，或未按规定检验或检验不合格。

②改变使用性质或所有权转移，未向保险人办理批改手续。

③更换发动机、车身、车架中任意两项或两项以上的，未按国家有关规定进行变更登记并向保险人办理批改手续。

④全车被盗窃、被抢劫、被抢夺、下落不明期间。

⑤停驶期间，被扣押、罚没、查封、政府征用期间。

⑥在竞赛、测试、展览期间，在营业性场所维修、保养、改装期间，被吊装、运输期间。

⑦保险机动车被作为犯罪工具。

⑧轮式专用机械车、铰接式客车、全挂拖斗车以及其他设计最高时速低于70公里的机动车进入高速公路。

（5）下列原因导致的人身伤亡，保险人不负责赔偿：

①地震、战争、军事冲突、恐怖活动、罢工、暴乱、污染、核反应、核污染、核辐射。

②保险机动车正常行驶时车门没有完全闭合或车门闭合过程中。

③车上人员疾病、分娩、自残、殴斗、自杀行为。

④保险机动车违反《中华人民共和国道路交通安全法》及其他法律法规中有关机动车装载的规定。

（6）下列损失和费用保险人不负责赔偿：

①律师费、诉讼费、仲裁费、罚款、罚金或惩罚性赔款，以及未经保险人事先书面同意的检验费、鉴定费、评估费。

②精神损害抚慰金。

③应由机动车交通事故责任强制保险赔付的损失和费用。

3. 赔偿处理

（1）发生保险事故时，被保险人或其允许的驾驶人应当及时采取合理的、必要的施救和保护措施，防止或者减少损失，并在保险事故发生后48小时内通知保险人。被保险人或其允许的驾驶人根据有关法律法规规定选择自行协商方式处理交通事故的，应当立即通知保险人。

（2）被保险人或其允许的驾驶人根据有关法律法规规定选择自行协商方式处理交通事故的，应当协助保险人勘验事故各方车辆、核实事故责任，并依照《道路交通事故处理程序规定》签订记录交通事故情况的协议书。

（3）被保险人索赔时，应当向保险人提供与确认保险事故的性质、原因、损失程度等有关的证明和资料，还要提供保险单、损失清单、有关费用单据、被保险机动车行驶证和发生事故时驾驶人的驾驶证。属于道路交通事故的，被保险人应当提供公安机关交通管理部门或法院等机构出具的事故证明、有关的法律文书（判决书、调解书、裁定书、裁决书等）和通过机动车交通事故责任强制保险获得赔偿金额的证明材料。被保险人或其允许的驾驶人根据有关法律法规规定选择自行协商方式处理交通事故的，被保险人应当提供依照《道路交通事故处理程序规定》签订记录交通事故情况的协议书和通过机动车交通事故责任强制保险获得赔偿金额的证明材料。

（4）保险人按照《道路交通事故受伤人员临床诊疗指南》和国家基本医疗保险的同类医疗费用标准核定医疗费用的赔偿金额。未经保险人书面同意，被保险人自行承诺或支付的赔偿金额，保险人有权重新核定。因被保险人原因导致损失金额无法确定的，保险人有权拒绝赔偿。

（5）保险人受理报案、现场查勘、核定损失、参与诉讼、进行抗辩、要求被保险人提供证明和资料、向被保险人提供专业建议等行为，均不构成保险人对赔偿责任的承诺。

（6）赔偿计算。

①保险人根据保险机动车一方在事故中所承担的责任比例，在符合赔偿规定的金额内实行事故责任免赔率：负全部责任的免赔15%，负主要责任的免赔10%，负同等责任的免赔8%，负次要责任的免赔5%，单方事故责任免赔率为15%。

②发生保险事故时，保险机动车实际行驶区域超出保险合同约定区域的，实行增加10%的绝对免赔率。

③投保时指定驾驶人，但发生保险事故时，保险机动车驾驶人并非保险合同载明的指定驾驶人的，增加10%的绝对免赔率。

计算方式为：

对每座的受害人，当［（依合同约定核定的每座车上人员人身伤亡损失金额－应由机动车交通事故责任强制保险赔偿的金额）×事故责任比例］高于或等于每次事故每座赔偿限额时：

赔款 = 每次事故每座赔偿限额 × (1 − 事故责任免赔率)

对每座的受害人，当［(依合同约定核定的每座车上人员人身伤亡损失金额 − 应由机动车交通事故责任强制保险赔偿的金额) × 事故责任比例］低于每次事故每座赔偿限额时：

赔款 = (依合同约定核定的每座车上人员人身伤亡损失金额 − 应由机动车交通事故责任强制保险赔偿的金额) × 事故责任比例 × (1 − 事故责任免赔率)

2.4.5 机动车全车盗抢保险

1. 保险责任

在保险期间内，被保险机动车的下列损失和费用，且不属于免除保险人责任的范围，保险人依照保险合同的约定负责赔偿：

（1）被保险机动车被盗窃、抢劫、抢夺，经出险当地县级以上公安刑侦部门立案证明，满 60 天未查明下落的全车损失。

（2）被保险机动车全车被盗窃、抢劫、抢夺后，受到损坏或车上零部件、附属设备丢失需要修复的合理费用。

（3）被保险机动车在被抢劫、抢夺过程中，受到损坏需要修复的合理费用。

2. 责任免除

（1）在上述保险责任范围内，下列情况下，不论任何原因造成被保险机动车的任何损失和费用，保险人均不负责赔偿：

①被保险人索赔时未能提供出险当地县级以上公安刑侦部门出具的盗抢立案证明。

②驾驶人、被保险人、投保人故意破坏现场、伪造现场、毁灭证据。

③被保险机动车被扣押、罚没、查封、政府征用期间。

④被保险机动车在竞赛、测试期间，在营业性场所维修、保养、改装期间，或在被运输期间。

（2）下列损失和费用，保险人不负责赔偿：

①地震及其次生灾害导致的损失和费用。

②战争、军事冲突、恐怖活动、暴乱导致的损失和费用。

③因诈骗引起的任何损失；因投保人、被保险人与他人的民事、经济纠纷导致的任何损失。

④被保险人或其允许的驾驶人的故意行为、犯罪行为导致的损失和费用。

⑤非全车遭盗窃，仅车上零部件或附属设备被盗窃或损坏。

⑥新增设备的损失。

⑦遭受保险责任范围内的损失后，未经必要修理并检验合格继续使用，致使损失扩大的部分。

⑧被保险机动车被转让、改装、加装或改变使用性质等，被保险人、受让人未及时通知保险人，且因转让、改装、加装或改变使用性质等导致被保险机动车危险程度显著增加而发生保险事故。

⑨投保人、被保险人或其允许的驾驶人知道保险事故发生后，故意或者因重大过失未及时通知，致使保险事故的性质、原因、损失程度等难以确定的，保险人对无法确定的部分不

承担赔偿责任，但保险人通过其他途径已经及时知道或者应当及时知道保险事故发生的除外。

应用案例 2 – 2

【案例概况】

小林买了一辆英朗轿车，春节放假，他开着自己的新车回老家农村过年。春节期间小林开车去和同学聚会，由于喝了酒，在聚会结束后没有开车，让朋友送回家，把车留在酒店门口，第二天小林去取车时发现自己的爱车车轮被偷了一个。小林新车入手时买了盗抢险，请问小林的保险公司会怎么赔？

【案例解析】

盗抢险是全车盗抢险，当非全车遭盗窃，仅车上零部件或附属设备被盗窃或损坏时，这种情况不在保险责任范围。

---

3. 赔偿处理

（1）被保险机动车全车被盗抢的，被保险人知道保险事故发生后，应在 24 小时内向出险当地公安刑侦部门报案，并通知保险人。

（2）被保险人索赔时，应提供保险单、损失清单、有关费用单据、机动车登记证书、机动车来历凭证以及出险当地县级以上公安刑侦部门出具的盗抢立案证明。

（3）因保险事故损坏的被保险机动车，应当尽量修复。修理前被保险人应当会同保险人检验，协商确定修理项目、方式和费用。对未协商确定的，保险人可以重新核定。

（4）保险人确认索赔单证齐全、有效后，被保险人签具权益转让书，保险人赔付结案。

（5）被保险机动车发生保险事故，导致全部损失，或一次赔款金额与免赔金额之和达到保险金额，保险人按保险合同约定支付赔款后，本保险责任终止，保险人不退还机动车全车盗抢险及其附加险的保险费。

（6）保险人按下列方式赔偿：

保险机动车全车被盗抢，被保险人索赔时未能提供机动车行驶证、购车原始发票、车辆购置税完税证明（或免税证明），每缺少一项，在约定的绝对免赔率的基础上增加 0.5% 的绝对免赔率；保险机动车全车被盗窃，被保险人索赔时原车钥匙不全的，在约定的绝对免赔率的基础上增加 3% 的绝对免赔率。发生保险事故时，保险机动车实际行驶区域超出保险合同约定区域的，增加 10% 的绝对免赔率。投保时指定驾驶人，但发生保险事故时，保险机动车驾驶人并非保险合同载明的指定驾驶人的，增加 5% 的绝对免赔率。

因此，被保险机动车全车被盗抢，按以下方法计算赔款：

$$赔款 = 保险金额 \times (1 - 绝对免赔率之和)$$

❀ 2.5 附加险与特约条款

附加险和特约条款不能独立投保，必须附加在主险的基础上，但是在发生抵触时，附加险条款的法律效力优于主险条款，特约条款高于附加险条款。附加险条款未尽事宜，以主险条款为准。除附加险条款另有约定外，主险中的责任免除、免赔规则、双方义务同样适用于附加险。常见的几种附加险如表 2.9 所示。

表 2.9　常见的几种附加险

玻璃单独破碎险	自燃损失险
新增加设备损失险	车身划痕损失险
发动机涉水损失险	修理期间费用补偿险
车上货物责任险	精神损害抚慰金责任险
不计免赔率险	机动车损失保险无法找到第三方特约险
指定修理厂险	

2.5.1　玻璃单独破碎险

投保了机动车损失保险的机动车，可投保本附加险。

1. 保险责任

保险期间内，被保险机动车风挡玻璃或车窗玻璃的单独破碎，保险人按实际损失金额赔偿。

2. 投保方式

投保人与保险人可协商选择按进口或国产玻璃投保，保险人根据协商选择的投保方式承担相应的赔偿责任。

3. 责任免除

安装、维修机动车过程中造成的玻璃单独破碎；灯具、车镜玻璃的破碎；其他不属于保险责任范围内的损失和费用。

2.5.2　自燃损失险

投保了机动车损失保险的机动车，可投保本附加险。

1. 保险责任

（1）保险期间内，在没有外界火源的情况下，由于本车电器、线路、供油系统、供气系统等被保险机动车自身原因或所载货物自身原因起火燃烧造成本车的损失。

（2）发生保险事故时，被保险人为防止或者减少被保险机动车的损失所支付的必要的、合理的施救费用，由保险人承担；施救费用数额在被保险机动车损失赔偿金额以外另行计算，最高不超过本附加险保险金额的数额。

2. 责任免除

（1）自燃仅造成电器、线路、油路、供油系统、供气系统的损失。

（2）由于擅自改装、加装电器及设备导致被保险机动车起火造成的损失。

（3）被保险人在使用被保险机动车过程中，因人工直接供油、高温烘烤等违反车辆安全操作规则造成的损失。

（4）本附加险每次赔偿实行20%的绝对免赔率，不适用主险中的各项免赔率、免赔额约定。

3. 保险金额

保险金额由投保人和保险人在投保时被保险机动车的实际价值内协商确定。

4. 赔偿处理

全部损失，在保险金额内计算赔偿；部分损失，在保险金额内按实际修理费用计算赔偿。

2.5.3　车身划痕损失险

投保了机动车损失保险的机动车，可投保本附加险。

1. 保险责任

保险期间内，投保了本附加险的机动车在被保险人或其允许的驾驶人使用过程中，发生无明显碰撞痕迹的车身划痕损失，保险人按照保险合同约定负责赔偿。

2. 责任免除

（1）被保险人及其家庭成员、驾驶人及其家庭成员的故意行为造成的损失。

（2）因投保人、被保险人与他人的民事、经济纠纷导致的任何损失。

（3）车身表面自然老化、损坏、腐蚀造成的任何损失。

（4）本附加险每次赔偿实行15%的绝对免赔率，不适用主险中的各项免赔率、免赔额约定。

3. 保险金额

保险金额为2 000元、5 000元、10 000元或20 000元，由投保人和保险人在投保时协商确定。

4. 赔偿处理

（1）在保险金额内按实际修理费用计算赔偿。

（2）在保险期间内，累计赔款金额达到保险金额，本附加险保险责任终止。

2.5.4　车损免赔额特约条款

只有在投保了机动车损失保险的基础上方可特约本条款，机动车损失保险责任终止，本保险责任同时终止。投保人在特约本条款时应与保险人协商选定一个免赔额，投保人依其所选定的免赔额享受相应的费率折扣。特约了本条款的保险机动车因发生机动车损失保险责任范围内的事故，按机动车损失保险计算的赔款金额低于选定的免赔额时，保险人不承担机动车损失保险的赔偿责任；高于该免赔额时，保险人在扣除该免赔额后，对高于部分予以赔偿。在适用本特约条款约定的免赔额前，应首先适用其他条款约定的免赔规定。

❀ 本章小结

本章学习了交强险和商业险主险与附加险，详细介绍了交强险和商业险的特性、责任范围、责任免除和赔偿的处理。

❀ 习题

1. 简述机动车交强险的定义。
2. 交强险责任限额是多少？
3. 交强险第二年的保费怎么计算？
4. 商业险包括哪些？
5. 简述第三者责任险的保险责任。
6. 附加险和主险相比有哪些不同？
7. 出险后，施救费用包括哪些？
8. 简述车损险的责任免除。

项目 3

汽车保险投保实务

☑ 学习目标

1. 掌握不同的投保方式。
2. 掌握商业车险各险种条款内容。
3. 掌握计算保险保费的方法。
4. 掌握保险单据的填写流程。

☑ 学习要求

能力目标	知识要点	权重
了解汽车保险投保基础知识	汽车保险的投保方式；汽车保险保费的计算方法；汽车保险的投保流程	20%
熟悉汽车保险投保的步骤，能够给客户制定合理的投保方案	汽车保险投保的步骤；汽车保险方案的制定	50%
运用知识分析案例，知道一个完整的投保过程都包括什么，从投保人和保险展业人员两个角度了解在此过程需要做些什么	汽车保险投保的步骤	30%

引 例

李女士是某机关工作人员，在 2008 年 3 月考取驾照后，于同年 5 月 8 日购买了一辆价格在 15 万元的卡罗拉汽车，作为家庭用车，自备车库，主要是市内行驶用于上下班代步，5 月 10 日办理了汽车登记手续。请根据李女士的用车情况给出一个适宜的汽车保险的投保方式及保险公司。

投保人在使用汽车的过程中，面临多种风险，为规避风险，保障自身利益，客户一般会积极主动地了解汽车保险，并付诸购买行动。

3.1 保险公司与投保途径

3.1.1 中国市场的保险公司

现在可供投保人选择的保险公司越来越多，保险市场竞争激烈，各家保险公司为了争取客户，纷纷树立自己的服务个性，进行差异化服务，这对消费者来说是个利好消息。

当前，我国主要的保险公司包括：中国人民财产保险股份有限公司、中国太平洋保险（集团）股份有限公司、中国平安保险（集团）股份有限公司等。

中国人民财产保险股份有限公司（PICC P&C，简称"中国人民财险"）是经国务院同意、中国保监会批准，于2003年7月由中国人民保险集团公司发起设立的，是目前中国人最大的非寿险公司，注册资本111.418亿元。其前身是1949年10月20日经中国人民银行报政务院财经委员会批准成立的中国人民保险公司。

中国太平洋保险（集团）股份有限公司于2007年12月25日和2009年12月23日分别在上海证交所和香港联交所成功上市。展望未来，该公司将继续专注保险主业，价值持续增长，成为具有国际竞争力的一流保险金融服务集团。

中国平安保险（集团）股份有限公司（以下简称"中国平安"）于1988年诞生于深圳蛇口，是中国第一家股份制保险企业，至今已发展成为集保险、银行、投资等金融业务为一体的整合、紧密、多元的综合金融服务集团。该公司为香港联交所及上海证交所两地上市公司。

除以上三家以外，我国经营车险的保险公司还有总部设在北京的中国保险（控股）股份有限公司、总部设在新疆乌鲁木齐的中华联合财产保险公司、总部设在北京的华泰财产保险股份有限公司、总部设在上海的天安保险股份有限公司、总部设在上海的大众保险股份有限公司、总部设在深圳的华安财产保险股份有限公司、总部设在西安的永安财产保险股份有限公司、总部设在深圳的太平保险有限公司等。

自2001年12月11日中国正式加入世界贸易组织（World Trade Organizatiun，WTO）以来，我国保险市场对外开放步入了一个新的历史发展阶段。中国保险业积极有序地开放保险市场，不断加大开放的广度和深度，进一步促进了我国保险业的发展。

自加入世界贸易组织以来，多家外国保险公司进入我国市场，如AIA美亚保险公司、日本东京海上火灾保险公司、瑞士丰泰保险公司等。

3.1.2 保险公司的一般组织形式

保险公司的组织形式包括：股份有限公司、国有独资公司、外资保险公司和相互保险公司。

股份有限公司的全部资本分为等额股份，股东以其所持股份为限对公司承担责任，公司以其全部资产对公司承担责任。

国有独资公司是国家授权投资的机构或者国家授权的部门单独投资设立的有限责任公

司。国家授权投资的机构或部门，以国家出资额为限对公司承担责任，公司以其全部资产对公司的债务承担责任。

外资保险公司是依照中华人民共护国有关法律、行政法规的规定，经批准在中国境内设立和营业的保险公司，包括合资保险公司、独资保险公司、外国保险公司分公司。

相互保险公司是由所有参加保险的人自己设立的保险法人组织，其经营目的是为各保单持有人提供低成本的保险产品，而不是追逐利润。相互保险公司没有股东，保单持有人的地位与股份公司的股东地位类似，公司为他们所拥有。相互保险公司没有资本金，也不能发行股票，其运营资本来源于保费，该公司设立前期所需的资金一般是通过借贷等方式由外部筹措；各成员也以其缴纳的保费为依据，参与公司的盈余分配和承担公司发生亏空时的弥补额。

3.1.3 投保方式

中国的保险消费渠道迅速发展，包括保险代理公司、经纪公司，以及直接到保险公司投保或网上、电话投保等。

1. 购买汽车保险的途径

（1）专业代理。其主营的业务就是代买保险公司的保险产品，通常名称叫"××保险代理公司"，其组织形式是公司法人。目前，社会上的专业代理公司较多，专业代理公司一般提供多家保险公司的汽车保险产品，可为客户提供较多的保险产品设计方案。

（2）兼业代理。所谓兼业代理，显然是"副业"，指在经营主营业务的同时，代卖保险公司的保险产品。保险市场中汽车保险常见的兼业代理有汽车经销商、汽车修理厂、银行、邮政等。

（3）上门投保（亲自到保险公司投保）。这种上门投保的形式，节约了保险公司的经营成本，可能会得到一些较便宜的价格。但对于一些保险公司，如果没有给您指定"客户经理"，今后索赔时就要自己动手，客观上存在较多的麻烦。

（4）电话投保。保险公司开通专门的服务电话，有专门的人员接听电话，解答问题并协助办理投保手续，另外还实行上门送单服务。

2. 各途径的优缺点

购买汽车保险既然有那么多途径，那么如何选择呢？表3.1所示为一些对比信息，其实不同的途径各有优点和弊端，关键是看是否方便和适合自己的需要。

表 3.1　购买保险途径比较

途径/渠道	方便性	优点描述	缺点描述
专业代理	★★★☆	服务积极，上门办理手续，协助理赔	成本比较高，如选择不当有风险
兼业代理（汽修行业）	★★★☆	保险与今后的理赔可在一起办理	在价格上讨价还价费口舌，如选择不当有风险
上门投保	★★☆☆	保费可能会便宜一些	会多花时间

途径/渠道	方便性	优点描述	缺点描述
电话投保	★★★★	足不出户，保单送上门	不太容易和保险公司谈判，不是直接沟通 有被误导的可能
网上投保	★★★★	足不出户，保单送上门	不太容易和保险公司谈判，不是直接沟通 有被误导的可能

特别提示

● 代理商为了促成投保人下定决心投保，可能会给一定比例的折扣。各公司打折比例不一，由于各公司的车险价格本身不同，打折多的不一定是最便宜的；每个代理商只代理几家公司的保险，建议先选合适的保险公司，再决定在哪家代理商处办理；代理商高度推荐的保单，可能是对代理商佣金最高的保单，不一定是最合适的保单。对于车险而言，价格重要，服务更重要。拿到保单后，最好跟保险公司确认一下保单的有效性和有效期。

3. 保险公司实力的识别

各中资保险公司自 2006 年 7 月 1 日起，统一调整使用由行业协会公布的 A、B、C 三套行业条款，各家财产保险公司基本上是从 A、B、C 三套条款中选择其中的一套经营，由于A、B、C 三套行业条款基本同质化，目前在价格上相差不大。而汽车保险的差异将来会更多集中在保险公司的理赔服务和综合服务上，所以选择信誉好、服务质量优的保险公司是投保时应考虑的首要因素。

特别提示

● 应如何识别保险公司的实力呢？

对保险公司实力的考察，一般应考虑该企业经营的稳健性和对客户服务的稳定性。对于普通汽车保险的消费者而言，一般不用太担心保险公司发生破产倒闭的情况，一方面是因为保险公司按要求会提取相应的"保险保障基金"；另一方面汽车保险是短期保单，消费者没有长期风险。所以衡量一个保险公司实力的好坏，不仅要看其资本是否雄厚，更要看其服务水平的品质。

一般来说，主要从服务角度考察保险公司的两个方面：

第一，市场信誉度及服务能力。由于保障和价格已经基本一致，消费者购买车险产品的价值就主要体现在服务方面，服务对消费者而言更加重要，因此，购买车险产品时首先要考虑的因素就是服务，包括购买的便利性和出险后的理赔服务。

第二，服务网络是否全国化。服务网络是考核保险公司实力的一个重要因素，由于汽车是流动性风险，像人保、大地、平安等公司都在全国各地建立服务网络，当在异地出险时，可就地理赔（全国通赔），从而省去客户的不少麻烦。

✿ 3.2 保险方案及投保流程

3.2.1 保险方案设计

保险公司或代理人应从投保人的实际角度出发，替有意投保的单位或个人提供科学、完整的保险方案。由于不同的投保人风险特征、风险概率、风险程度不同，因而对保险的需求也不相同，这就要求保险人员从投保人自身风险保障需要的角度出发，合理地、定位精确地设计出保险方案。

1. 设计保险方案的基本原则

（1）充分保障的原则。在对投保人进行充分风险评估的基础上，设计出一套适合投保人的保险险种，应将投保人容易发生的、相对出险率较大的风险包括进去，从而达到充分保障的要求。

（2）经济实用的原则。在制定保险方案时，应充分考虑各险种的必要程度，避免提供不必要的保障，这里所说的经济实用并非取决于保险价格的高低，而是应清楚与价格对应的赔偿标准和免赔额的确定。

（3）诚信。诚信是保险人员维护公司声誉和顺利开展业务的根本保证，因此，保险人员应对涉及的权利和义务充分准确地进行告知，特别是可能会对投保人或被保险人产生不利影响的规定应详细告知。

2. 设计保险方案的基本步骤

（1）充分了解投保人投保车辆的数量、种类、用途、行驶区域等有关情况以及投保人的经济承受能力，准确掌握投保人的投保要求和保险需求。

（2）从专业的角度对投保人可能面临的风险进行识别和评估，并向投保人做合理的解释。

（3）根据投保人的实际情况和风险评估的结果向投保人介绍合理的险种、相应险种的有关条款及其含义，设计出让投保人满意的最佳保险方案。

3. 保险方案的主要内容

（1）保险人情况介绍。

（2）投保标的的风险评估。

（3）保险方案的总体建议。

（4）适用保险条款以及条款解释。

（5）保险金额和赔偿限额的确定。

（6）免赔额以及使用情况。

3.2.2 保险方案推荐

除交强险是强制性险种按规定任何车辆都必须投保外，其他险种则在很大程度上依赖于车主的经济情况，根据自己的经济实力与实际需求有选择地进行投保。

以下是推荐的 5 种机动车辆保险方案。

1. 最低保障方案

险种组合：交强险。

保障范围：只对第三者的损失负赔偿责任。

适用对象：急于上牌照或通过年检的个人。

2. 基本保障方案

险种组合：车辆损失险 + 交强险。

保障范围：只投保基本险，不含任何附加险。

特点：适用部分认为事故后修车费用很高的车主，他们认为意外事故发生率比较高，为自己的车和第三者的人身伤亡和财产损毁寻求保障，此组合为很多车主所青睐。

适用对象：有一定经济压力的个人或单位。

特别提示

● 该保险方案虽不是最佳组合，但必要性最高，最好加入不计免赔特约险。

3. 经济保障方案

险种组合：车辆损失险＋交强险＋不计免赔特约险＋全车盗抢险＋车身划痕险。

特点：这几个是最必要、最有价值的险种。

适用对象：个人，是精打细算的最佳选择。

特别提示

● 该保险方案是投保最有价值的险种，保险性价比最高；人们最关心的丢失和100%赔付等大风险都有保障，保费不高但包含了比较实用的不计免赔特约险。当然，这仍不是最完善的保险方案。

4. 最佳保障方案

险种组合：车辆损失险＋交强险＋第三者责任险＋车上人员责任险＋玻璃单独破碎险＋不计免赔特约险＋全车盗抢险＋车身划痕险。

特点：在经济投保方案的基础上，加入了车上人员责任险和玻璃单独破碎险，使乘客及车辆易损部分得到安全保障。

适用对象：一般公司或个人。

特别提示

● 该保险方案是投保价值较大的险种，不花冤枉钱，物有所值。

5. 完全保障方案

险种组合：车辆损失险＋交强险＋第三者责任险＋车上人员责任险＋玻璃单独破碎险＋不计免赔特约险＋新增加设备损失险＋自燃损失险＋全车盗抢险。

特点：保全险，居安思危方才有备无患。能保的险种全部投保，从容上路，不必担心交通所带来的种种风险。

适用对象：机关、事业单位和大公司。

特别提示

● 该保险方案几乎与汽车有关的全部事故损失都能得到赔偿。投保的人员不必为少投保某一个险种而得不到赔偿，承担投保决策失误的损失。但保全险保费较高，某些险种出险的概率非常小。

3.2.3 保险方案设计举例

就"引例"中李女士的实际情况，通过充分评估分析她自身的风险和车辆状况，根据实际情况选择需要的保险保障，为李女士设计的保险方案如下：

（1）交强险。这是我国第一个以立法的形式规定的强制性保险，不投保该险种就无法上牌照。交强险保额12.2万元，6座以下家庭自用车的保费为950元。

（2）商业第三者责任险（责任限额为20万元）。投保交强险后，对于商业第三者责任险还需不需要投保要具体情况具体分析，交强险保额毕竟只有12.2万元，所以为了尽可能做到充分保障，选择商业第三者责任险还是有必要的。但第三者责任险的保额并不是越高越好，适宜即可。

（3）车辆损失险。车辆损失险负责赔偿由于自然灾害和意外事故造成的车辆自身的损失。汽车对一般家庭而言是大件物品，如果损毁而没有保险赔偿将会遭受巨大损失，所以为自己的爱车投保车辆损失险几乎是所有车主的不二选择。

（4）车上人员责任险（按核定载客座位数投保，10 000元/每次事故责任限额）。这个险种主要承保的是因交通事故造成驾驶员、乘客伤亡，选择这个险种主要还是考虑到李女士行车经验不足，有时可能会出现遇事紧张、情况判断不够准确。当然，如果李女士和家人都购买了寿险中的意外伤害险，则可考虑不再购买车上人员责任险。

（5）车身划痕险（保险金额为5 000元）。购买新车后大家都会爱惜备至，而用车过程中很难避免出现这样或那样大大小小的车身划痕，对驾车技术还不够老练的驾驶员更是如此。而车辆损失险对没有明显碰撞痕迹的车身划痕又不赔偿，因此，车身划痕险对绝大多数车主来说都是最好能够选择的险种。

（6）全车盗抢险。新车购买盗抢险是非常有必要的，而且李女士使用的车辆平时就停放在小区而没有私家车库，更没有专人看管，所以建议投保全车盗抢险。

（7）玻璃单独破碎险。玻璃单独破碎险保险责任规定，"保险车辆在使用过程中，发生本车挡风玻璃或车窗玻璃的单独破碎，保险人按实际损失赔偿"，车辆损失险对玻璃单独破碎是免赔的。

（8）不计免赔率特约条款。一般情况下，车辆损失险、商业第三者责任险等险种都会有15%～20%不等的免赔率，也就是说，当保险公司给予损失赔偿时，被保险人按照保险条款规定将自行承担15%～20%的赔偿，保险公司只负责赔偿剩余部分。但投保了"不计免赔特约险条款"，则本应由被保险人自行承担的部分，也将由这个险种来承担，实际上将这部分责任也转嫁给了保险公司。这个险种也很适合车技不是很成熟的驾驶员投保。

特别提示

● 投保误区：不足额投保，超额投保，重复投保，没有及时续保。

3.2.4 投保流程

1. 填写投保单

投保人购买保险，首先要提出投保申请，即填写投保单，交给保险人。投保单是投保人向保险人申请订立保险合同的依据，也是保险人签发保险单的依据。投保单的基本内容有：投保人的名称、厂牌型号、车辆种类、号牌号码、发动机号码及车架号、使用性质、吨位或座位、行驶证、初次登记年月、保险价值、车辆损失险保险金额的确定方式、第三者责任险赔偿限额、附加险的保险金额或保险限额、车辆总数、保险期限、联系方式、特别约定、投保人签章。

2. 核保

核保是保险公司在业务经营过程中的一个重要环节。核保是指保险公司的专业技术人员

项目 3 汽车保险投保实务

对投保人的申请进行风险评估，决定是否接受这一风险，并在决定接受风险的情况下决定承保的条件，包括使用的条款和附加条款，确定费率和免赔额等。

1）核保的意义

（1）防止逆选择，排除经营中的道德风险。在保险公司的经营过程中始终存在一个信息问题，即信息的不完整、不精确和不对称。尽管最大诚信原则要求投保人在投保时履行充分告知的义务，但是，事实上始终存在信息的不完整和不精确的问题。保险市场信息问题可能导致投保人或被保险人的道德风险和逆选择，给保险公司的经营带来巨大的潜在风险。保险公司建立核保制度，由资深人员运用专业技术和经验对投保标的进行风险评估，通过风险评估可以最大限度地解决信息不对称的问题，排除道德风险，防止逆选择。

（2）确保业务质量，实现稳定经营。保险公司是经营风险的特殊行业，其经营状况关系到社会的稳定。保险公司要实现经营的稳定，其中一个关键环节就是控制承保业务的质量。但是随着国内保险市场供应主体的增多，保险市场竞争日趋激烈，保险公司在不断扩大业务的同时，经营风险也在不断增大。其主要表现：一是为了拓展业务而急剧扩充业务人员，这些新的工作人员业务素质有限，无法认识和控制承保的质量；二是保险公司为了扩大保险市场的占有率，稳定与保户的业务关系，放松了拓展业务方面的管理；三是保险公司为了拓展新的业务领域，开发了一些不成熟的新险种，签署了一些未经过详细论证的保险协议，增加了风险因素。保险公司通过建立核保制度，将展业与承保相对分离，实行专业化管理，严格把好承保关。

（3）扩大保险业务规模，与国际惯例接轨。我国加入 WTO 以后，国外的保险中介机构也逐步进入中国保险市场；同时，我国保险的中介力量不断壮大，现已成为推动保险业务的重要力量。在看到保险中介组织对于扩大业务的积极作用的同时，也应注意到其可能带来的负面影响。由于保险中介组织经营目的和价值取向的差异以及从业人员的良莠不齐，保险公司在充分利用保险中介组织开展业务的同时，也应对保险中介组织的业务加强管理，核保制度是对中介业务质量控制的重要手段，也是建立和完善保险中介市场的必要前提条件。

（4）实现经营目标，确保持续发展。在市场经济条件下，企业发展的重要条件是对市场进行分析，并在此基础上确定企业的经营方针和策略，包括对企业的市场定位和选择特定的业务和客户群。同样在我国保险市场的发展过程中，保险公司要在市场上争取和赢得主动，就必须确定自己的市场营销方针和政策，包括选择特定的业务和客户作为自己发展的主要对象，确定对各类风险承保的态度，制定承保业务的原则、条款和费率等。而这些市场营销方针和政策实现的主要手段是核保制度，通过核保制度对风险选择和控制的功能，保险公司能够有效地实现其既定的目标，并保持业务的持续发展。

2）核保的主要内容

（1）投保人资格。对于投保人资格进行审核的核心是认定投保人对保险标的拥有保险利益，汽车保险业务中主要是通过核对行驶证来完成的。

（2）投保人和被保险人的基本情况。通过了解企业的性质、是否设有安保部门、经营方式、运行主要线路等，分析投保人或被保险人对车辆管理的技术管理状况，保险公司可以及时发现其可能存在的经营风险，采取必要的措施降低和控制风险。

（3）投保人和被保险人的信誉。投保人与被保险人的信誉是核保工作的重点之一。对于投保人和被保险人的信誉调查和评估逐步成为汽车核保工作的重要内容。评估投保人与被保险人信誉的一个重要手段是对其以往损失和赔付情况进行了解，那些没有合理原因，却经常"跳槽"的被保险人往往存在道德风险。

（4）保险标的。对保险车辆应尽可能采用"验车承保"的方式，即对车辆进行实际的检验，包括了解车辆的使用和管理情况，复印行驶证、购置车辆的完税费凭证，拓印发动机与车架号码，对于一些高档车辆还应当建立车辆档案。

（5）保险金额。保险金额的确定涉及保险公司与被保险人的利益，往往是双方争议的焦点，因此保险金额的确定是汽车保险核保中的一个重要内容。在具体的核保工作中，应当根据公司制定的汽车市场指导价格确定保险金额。对投保人要求按照低于这一价格投保的，应当尽量劝说并将理赔时可能出现的问题进行说明和解释。对于投保人坚持己见的，应当向投保人说明后果并要求其对于自己的要求进行确认，同时在保险单的批注栏上明确。

（6）保费。核保人员对于保费的审核主要分为费率适用的审核和计算的审核。

（7）附加条款。主险和标准条款提供的是适应汽车风险共性的保障，但是作为风险的个体是有其特性的。一个完善的保险方案不仅要解决共性的问题，更重要的是解决个性问题，附加条款适用于风险的个性问题。特殊性往往意味着高风险，所以在对附加条款的适用问题上更应当注意对风险的特别评估和分析，谨慎接受和制定条件。

特别提示

● 核保的重点项目：

（1）投保单是否按规定填写，有无错漏，保额是否合理。

（2）业务员或代理人是否验证和验车，是否向投保人告知。

（3）审核费率标准和计收保费是否正确。

（4）对于高保额和投保全车盗抢险的车辆，重点审核有关证件。

（5）对高发事故和风险集中的投保单位，限制承保条件。

（6）对费率表中没有的车辆，视风险情况厘定费率。

（7）审核其他情况。

3. 接受业务

保险人按照规定的业务范围和承保的权限，在审核检验之后，有权做出承保或拒保的决定。

4. 缮制单证

缮制单证是在接受业务后填制保险单或保险凭证等手续的程序。保险单或保险凭证是载明保险合同双方当事人权利和义务的书面凭证，是被保险人向保险人索赔的主要依据。因此，保险单质量的好坏，往往直接影响汽车保险合同的顺利履行。填写保险单的要求有：单证相符、保险合同要素明确、数字准确、复核签章、手续齐备。

⚙ 3.3 汽车保费的计算

1. 保险费率的构成

保费是保险人向被保险人提供保险服务的价值反映，一般在保险责任开始时收取，且通常在保险合同中作出明确规定。保险费率由纯保险费率和附加费率两部分组成。

2. 汽车保险费率的厘定原则

保险表面上看是一种经济保障活动，而实质上是一种商品交换行为，因此制定保险商品的价格，即厘定保险费率，便构成了保险的基本要素。汽车保险同样如此，必须进行保险费率的厘定。为保证保险双方当事人的利益，汽车保险费率的厘定要遵从 16 字方针：合理公平、保障偿付、相对稳定、促进防损。

3. 汽车保险费率确定模式

汽车保险费率确定模式有从车模式和从人模式两种，如表 3.2 所示。

表 3.2　汽车保险费率确定模式

从车模式			从人模式	
车型	客车	1. 乘客责任的风险。一般情况下，座位数越多，运载的乘客数也就越多，对于乘客的责任险而言，其风险就会越大。 2. 第三者责任的风险。座位数越多的车辆，车体往往也越大，方向也就越不易控制，若发生事故，往往对第三者或自身车体的损坏也就越大	根据驾驶人的年龄划分	常规分为三组，第一组是性格不稳定的年轻人；第二组是生理和心理条件均较为成熟的中年人；第三组是与第二组情况基本相同，但年龄较大，反应较为迟钝的老年人。通常认为第一组驾驶人为高风险人群，第三组驾驶人为次高风险人群，第二组驾驶人为低风险人群
	货车	吨位数与座位数的特点较为相似，一个是针对人，一个是针对货物。因此，在承保车上货物责任险时，要充分考虑吨位数		
排气量		排气量越大，汽车的动力性能也越大，在同一事故原因下，速度越高，意味着损失程度就越大，也就意味着风险越高	根据驾驶人的性别划分	男性与女性。研究表明，女性群体的驾驶倾向较为谨慎，为此，相对于男性她们为低风险人群
车龄		车龄与车辆状况有直接关系，车龄越大，车辆的磨损与老化程度越高，从而导致车况越差，致使车辆事故的概率及道德风险概率同步上升	根据驾驶人的驾龄划分	驾龄的长短可以从一个侧面反映驾驶人的驾驶经验，通常认为初次领证后的 1~3 年为事故多发期
行驶区域		由于车辆行驶范围不同，加上对不同地区的交通规则、地形、地貌等熟悉程度不同，而且在不同地区造成损失承担的赔偿责任不同，车辆的风险状况也不同。整体而言，随着行驶地域的扩大，风险程度积累变大，如省（市）内行驶风险＜国内行驶风险＜出入境内外风险	根据安全记录划分	安全记录可以反映驾驶人的驾驶心理素质和对待风险的态度，经常发生交通事故的驾驶人可能存在某一方面的缺陷
使用性质		车辆的使用性质不同，导致车辆具有的风险有所不同。因为营运车辆长时间运转，车辆磨损率及事故概率要比非营运车辆高，所以营运车辆风险要比非营运车辆风险高		

	从车模式	从人模式	
所属性质	由于车辆保险极易发生道德风险，道德风险主要是由车辆所属性质决定的，因此即使同样是营运车辆，由于其所有人的不同，风险情况也不同。首先就营运车辆而言，企业的营运车辆往往是以车队的形式出现，且为国有或集体企业所有，投保时往往也是将所有车辆投保于一家保险公司，投保的目的比较明确，就是为意外事故的发生提供保障，因此道德风险因素相对较低。个体营运车辆则与其有区别，由于车辆多为个体营运者所有，投保的目的除为意外事故的发生提供保障外，还往往有潜在道德风险的可能。因此，由于车辆所属性质不同，风险状况也不同		
地理环境风险因素	由于车辆是流动的标的，地理环境对车辆保险具有较大的影响。对车辆有影响的地理环境因素包括气候、地形、地貌、路面状况等		
社会环境风险因素	车辆的运行不仅仅涉及车辆本身及自然环境，更重要的还涉及周围的社会环境，具体包括法制环境、治安情况、监管情况、行业自律情况、人文环境等		
驾驶人员风险	包括年龄、性别、血型、性格、经验、肇事记录等		

从以上对比和分析可以看出，从人模式相对于从车模式具有更科学和合理的特征，所以我国正在积极探索，逐步将从车模式过渡到从人模式。

4. 使用汽车保险费率表计算保费

以机动车商业保险行业基本费率表所规定的各险种费率表为例介绍。

1）第三者责任险

按照被保险人类别、车辆用途、座位数/吨位数/排量/功率、责任限额查找保费。某公司家庭自用汽车第三者责任险费率如表 3.3 所示。

项目 3

汽车保险投保实务

表3.3　某公司家庭自用汽车第三者责任险费率　　　　　　　　　　　　　　元

使用性质	座位/吨位	5万	10万	15万	20万	30万	50万	100万
家庭自用汽车	6座以下	785	1 099	1 240	1 335	1 492	1 772	2 308
	6~10座	672	941	1 062	1 142	1 277	1 517	1 976
	10座及以上客车	672	941	1 062	1 142	1 277	1 517	1 976

李女士为自己的卡罗拉汽车投保第三者责任险，核定载客座位数为5座，责任限额为20万元，试计算保费。

在费率表3.3中，根据所给条件首先选择"家庭自用汽车"单元格中"6座以下"这一行与"20万"责任限额这一列相交的单元格，就是要查找的数据，查询保费为1 240元。因此，该车的第三者责任险保费=1 240元。

2）车辆损失险

按照被保险人类别、车辆用途、座位数/吨位数/排量/功率、车辆使用年限所属档次，在表3.4中查找基础保费和费率。

表3.4　某公司家庭自用汽车车辆损失险基础保费与费率

座位/吨位	0~1年		1~4年	
	基础保费/元	费率/%	基础保费/元	费率/%
6座以下	630	1.50	594	1.41
6~10座	756	1.50	713	1.41

保费＝基础保费＋保险金额×费率

李女士的卡罗拉为5座家庭自用汽车，车龄为1年以下，假定按照新车购置价15万投保，计算保费。按家庭自用汽车、6座以下、车龄为1年以下查表3.4，查得对应的基础保费为630元，费率为1.50%。保费＝630元＋15万元×1.50%＝2 880元。

3）车上人员责任险

按照被保险人类别、车辆用途和座位数查找费率。

李女士的卡罗拉为5座家庭自用汽车，投保车上人员责任险，约定驾驶人每次事故责任限额为5万元，每位乘客每次事故责任限额为5万元，试计算保费。

依据表3.5查询，得到对应的费率为：驾驶人0.42%，乘客0.27%。

表3.5　某保险公司家庭自用汽车车上人员责任险费率

使用性质	座位数	驾驶人座位费率/%	乘客座位费率/%
家庭自用汽车	6座以下	0.42	0.27
	6~10座	0.40	0.26
	10座及以上客车	0.40	0.26

$$驾驶人保费 = 5 万元 \times 0.42\% = 210 元$$
$$乘客保费 = 5 万元 \times 0.27\% \times 4 = 540 元$$
则车上人员责任险保费总计 210 元 + 540 元 = 750 元。

4) 全车盗抢险

按照座位数,通过表 3.6 查找基础保费和费率。

表 3.6　某保险公司家庭自用汽车全车盗抢险基础保费与费率

座位/吨位	基本保费/元	费率/%
6 座以下	120	0.49
6~10 座	140	0.44
10 座及以上客车	140	0.44

$$保费 = 基础保费 + 保险金额 \times 费率$$

李女士的卡罗拉为家庭自用汽车,家庭自用汽车投保全车盗抢险,保险金额为 15 万元,核定载客座位数为 5 座,试计算保费。

依据表 3.6,得到对应的基础保费为 120 元,费率为 0.49%。

$$保费 = 120 元 + 15 万元 \times 0.49\% = 855 元$$

5) 玻璃单独破碎险

按照被保险人类别、座位数、投保国产/进口玻璃单独破碎险费率表查找费率。

$$保费 = 新车购置价 \times 费率$$

注:对于特种车、防弹玻璃等特殊材质玻璃,标准保费上浮 10%。

李女士的卡罗拉 5 座家庭自用汽车,家庭自用汽车投保玻璃单独破碎险,新车购置价为 15 万元,约定按国产玻璃投保,试计算保费。

依据表 3.7,得到对应的费率为 0.19%。

表 3.7　某保险公司玻璃单独破碎险保险费率

座位数	国产玻璃费率/%	进口玻璃费率/%
6 座以下客车	0.19	0.31
6~10 座客车	0.19	0.30

$$保费 = 15 万元 \times 0.19\% = 285 元$$

6) 车身划痕险

按车龄、新车购置价、保额所属档次直接查找保费,车身划痕险费率如表 3.8 所示。

表 3.8 某保险公司车身划痕险费率   元

新车购置价	保额	车龄	
		车龄 < 2 年	车龄 ≥ 2 年
<30 万元	2 000	400	610
	5 000	570	850
	10 000	760	1 300
	20 000	1 140	1 900
[30，50）万元	2 000	585	900
	5 000	900	1 350
	10 000	1 170	1 800
	20 000	1 780	2 600
≥50 万元	2 000	850	1 100
	5 000	1 100	1 500
	10 000	1 500	2 000
	20 000	2 250	3 000

李女士的卡罗拉为家庭自用汽车，家庭自用汽车投保车身划痕险，车龄为 1 年，核定载客座位数为 5 座，新车购置价为 15 万元，保额为 5 000 元。查表 3.8，得到对应的保费为570 元。

7）不计免赔特约条款

李女士的卡罗拉为 5 座家庭自用汽车，第三者责任险保费 = 1 240 元；车辆损失险保费 = 630 元 + 15 万元 × 1.5% = 2 880 元；车上人员责任险保费 = 5 万元 × 0.42% + 5 万元 × 0.27% × 4 = 750 元；全车盗抢险保费 = 120 元 + 15 万元 × 0.49% = 855 元；车身划痕险保费 = 570 元。故不计免赔特约条款保费 = 1 240 × 15% + 2 880 × 15% + 750 × 15% + 570 × 15% + 855 × 20% = 185 + 432 + 112.5 + 85.5 + 171 = 986（元）。

该车总保费 = 1 240 + 2 880 + 750 + 855 + 285 + 570 + 986 = 7 566（元）

3.4 保单填写

3.4.1 投保单

投保单也称保单，经投保人如实填写后交付保险人，成为订立保险合同的书面要约。投保单是保险合同订立过程中的一份重要单证，是投保人向保险人进行要约的证明，是确定保险合同内容的依据。投保单原则上应载明订立保险合同所涉及的主要条款，投保单经过保险人审核、接受，就成为保险合同的组成部分。

3.4.2 投保单的填写

1. 告知

告知包含的内容：一是依照《中华人民共和国保险法》、《机动车辆保险条款》和保监会的有关要求，严格按照条款向投保人告知投保险种的保障范围，特别要明示责任免除及被保险人义务等条款内容；二是对基本险和附加险条款容易发生歧义的部分，特别是涉及保险责任免除的部分或当保险条款发生变更时，应通过书面或其他形式进行明确说明；三是应主动提醒投保人履行如实告知义务，特别是对可能涉及保险人是否同意承保或承保时可能进行特别约定或使用变动费率以合理控制保险风险的情况要如实告知，不得为了争取业务有意对投保人进行误导；四是应对保户详细解释拖拉机和摩托车保险，以及采用定额保单承保和采用普通保单承保的差异。

2. 填具投保单

业务人员应指导投保人正确填写《机动车辆保险投保单》，如投保车辆较多，投保单容纳不下，则需填写《机动车辆保险投保单附表》。投保单及其附表填写应字迹清楚，如有更改，应让投保人或其代表在更正处签章。某公司汽车保险投保单样本如表3.9所示。

表3.9 某公司汽车保险投保单样本

被保险人信息	被保险人姓名：（名称）						职业	□党政机关事业单位　□服务业　□农林牧渔　□生产业　□自由职业及其他		
	身份证号码/组织机构代码						联系人姓名			
	被保险人地址				邮政编码		联系电话			
	约定驾驶人	姓名	性别	年龄	驾龄	准驾车型		驾驶证号码		
	□约定　□不约定									
投保车辆信息	被保险人与车辆关系	□所有　□使用　□管理		车主						
	号牌号码			号牌底色		□蓝　□黑　□黄　□白　□白蓝　□其他颜色				
	厂牌型号			发动机号						
	车辆初次登记日期	年　　月		VIN码/车架号						
	核定载客			排量/功率		L/kW	行驶区域	□省内　□固定　□厂内		
	车辆种类/使用性质	□家庭自用汽车　非营业用车：□党政机关、事业团体　□企业　营业客车：□城市公交　□出租租赁　□公路客运 □非营业用货车　□营业货车　□摩托车　拖拉机：□兼用型　□运输型　□特种车：请填用途								
保险期间	自　　年　　月　　日零时起至　　年　　月　　日二十四时止									
投保险种选择	投保险种			保险金额/责任限额（元）			保费		备注	
	□机动车交通事故责任强制保险			按照国家有关部门规定标准执行						
	□车辆损失险	新车购置价　　元								
		□免赔额：□300　□500　□1 000　□2 000（单位：元）								
	□商业第三者责任险	□5　□10　□15　□20　□30　□50　□100　□其他（单位：万元）								
	□全车盗抢险									
	□车上人员责任险	驾驶人			/人			按车辆核定载客数投保		
		乘客			/人					
					/人					
	□车身划痕险	□2 000　□5 000　□10 000　□20 000　（单位：元）								
	□不计免赔特约险	□车辆损失险　　□商业第三者责任险								
		□车上人员责任险　　□车身划痕损失险								
		□盗抢险								
	□车上货物责任险									
	□玻璃单独破碎险	□国产玻璃　□进口玻璃		按照条款规定执行						
	□自燃损失险									
				其中：优惠保费（元）						
	保费小计（人民币大写）：							（　　　　元）		

续表

保费合计（人民币大写）：		（ 元）
特别约定		
保险合同争议解决方式选择	□仲裁 提交＿＿＿＿＿＿＿＿＿＿仲裁委员会仲裁 □诉讼	

本保险合同由保险条款、投保单、保险单、保险标志、批单和特别约定组成。
投保人声明：1. 保险人已将投保险种对应的保险条款（包括责任免除部分）向本人作了明确说明，本人已充分理解。2. 以上填写的内容均属实，同意以此投保单作为订立保险合同的依据。3. 投保人同意按条款规定缴纳保费，保险责任自保费付清后开始。

投保人签名/签章：	联系电话：	年 月 日
验车验证情况 查验人员签名：		年 月 日 时 分

初审情况	业务来源：□直接业务 □个人代理 □专业代理 □兼业代理 □经纪人 □电话/网上销售 代理（经纪人）人名称： □续保 □新保 业务员签字： 年 月 日	复核意见	复核人签字： 年 月 日

投保单及其附表各栏填写内容和要求如下：

（1）投保人名称。

①投保人为"法人或其他组织"时，填写其全称（要与公章名称一致）。

②投保人为"自然人"时，填写个人姓名（要与投保人有效身份证明一致）。

③投保人名称一律填写全称，且必须完整、准确，不得使用简称。

（2）投保人地址。

①投保人为"法人或其他组织"时，填写其主要办事机构所在地。

②投保人为"自然人"时，填写投保人常住地址，需要精确到门牌号码。

（3）联系方式。

①投保人为"法人或其他组织"时，需注明联系人姓名并填写其常用联系电话。

②投保人为"自然人"时，需注明投保人常用联系电话。

（4）投保车辆情况。

车主：按照投保车辆《机动车行驶证》上载明的车主名称填写。

车牌号码：车牌号码应按照《机动车行驶证》上的号码填写，同时应注明车牌颜色。

厂牌型号：投保车辆的厂牌名称和车辆型号，应与《机动车行驶证》一致，《机动车行驶证》上的厂牌型号不详细的，应在厂牌型号后注明具体型号。进口车按商品检验单、国产车按合格证填写，应尽量写出具体配置说明，特别是同一型号多配置时。例如，丰田海狮RZH105L—BMNRS、广州本田雅阁 HG7230、一汽解放 CA1032PL 等。

车身颜色：按照投保车辆车身颜色的主色系在"黑、白、红、灰、蓝、黄、绿、紫、粉、棕"颜色中归类选择一种颜色；多颜色车辆，应选择面积较大的一种颜色；有《机动车登记证书》的车辆，按照登记证书中的"车身颜色"栏目填写。如实在无法归入上述色系中，才可填写"其他颜色"。

车辆类型：按照客车、货车、客货两用车分类填写。

核定座位：按投保车辆《机动车行驶证》上载明的核定载客人数填写。

核定吨位：按投保车辆《机动车行驶证》上载明的核定载质量填写，单位：千克

（kg）。

发动机号：它是汽车的身份证明之一，是生产厂在汽车发动机缸体上打印的号码。此栏可根据《机动车行驶证》填写。

排量：指发动机各个气缸活塞从上止点移至下止点间的工作容积总和，排量的单位为升（L）。

车架号：它是机动车辆的身份证明之一，是生产厂在车架上打印的号码。此栏可根据投保车辆的《机动车行驶证》填写。车架号与 VIN 码多数情况一致，可根据具体情况填写。

VIN 码：它是表明车辆身份的代码，由 17 位字符（包括英文字母和数字）组成，俗称十七位码。有 VIN 码的车辆必须填写 VIN 码。

已使用年限：指车辆自新车上牌行驶到投保之日止已使用的年数，不足一年的不计算。

车辆安全装置：防盗装置、ABS、安全气囊等，根据车辆实际情况如实填写。

初次登记日期：填写投保车辆在车辆管理部门进行初次登记的日期，可参照《机动车行驶证》上的"登记日期"填写。

使用性质：按车辆的实际使用性质在投保单上选择其中一项填写，如家庭自用等。

新车购置价：保险车辆的新车购置价是指保险合同签订时，在签订地购置与保险车辆同类型新车的价格（含车辆购置附加税）。

（5）约定驾驶员：填写指定驾驶员的姓名和驾驶证号。

（6）保险期间：保险责任的有效期限。保险合同的有效期限一般为一年，保险期限自约定起保日零时开始，至保险期满日 24 时止。起保日不得为投保当日，最早应是投保次日零时。如 2009 年 4 月 6 日投保，则保险期限为 2009 年 4 月 7 日零时至 2010 年 4 月 6 日 24 时。

（7）投保险种：按照投保人选定的险种填写。

（8）保险金额/责任限额：保险金额是投保人的实际投保金额，也是保险人的最高赔偿限额；责任限额是指在责任保险中，保险人承担赔偿保险金责任的最高限额。

在投保车辆损失险时，其保险金额最好选择足额投保，即按照车辆是新车购置价投保。因不足额投保，当车辆发生部分损失时，对车辆的修理费保险公司将按比例计算赔偿。

（9）特别约定：对于保险合同中的未尽事宜，经投保人和保险人协商一致后，可以在"特别约定"栏中注明。约定的事项应清楚、明确、简练，并写明违约责任。但特别约定内容不得与法律相抵触，否则无效。

投保人要在完全清楚特别约定的内容后，再认可特别约定。对于不利于投保人的特别约定，投保人可以不予接受，同时可以要求保险公司取消特别约定。

（10）保险合同争议的解决方式：争议解决方式由投保人和保险人在"诉讼"或"仲裁"两种方式中协商约定一种方式。当选择"提交×××仲裁委员会仲裁"时，必须在投保单上约定仲裁委员会的名称。

（11）投保人签名/签章：在投保人仔细了解投保单各项内容，并明确各自的责任和义务后，在"投保人签名/签章"处签名或签章。

特别提示

- 投保单中各项信息必须填写完整。
- 准确填写要求投保的产品名称、保险金额及相关信息。
- 投保人及被保险人应如实回答投保单上所提的问题，对投保单上要求提供详细情况的问题，应在投保单备注栏中说明详情或提供相关的书面材料。
- 投保人在填写完毕后，应对投保单的内容进行复核，确认内容真实完整，并应亲笔签名确认。必要时，被保险人也需要亲笔签名确认，如以身故为保险金给付条件的合同。

3. 缴纳保费

投保单经保险公司审核通过后，保险公司就会向投保人收取保费。

4. 领取保险单

投保人缴纳保费后，就可以领取保险单和保费收据。保险单上注明了投保单上的有关信息、保险公司名称、地址、联系电话等，并加盖保险公司业务专用章。投保人拿到保险单后，要仔细核对一下上面的信息有无打印错误，一旦发现与真实信息不符，应立即提出，由保险公司进行更正。

知识链接 3-1

2016 年汽车保险政策新规解读

自 2016 年 1 月 1 日起，全国范围内保险公司实行新的车辆保险费率政策，出险 2 次的保费上浮 25%、3 次的上浮 50%、4 次的上浮 75%、5 次的保费翻倍。

为什么要改革汽车保险?

有数据显示，2014 年上半年，中国太平洋保险机动车保险业务的综合成本率已攀升至 100%，这意味着其车险业务面临亏损压力。中国人保财险上半年综合成本率为 94.4%，其中，车险业务的承保利润为 3.7%。平安产险的综合成本率为 94.4%。其余保险公司的车险综合赔付率或许更高。

不断攀升的汽车零部件价格、人工成本、人伤医疗成本以及激烈竞争下不断上涨的渠道费用等造成各家保险公司车险业务的成本大幅增加，并面临亏损困境。

保险业界认为，车险业务成本增加的重要原因之一，就是现行收费标准缺少车型风险这一关键因素。各家保险公司现行的车险收费标准，仅与座位数、车龄、新车购置价等因素相关，相同售价车辆的保费相同。

以一辆 20 万元的宝马一系和一辆 20 万元的一汽大众迈腾为例，保费基本是一致的。但是，由于零整比（具体车型的配件价格之和与整车销售价格的比值，系数越高表示零配件越贵）不同，一旦出险，宝马的维修成本显然更高。

因此，当前的车险收费标准与风险程度不匹配，对险企以及车主都有失公平。

2016 年汽车保险新规的不同:

(1) 按车辆实际价值计算保费，同价不同款汽车保费不同。

费改前，车主购买保险时是按新车购置价来确定保险费用的。费改后，车辆是以实际价值确定保费投保车损险的，发生全损时，车辆即可获得实际损失的赔偿。对比费改前，消费者需要支付的费用会更低。

费改后，如果同价格车辆投保，车型不同，其所交保费也不同。权威评测安全系数较高，修理便捷（零部件较为便宜）的车辆，保费会更低。

（2）出险越少，驾驶习惯越好，保费越低。

费改后保险公司给出的价格高低，不仅取决于车主上一年的出险率，还要参照车主的驾驶行为习惯和驾驶风险。简单计算一下，如果上一年没有出险，车险费率最低可以享受到基准费率的6折；如果连续两年没有出险，保费最低可以打5折；如果连续3年（或以上）没有出险，保费最低可以打到4折左右。

（3）新规扩大保险责任范围。

被保险人或驾驶人的家人可在三责险项下进行赔付，相比过去撞到自家人保险不赔的情况，费改之后，其保险责任的范围变得更广。除此之外，因为台风、热带风暴、暴雪、冰凌、沙尘暴、冰雹等自然灾害所导致的车辆损失，也增加到车损险保险责任中，各险种均删除了多项责任免除约定。

（4）增加"代位求偿"权。

简单来说就是，当本人遇到对方负全责的保险事故，如果对方投保额不足或者没有能力赔偿，受损一方可以要求自己的保险公司先行赔付，然后由保险公司负责向对方追偿。

汽车保险政策新规一：保险责任更宽

2016年改革后的商业车险条款在原有基础上明显扩大了保险责任范围。

（1）原来车辆没挂牌时出了事故是不在保险责任范围内的，新条例则可赔。

为满足保险消费者对保险单"即时生效"的需求，此次条款删除了保险单中"次日零时生效"的约定，遵循契约自由原则，允许投保人在"零时起保"或者"即时生效"之间做出选择。

（2）自家车撞自家人的，可以获赔。

新条款规定，因第三方对被保险机动车的损害而造成保险事故，被保险人向第三方索赔的，保险人应积极协助，被保险人也可以直接向保险公司索赔。新条款扩大了保险责任范围，在商业车险条款责任免除中，将三者险中"被保险人、驾驶人的家庭成员人身伤亡"列入承保范围，也就是说开车撞了自家人也被列入承保范围。

（3）意外导致车上人员撞伤的，可获赔偿。

冰雹、台风、暴雪等自然灾害和所载货物、车上人员意外撞击导致的车损也可以获得赔偿。

（4）"高保低赔"问题得到调整。

原来的高保低赔，即投保车辆无论过了多少年，投保时都要按照新车购置价来缴纳保费，而在赔付时却只按比例进行理赔，改革后，保费的确定就与新车购置价脱节了。

①变化前。比如一辆车10万元，投保10万元，开了两年后还是要投保10万元，但是发生事故后，保险公司是按照折旧后的价格赔付的。现在新的规定是按照实际价值

投保，如果发生全损的情况保险公司按照保额赔付。改革后的商业车险保险单上将新增一个折旧后的车辆价格。

②变化后。比如新车一辆车 10 万元，投保 10 万元，两年后按照折旧后价格投保，不再是 10 万。

汽车保险政策新规二：费率与风险挂钩，出险频率有效降低

保险改革前，在实行保费浮动机制以前，小事故赔付一直居高不下，让众保险公司深感头疼。于是，才有了如今改革后加大"保费浮动机制"，即上一年度理赔次数多，来年的保费就会上浮，甚至遭到保险公司拒保。例如，出险一次不打折，两次上浮25%，三次上浮50%，四次上浮75%，五次以上是两倍。

1. 车险计算公式变脸

原保费计算公式：

$$保费 =（新车购置价 \times 费率 + 基础保费）\times 调整系数$$

新保费计算公式：

$$保费 =［基准纯风险保费 /（1 - 附加费用率）］\times 费率调整系数$$

改革前，新车购置价相同，则保费相同；改革后，不同车型新车购置价相同，但因为风险的差异，保费也就不一样了。

2. 对后市场的六个影响

1）车险价格与驾驶行为密切相关

车险费率化后，车险定价的因子将实现从"车"到"人"的转变。车险一旦真正实现费率市场化，不出险或出险很少的车主的保费将被降下来；而常出险的车主，今后的保费就可能很高，保费随出险次数上浮。

2）同价位车型车险价格完全不同

车险费率化改革后，消费者在买车时，除了关注车型车价本身，最关注的可能就是这款车的"基础保费"是多少。这个"基础保费"就来自于基于该款车汽车零部件更换价格的标准。如果选择购买一款"基础保费"很高的汽车，未来无论来自"人"的因素的驾驶习惯多么优异，也必须承受来自"车"因素的高保费。

3）二手车真实车况不再遮遮掩掩

中国汽车保险费率市场化改革后，实现从"车"到"人"的定价，将从根本上推进中国二手车交易。因为中国汽车保险费率市场化改革，我们需要收集分析和应用来自驾驶者的"人"的因素，那么未来二手车基于驾驶者的因素也就完全知道。这个"知道"，就是车主的驾驶行为，他的每一段里程、每一个动作都会被数据化。

4）现行汽车维修体系将面临冲击

如果不出预料，很快将有一大批社会维修机构成为亿万私家车主出险后汽车修理的新选择。也许在不久的将来，出险报案后，定损员不会像以前那样推荐到 4S 店维修，而是去一些经过保险公司认证的社会维修企业维修。

5）车联网嫁接车险成为终端应用

中国汽车保险费率市场化的改革，过去是需要"车"的因素，现在更需要"人"的因素。人的因素从何而来？基于车联网硬件的数据收集，就是"人"的因素的重要来源之一。

6）按里程按天气买车险成为可能

中国汽车保险的费率市场化改革，还将有一个"创新条款"，即支持和鼓励有条件的保险公司，根据自由数据，自行拟定创新条款，共同构成汽车保险的商业条款。这意味着不仅仅是费率制定放开了，一辆车怎么保，可能不同的保险公司会给出不同的花样来。不同的保险公司，它们的市场发展定位是不一样的，有的保险公司需要的是保费规模，有的保险公司需要的是优质客户，有的保险公司需要的是综合成本率可控。

汽车保险新规政策出来后买车三大注意事项

车险费率改革后，对于想要买车的人士而言，以下三点必须注意。

1. 买车：不只看车价，还看零整比

"车险费率改革方案中，机动车辆的零整比也将被考虑进去。"产险人士透露，零整比越高的机动车，车险费率可能会越高，最终的车险价格也就越高。

什么是车辆零整比？就是指配件与整体销售价格的比值。简单来说，就是市场上该车型全部零配件的价格之和与新车销售价格的比值。中国保险行业协会、中国汽车维修协会联合发布的数据显示，有的机动车辆，全车换零部件的总价格，可以买 10 多辆同样的新车。一些车辆零部件价格畸高，不仅让车主的保养成本居高不下，也让保险公司在车险理赔方面觉得不公平。"此次将机动车辆零整比与车险费率挂钩，可以倒过来影响高零整比车辆的销售。"

【温馨提醒】今后买车不要只看车辆的裸车价格，还应查询该车的零整比，否则每年可能都会多花保费。

2. 选车：不单选品牌，还看费率表

"以前买车可能考虑较多的是哪个系列的车安全性好，哪个系列的安全性较差，今后大家在选择时会有更好的参照。"产险人士透露，车险费率改革方案运用了全国车险行业多年来的理赔数据，每一个车型都会有一个费率表，也就是说，同一个品牌的车辆，不同车型的保险费率会不同。

以前赔付率较高的车型，市民在新车投保或者在续保时，车险费率可能会比出险率低的车型高。

【温馨提醒】今后买车不要单凭感觉买哪个品牌的哪个车型，而要事先查看保险公司对该车型的费率表。在同价位的多款车型中，一定要选择费率相对低的车型。

3. 开车：不任性驾驶，保费或五折

"要获得更低的车险保费，最好的办法就是安全行车。"产险人士表示，今后开车不要任性了，对于连续 3 年甚至 5 年都没有出险的车辆，产险公司给出的车险优惠幅度可能会更大，拿到 5 折甚至更低的费率都有可能；反之，车险费率就有可能大幅度提高。

今后还可能将交通违章与车险费率挂钩，如闯红灯、乱停车等，都有可能影响续保价格。

【温馨提醒】今后开车千万不要任性，一要严格遵守交通规则，二要时刻做到安全行车。

应用案例 3-1

如何替客户设计车险购买方案

【案例概况】

刘某，30岁，驾龄2年，新买了一辆奥迪，作为家庭自用，新车购置价32万元，配置双安全气囊，平时一般停放在露天停车位，经常驾车出游，有两次追尾事故记录。刘某的妻子也经常用车，驾龄1年，无不良驾驶记录。

作为保险公司的业务员，你建议刘某如何投保车险？

【案例解析】

针对这种情况，应给出客户比较合理的险种组合，使客户了解对应险种的费率，计算出车险总额，并使客户了解投保流程。

本章小结

（1）保险公司的组织形式：股份有限公司、国有独资公司、外资保险公司和相互保险公司。

（2）购买汽车保险的途径：专业代理、兼业代理、上门投保和网上、电话投保等。

（3）投保方案的设计原则：充分保障、经济适用、诚信。

（4）投保流程：填写投保单、核保、接受业务、缮制单证。

（5）汽车保险费率的厘定要遵从16字方针：合理公平、保障偿付、相对稳定、促进防损。

（6）投保单及其附表各栏填写内容包括：投保人名称、投保人地址、联系方式、投保车辆情况、约定驾驶员、投保期间、投保险种、保险金额、特别约定、保险合同争议的解决方式、投保人签名/签章。

习题

一、选择题

1. 机动车辆保险的基本险包括（   ）。
   A. 车辆损失险　　　　　　　　B. 车上人员责任险
   C. 车辆停驶损失险　　　　　　D. 第三者责任险
2. 车辆损失险的附加险包括（   ）。

    A. 车辆停驶损失险   B. 全车盗抢险

    C. 车上人员责任险   D. 自燃损失险

3. 车辆损失险的保险责任有（   ）。

    A. 自然灾害   B. 意外事故

    C. 施救保护费用   D. 车载货物相互碰撞

4. 车辆损失险保险金额可以按（   ）确定。

    A. 新车购置价   B. 实际价值

    C. 协商价值   D. 出险时市场价值

5. 投保机动车辆附加盗抢险的车辆，在停放中被窃，经向公安部门备案于（   ）以后未找到者，保险人负责赔偿。

    A. 1 个月   B. 2 个月   C. 3 个月   D. 4 个月

6. 保险公司的实力主要从（   ）方面考察。

    A. 市场信誉度   B. 服务能力   C. 服务网络是否全国化

7. 保险代理人可以分为（   ）。

    A. 专业代理   B. 兼业代理   C. 企业代理   D. 个人代理

8. 汽车保险费率确定模式分为（   ）。

    A. 从车模式   B. 混合模式   C. 从人模式   D. 从业模式

9. 从车模式要考虑（   ）因素。

    A. 车辆自身风险   B. 地理环境风险

    C. 社会环境风险   D. 驾驶人员风险

二、填空题

1. 目前，我国各家财产保险公司经营的汽车保险业务还是以_____为主，汽车商业保险按保障的责任范围可分为_____和_____。

2. 汽车商业保险条款和费率由中国保险行业协会制定，总共有_____三款。

3. 机动车辆保险合同由保险条款、_____、_____、_____和_____共同组成。凡涉及保险合同的约定，均应采用_____。保险合同为_____保险合同。

4. 机动车车上人员责任险中，车上人员是指保险事故发生时在被保险机动车上的_____。

5. 车身划痕险的保险金额为_____元、_____元、_____元或 20 000 元，由投保人和保险人在投保时协商确定。

6. 保险公司的组织形式包括：_____、_____、_____和相互保险公司。

7. 保险公司的组织机构有：_____、_____、_____、和其他部门。

8. 保险市场的主体是指保险市场交易活动的参与者，包括：_____、_____和充当供需双方媒介的_____。

9. 汽车保险费率由_____和_____两部分组成。

10. 汽车保险费率的确定原则有：_____、_____、_____、简明、易懂、易运用。

三、判断题

1. 机动车辆保险是强制保险。 （　　）
2. 机动车辆保险的保险期限一般是 1 年。 （　　）
3. 机动车第三者责任险是指保险车辆因意外事故，致使他人遭受人身伤亡或财产的直接损毁，保险人依照保险合同的规定给予赔偿的保险。 （　　）
4. 机动车辆保险合同为不定值保险合同。 （　　）
5. 玻璃单独破碎，指未发生被保险机动车其他部位的损坏，仅发生被保险机动车前后风挡玻璃和左右车窗玻璃的损坏。 （　　）
6. 投保了机动车损失保险的汽车，可投保玻璃单独破碎险附加险。 （　　）
7. 投保了机动车第三者责任险的机动车，可投保车上货物责任险附加险。 （　　）
8. 保险经纪人是基于投保人的利益，为投保人和保险人订立合同提供中介服务，并依法从保险人那里收取佣金的公司或个人。 （　　）
9. 汽车保险公估人是站在第三者的立场上，依法为保险合同当事人办理汽车保险的查勘、鉴定、估损及理赔款项清算业务并予以证明的人。 （　　）
10. 在同一行驶区域、同一使用性质条件下，不同厂牌车辆的风险不同，费率厘定及承保条件也不相同。 （　　）
11. 排气量越大，汽车的动力性能也越大，在同一事故原因下，速度越快，意味着损失程度越大，也意味着风险越高。 （　　）
12. 车辆的运行不仅涉及车辆本身及自然环境，还涉及周围的社会环境，具体包括法制环境、治安情况、监管情况、行业自律情况和人文环境等。 （　　）
13. 采用的从人费率模式考虑的风险因子主要有驾驶人的年龄、性别、驾驶年限和安全行驶记录等。 （　　）
14. 研究表明，女性群体的驾驶倾向较为谨慎，为此，相对于男性她们为低风险人群。 （　　）
15. 驾龄的长短可以从一个侧面反映驾驶人员的驾驶经验，通常认为初次领证后的1～3年为事故多发期。 （　　）
16. 无赔款优待是指保险车辆在上一保险期限内未发生赔款，在下一年续保时可以享受减收保险费的优惠待遇。 （　　）

四、简答题

1. 中国市场的保险公司有哪些？
2. 购买汽车保险的途径有哪些？
3. 设计保险方案的基本原则是什么？
4. 设计保险方案的步骤是什么？
5. 保险费率的构成有哪些？
6. 汽车保险费率的厘定原则有哪些？

项目 4
汽车保险承保实务

1. 能正确叙述承保工作内容流程。
2. 能明确核保内容程序。
3. 能正确运用费率表及保费计算公式。
4. 了解保险经营管理，了解保险的续保、批改业务。
5. 能计算各种险别的保费，能综合运用知识，分析相关案例。

学习要求

能力目标	知识要点	权重
正确分析和引导顾客的投保行为	顾客心理分析，保险需求分析，保险展业	25%
针对车辆用途和客户特点制定相应投保方案的能力	熟悉汽车保险的一般投保流程	25%
独立签单的能力	了解机打保单填写的基本原则和要求	25%
汽车保险核保业务的处理能力	掌握汽车核保业务制度	25%

引 例

　　孙女士开车属于菜鸟级，把崭新的 FIT 碰得灰头土脸，不管大小事故都会找保险公司理赔，仅一年时间出险记录就达到 8 次，孙女士觉得自己买车险没有白掏钱。当一年车险到期之后，孙女士决定仍然选择原来的保险公司续保，却发现自己的保费竟然上升了约 20%。这让她非常困惑，怎么同样的公司，一年保费的差异竟如此巨大？

✳ 4.1　汽车保险承保

机动车保险的业务流程大体上可分为投保、承保、事故查勘、理赔等几个过程。其中投保与承保是保险双方签订保险合同的过程，是保险业务得以进行的基础。

汽车投保实质上是投保人向保险人表达缔结保险合同的意愿。汽车承保指保险人在投保人提出投保请求时，经审核其投保内容认为符合承保条件，同意接受其投保申请，并按照有关保险条款承担保险责任的过程。

4.1.1　汽车保险承保的基本要求

1. 保险展业

保险展业是保险公司向客户提供保险商品服务，进行市场营销的过程，旨在争取汽车保险业务，扩大承保面，提高本公司在市场上的竞争力。保险展业直接影响保险人的业务经营量。保险展业工作主要包括以下内容：

1）做好准备工作

业务人员要熟知保险相关知识，了解客户车辆情况、当地机动车辆交通事故情况和处理规定等，还要掌握以往投保情况，如承保公司、投保险种、投保金额、保险期限和赔付率等情况。

2）开展保险宣传

保险宣传对于保险业务的顺利开展和增强国民的保险意识具有重要作用。保险宣传的方式多种多样，如广告宣传、召开座谈会、电台播放和报刊登载保险知识系列讲座、印发宣传材料等。

3）制定保险方案

由于不同投保人面临的风险概率、风险程度不同，因而对保险的需求也各不相同，这需要展业人员为投保人设计最佳的投保方案。提供完善的保险方案是保险人提高保险公司服务水平的重要标志。

知识链接 4-1

保险展业直接影响保险人的业务经营量。保险展业的思想性、政策性、技术性都比较强，完成此项工作，需要展业人员具有良好的素质。

首先，政策观念和法制性强。保险关系确立是双方当事人在协商、自愿基础上，通过订立保险合同的方式实现的。双方地位平等，坚持自愿，不能采取不正当手段建立保险关系。

其次，熟悉业务，博学多识。保险展业从业人员必须掌握保险的分类及保险商品的相应知识，面对顾客的疑问和异议，要有理有据回答；面对保险相关的技术知识，要广采博览，才能熟练应对。

应用案例 4 - 1

【案例概况】

李先生实际驾龄 5 年，于 2012 年购买一辆吉利轿车。李先生经济条件中等，平时较为节俭，所住小区也不太好，并且没有固定的车位。李先生如何为爱车上 2016 年的保险呢？

【案例解析】

李先生具有一定的驾驶经验，并且车龄已有 4 年，再加上停车没有安全保障，因此希望在减少保费支出的情况下尽量获取更多保障。由于是私家车，可用人身意外伤害险代替车上人员责任险。因此推荐方案为：

交强险 + 20 万元的商业三责险 + 车损险 + 人身意外伤害险 + 不计免赔特约险

2. 保险核保

汽车保险人通过保险展业，不断增加业务"量"，但同时更要重视业务"质"的选择。汽车核保业务是确定是否承保、承保条件、保险费率的过程。提高承保质量，保持经营稳定，追求经济效益是商业保险公司经营的要则。核保的目的是使保险人在承担危险责任的时候主动、有利。因此，核保对汽车保险业务来说是至关重要的环节。

3. 接受业务

核保人员对从一定途径收集的资料加以整理、复核，决定是否承保、承保条件及保险费率等。对符合承保条件的，接受投保人的投保申请，并按照有关保险条款承担保险责任。

保险人根据保险标的的性质常做出如下承保决策：

1）正常承保

对于属于标准风险类别的保险标的，保险公司按标准费率予以承保。

2）优惠承保

对于属于优质风险类别的保险标的，保险公司按低于标准费率的优惠费率予以承保。

3）有条件的承保

对于低于正常承保标准但又不构成拒保条件的保险标的，保险公司会通过增加限制性条件或加收附加保费的方式予以承保。

4）拒保

如果投保人投保条件明显低于保险人的承保标准，保险人就会拒绝承保。对于拒绝承保的保险标的，要及时向投保人发出拒保通知。

特别提示

• "引例"中孙女士的机动车保费增高，原因在于她已经被保险公司列入"高风险客户"。根据保监会的规定，上一年度未出险的车主，在进行续保时可享受一定程度的保费优惠政策，而对出险次数多或者赔付金额较高的车主，其保费会根据不同情况，进行不同程度的上调。一般情况下，车辆一年没有出险，第二年续保即可享受 10% 的保费优惠；如果连续 3 年没有出险，那么优惠系数可达 0.6。

• 需要提醒的是，车辆的出险记录信息由保险行业协会在信息平台上发布，为各家保险公司所共享，也就是说每家保险公司都知道出险次数多的顾客是高风险客户。

4. 缮制保单

缮制保单是在接受业务后填制保险单或保险凭证等手续的程序。保险单或保险凭证是载明保险合同双方当事人权利和义务的书面凭证，是被保险人向保险人索赔的主要依据。因此，保险单质量的好坏，往往直接影响汽车保险合同的顺利履行。填写保险单的要求有：单证相符，保险合同要素明确，数字准确，复核签章，手续齐备。

4.1.2 汽车承保工作流程

保险公司承保业务的流程大体相同，大致经历保户投保，包括保户填写投保单、缴纳保费；保险公司承保和签订保险合同，包括核保，出具保单，出具保费的收据；保险标的发生损失，保户向保险公司提出索赔；保险公司查勘，属于保险责任，保险公司支付赔偿，否则保险公司拒绝赔偿；续保等环节。下面重点介绍汽车保险业务承保的基本业务环节。

汽车承保工作的流程具体包括以下步骤：

（1）保险人向投保人介绍保险条款，履行明确说明义务。

（2）依据保险标的性质、投保人特点制定保险方案。

（3）保险人计算保费，提醒投保人履行如实告知义务。

（4）保险人提供投保单，投保人填写投保单。

（5）业务人员检验保险标的，确保其真实性。

（6）将投保信息录入业务系统（系统产生投保单号），复核后利用网络提交核保人员核保。

（7）核保人员根据公司核保规定，并通过网络将核保意见反馈给承保公司，核保通过时，业务人员收取保费、出具保险单，需要送单的由送单人员递送保险单及相关单证。

（8）承保完成后，进行数据处理，客服人员进行客户回访。

4.1.3 特殊车辆的承保

对于风险高低不同的车辆，保险公司有着不同的承保策略。大部分保险公司的"限制承保"车型都很相似，从总体上看，各家保险公司不太愿意承保的车型主要有以下几种：

（1）营运大货车。营运大货车事故风险高，造成其出险率高的原因不外乎超载运货、昼夜行驶、野蛮驾驶等。

（2）易盗抢车型。

（3）车价便宜、配件贵的新车。

（4）市场占有率比较少的老旧车型。

4.1.4 机动车交通事故责任强制保险的承保

目前，我国的机动车交通事故责任强制保险由商业保险公司来经营，但作为国家强制性保险，机动车交通事故责任强制保险在承保和理赔方面与商业保险不完全相同。

1. 保险人的义务

（1）保险人向投保人介绍条款，履行明确说明义务。

（2）提醒投保人履行如实告知义务。

交强险合同解除后，投保人应当及时将保险单、保险标志交还保险人核销（标志残损可辨认，即可核销）。

2. 投保单填写

（1）保险人应指导投保人真实、正确填写投保单，投保单至少应当载明机动车的详细信息，投保机动车所有人或者管理人的信息，以及续保前投保机动车交通安全违法行为、交通事故记录等影响费率水平的事项，并提醒投保人在投保单上签字或加盖公章。

（2）投保人提供的资料复印件附贴于投保单背面。

（3）交强险的保险期限为1年，但有下列情形之一的，投保人可以投保短期保险：

①临时入境的境外机动车。

②距报废期限不足1年的机动车。

③临时上道路行驶的机动车（例如领取临时牌照的机动车，临时提车，到异地办理注册登记的新购机动车等）。

④保监会规定的其他情形。

3. 出具保险单和保险标志

（1）保险人必须在收取保费后方可出具保险单和保险标志。

（2）保险单必须单独编制保险单号码并通过业务处理系统出具，不得使用商业保险单证代替。

（3）投保人因交强险保险单和保险标志发生损毁或者遗失申请补办的，保险人应在收到补办申请及报失认定证明后的5个工作日内完成审核，补发相应的交强险保险单和保险标志，并通过业务系统重新打印保险单和保险标志，新保险单和保险标志的印刷流水号码与原保险单号码能够通过系统查询到对应关系。

（4）对于业务分散的摩托车、农用型拖拉机业务可以使用定额保险单。定额保险单可以手工出单，但必须在出具保险单后的7个工作日内准确补录到业务处理系统中。

（5）对于运输型拖拉机，不使用定额保险单。

4. 保险合同变更和终止

（1）保险人解除合同。投保人对重要事项未履行如实告知义务，保险人解除合同前，应当在5日内书面通知投保人，投保人应当自收到通知之日起5日内履行如实告知义务；投保人在上述期限内履行如实告知义务的，保险人不得解除合同。

保险人解除合同的，保险人应收回保险单和保险标志，并书面通知机动车管理部门。

（2）除下列情况外，不得接受投保人解除合同的申请：

①被保险机动车被依法注销登记的。

②被保险机动车办理停驶的。

③被保险机动车经公安机关证实丢失的。

④投保人重复投保交强险的。

办理合同解除手续时，投保人应提供相应的证明材料，保险人应收回交强险保险单和保险标志，然后方可办理交强险退保手续，并书面通知机动车管理部门。

汽车保险承保实务

✳ 4.2 核保业务

4.2.1 核保的意义

核保的本质是对可保风险的判断与选择，是承保条件与风险状况适应或匹配的过程。核保人员通过对历史积累数据的分析判断，结合公司经营状况及市场情况确定核保策略。核保工作对标的选择及对承保条件的制定直接影响到保险企业的业务质量高低和盈利大小，是保险企业防范经营风险的第一关，也是最重要的一关。

4.2.2 核保的基本要求

1. 加强核保和业务选择

如前所述，核保是指保险人对将要承保的新业务加以全面评价、估计和选择，以决定是否承保的过程。核保的必要性在于，核保有利于合理分散风险；核保是达成公正费率的有效手段；核保有利于促进被保险人防灾防损，减少实质性损失。

核保人员主要包括保险公司核保人、代理人及其他与核保有关的服务机构。

2. 注意承保控制，避免道德风险

承保控制就是适当控制保险责任，以避免心理风险和道德风险。承保控制的措施通常包括：适当控制保险金额；规定一定的免赔额；规定被保险人自己承担的损失部分；限定责任范围，控制承保风险；实行无赔款优待、多赔款加费政策等。

3. 制单工作的具体要求

严格制单手续，保证承保质量。制单质量的好坏，事关保险合同能否顺利履行。要加强制单管理，以保证承保质量。

（1）单证齐全。

（2）保险合同三要素明确。保险合同三要素是指保险合同的主体、客体和保险合同的内容。

（3）数字要准确。保险制单过程中，每一个数字都代表着保险人和被保险人的利益。数字准确主要包括三方面的内容：确定的保险金额准确；适用费率准确；保证数字计算准确。

（4）字迹清楚，签单齐全。保险人签发的保险单是保险合同权利义务关系宣告成立的依据，其他各单证也是保险合同的重要组成部分。在制单过程中，一定要书写工整、字迹清楚、不涂改，清楚、真实地反映当事人双方的意向。

4.2.3 核保的内容

核保工作原则上采取分级核保体制。先由展业人员、保险代理人进行初步核保，然后再由保险公司专业核保人员复核决定是否承保、承保条件及保险费率的适用等。核保的程序一般包括审核投保单、查验车辆、核定保险费率、计算保费、复核等步骤。

1. 审核投保单

业务人员首先要根据本公司的承保标准决定投保单是否可以受理，审查投保单所填写的各项内容是否完整、清楚、准确。核保所要审查投保单的项目包括：

（1）投保人资格。对于投保人资格进行审核的核心是认定投保人对保险标的是否拥有保险利益，汽车保险业务中主要是通过核对行驶证来完成的。

（2）投保人和被保险人的基本情况。对于车队业务，保险公司要通过了解企业的性质、是否设有安保部门、经营方式、运行主要线路等，分析投保人或被保险人对车辆的技术管理状况，从而可以及时发现其可能存在的经营风险，采取必要的措施降低和控制风险。

（3）投保人和被保险人的信誉。投保人与被保险人的信誉是核保工作的重点之一，对于投保人和被保险人的信誉调查和评估逐步成为汽车核保工作的重要内容。

（4）保险标的。对保险车辆应尽可能采用"验车承保"的方式，即对车辆进行实际的检验，包括了解车辆的使用和管理情况，复印行驶证、购置车辆的完税费凭证，拓印发动机与车架号码，对于一些高档车辆还应当建立车辆档案。

（5）保险金额。保险金额的确定涉及保险公司及被保险人的利益，往往是双方争议的焦点，因此保险金额的确定是汽车保险核保中的一个重要内容。在具体的核保工作中，应当根据公司制定的汽车市场指导价格确定保险金额，避免出现超额保险和不足额保险。

（6）保费审核。核保人员对于保费的审核主要分为费率适用的审核和计算的审核。

（7）附加条款。主险和标准条款提供的是适应汽车风险共性的保障，但是作为风险的个体是有其特性的。一个完善的保险方案不仅要解决共性的问题，更重要的是解决个性问题，附加条款适用于风险的个性问题。特殊往往意味着高风险，所以在对附加条款的适用问题上更应当注意对风险的特别评估和分析，谨慎接受和制定条件。

2. 查验车辆

根据投保单、投保单附表和车辆行驶证，对投保车辆进行实际的查验。查验的具体内容包括：

（1）确定车辆是否存在和有无受损，是否有消防和防盗设备等。

（2）检查车辆本身的实际牌照号码、车型及发动机号、车身颜色等是否与行驶证一致。

（3）检查发动机、车身、底盘、电气等部分的技术情况。

根据检验结果，确定整车的新旧成数。对于私有车辆，一般要填写验车单，并附于保险单副本上。

投保车辆的情况对保险公司有重大影响，业务人员在审核车辆时要特别注意对以下几种"重点车辆"进行重点检查：首次投保车辆；未按期续保车辆；投保第三者责任险后，又加保车损险的车辆；申请增加附加险的车辆；接近报废的车辆；特种车辆；重大事故后修复的车辆等。

3. 核定保险费率

应根据投保单上所列的车辆情况、驾驶员情况和保险公司的《机动车辆保险费率标准》逐项确定投保车辆的保险费率。确定保险费率之前首先要注意以下问题：

1）确定车辆使用性质

目前，各保险公司一般把车辆分为营业车辆和非营业车辆两类。

（1）营业车辆：指从事社会运输并收取运费的车辆。

（2）非营业车辆：指各级党政机关、社会团体、企事业单位自用的车辆或仅用于个人及家庭生活的车辆。

对于兼有不同类使用性质的车辆，按高档费率计费。

2）分清车辆类型

（1）客车：客车的座位（包括驾驶人座位）以交通管理部门核发的行驶证载明的座位为准，不足标准座位的客车按同型号客车的标准座位计算。

（2）货车：所有通用载货车辆、厢式货车、集装箱牵引车、电瓶运输车、装有起重机械但以载重为主的起重运输车等，均按其载质量分档计费。客货两用车按相应的高档费率计费。

（3）农用车：是指由公安交通部门或农机管理局核发车辆牌照，载重吨位小于 2 t 的农业专用运输车辆。

（4）挂车：适用于没有机动性能，需用机动车拖带的载重车、平板车，专用机械设备车、超长悬挂车等。

（5）特种车：主要有油罐车、气罐车、液罐车、冷藏车，及各类装载油料、气体、液体等的专用罐车，同时包括装有冷冻或加温设备的厢式车辆。普通载重货车加装罐体都按此档计费。起重车、装卸车、工程车、监测车、邮电车、消防车、清洁车、医疗车、救护车等，及各种有起重、装卸、升降、搅拌等工程设备或功能的专用车辆；同时包括车内固定装有专用仪器设备，从事专业工作的监测、消防、清洁、医疗、救护、电视转播、雷达、X 光检查等车辆；邮电车辆也按此档计费。

3）国产与进口车辆的划分标准

新条款及费率的综合保险业务在承保主险时对国产车辆与进口车辆的划分已经失去实际意义，但在计算玻璃单独破碎险时，还是要考虑到国产与进口车辆的划分标准。

特别提示

● 费率表中凡涉及分段陈述都按照"含起点不含终点"的原则解释。例如，6 座以下客车，是指不含 6 座的客车。

● 短期收费：基本险和附加险的保险期限不足一年的按短期费率表计算，不足一个月的按一个月计算。

4. 计算保费

1）一年期保费计算

以中国人民财产保险公司某分公司家庭自用汽车保费计算为例，说明汽车保费的计算方法。

（1）车辆损失险的保费计算。按照投保人类别、车辆用途、座位数/吨位数、车辆使用年限所属档次查找基础保费和费率，如表 3.4 所示。

$$保费 = 基础保费 + 实际新车购置价 \times 费率$$

应用案例 4-2

【案例概况】

假定某投保车辆的车龄为 4~5 年，新车购置价为 20 万元；而另一投保车辆的车龄为 4~5 年，新车购置价为 25 万元。这两辆车的保费应该如何计算？

【案例解析】

第一辆车保费 = 基础保费 + 实际新车购置价 × 费率 = 594 元 + 20 万元 × 1.41% = 3 414 元。

第二辆车保费 = 基础保费 + 实际新车购置价 × 费率 = 594 元 + 25 万元 × 1.41% = 4 119 元。

如果投保人选择不足额投保，即保额小于新车购置价，保费应作相应调整，公式为：

保费 = (0.05 + 0.95 × 保额/新车购置价) × 足额投保时的标准保费

36 座以上营业客车新车购置价低于 20 万元的，按照 20~36 座营业客车对应档次的保费计收。

挂车保费按同吨位货车对应档次保费的 50% 计收。

(2) 第三者责任险的保费计算。按照投保人类别、车辆用途、座位数/吨位数、责任限额直接查找保费，如表 3.3 所示。如果责任限额为 100 万元以上，则保费为：

保费 = A + A × N × (0.034 - 0.001 3 × N)

式中，A 指同档次限额为 100 万元的第三者责任险保费；N = (限额 - 100 万元)/50 万元，限额必须是 50 万元的倍数，且不得超过 1 000 万元。

(3) 附加险的保费计算。

① 全车盗抢险。按照投保人类别、车辆用途、座位数查找基础保费和费率，如表 3.6 所示。

保费 = 基础保费 + 保额 × 费率

② 车上人员责任险。按照投保人类别、车辆用途、座位数、投保方式查找费率，如表 3.5 所示。

驾驶人保费 = 事故责任限额 × 费率

乘客保费 = 事故责任限额 × 投保乘客座位数 × 费率

③ 车上货物责任险。车上货物责任险的最低责任限额为 20 000 元，按照责任限额，分营业用、非营业用查找费率。

保费 = 基础保费 + (责任限额 - 20 000) × 费率

(4) 玻璃单独破碎险。按客车、货车、座位数、投保进口/国产玻璃查找费率，如表 3.7 所示。

保费 = 新车购置价 × 费率

特别提示

● 所谓"以上"是指不含本身。例如，20 座以上，是指不含 20 座的车辆。

(5) 火灾、自燃、爆炸损失险。实行 0.6% 的固定费率。

保费 = 保险金额 × 费率

如果单保自燃险，固定费率为 0.4%。

项目 4 汽车保险承保实务

$$保费 = 保险金额 \times 费率$$

（6）车身划痕险。按新车购置价所属档次直接查找保费，如表3.8所示。

（7）无过失责任险。无过失责任险的最高责任限额为50 000元，基础保费为50元，费率为0.5%。

$$保费 = 基础保费 + 责任限额 \times 费率$$

（8）救助特约条款。只有购买了车辆损失险之后才能购买本附加险。实行固定保费，无须计算，保费为150元。

（9）不计免赔特约条款。

保费 = 适用本条款的所有险种应收保费之和（不含无赔款优待以及风险修正）×20%

2）短期保险保费计算

保险期限不足一年，按短期费率计算。短期费率分两类：

（1）按日计算保费：适用于已参加保险的被保险人新增车辆投保或同一保险车辆增加其他险种，为统一终止日期而签订的短期保险合同。其计算方法如下：

$$短期保费 = 年保费 \times 保险天数 / 365$$

（2）按月计算保费：适用于根据被保险人要求签订的短期保险合同，短期保险的费率根据短期费率表确定，保险期限不足整月的按整月计算。其计算方法如下：

$$短期保费 = 年保费 \times 短期费率$$

3）合同解除时的保费计算

保险合同生效后，且未发生保险事故的情况下，被保险人要求解除保险合同的，保险人应按照下述方式计算日费率，收取保险合同生效日起至保险合同解除日期间的保费，并退还剩余部分保费：

（1）保险合同有效期不足或等于8个月的，按年费率的1/300计算日费率。

（2）保险合同有效期超过8个月且不足一年的，按年费率的1/365计算日费率。

（3）除法律另有规定或合同另有特别约定外，保险车辆发生车辆损失险保险事故，被保险人在获取部分保险赔偿后一个月内提出解除合同的，保险人应当根据保险合同有效期的长短，按第（1）项所列方法计算日费率，并将保险金额扣除保险条款和免赔金额后的未了责任部分的剩余保费退还被保险人。

（4）被保险人在单独投保商业第三者责任险时，因保险车辆发生灭失，且保险人未支付任何保险赔款情况下，保险人应按年费率的1/365计算日费率，并退还未了保险责任部分的保费。

（5）因保险赔偿致使保险合同终止时，保险人不退还保费。

4）机动车辆提车暂保单承保的机动车辆

新车购置价在10万元以内的，固定保费为300元；新车购置价在10万元以上30万元以内的，固定保费为400元；新车购置价在30万元以上的，固定保费为500元。

5）退保时的保费计算

保险公司计算应退保费是用投保时实缴的保费金额，减去保险已生效的时间内保险公司应收取的保费，余额就是应退的保费。计算公式如下：

$$应退保费 = 实缴保费 - 应收保费$$

退保的关键在于应收取保费的计算。一般按月计算，保险每生效一个月，收10%的保费，不足一个月的按一个月计算。

6）交强险保费计算

投保保险期间不足一年的机动车交通事故责任强制保险的，按短期费率系数计收保险费。具体为：先按《机动车交通事故责任强制保险基础费率表》（见表4.7）中相对应的金额确定基础保费，再根据投保期限选择相对应的短期月费率系数（见表4.8），两者相乘即短期基础保费。

$$短期基础保费 = 年基础保费 \times 短期月费率系数$$

表4.7　机动车交通事故责任强制保险基础费率表　　　　　　　　　　元

家庭自用汽车	6座以下	6座以上	—	—	—
	950	1 100	—	—	—
非营业客车	6座以下	6～10座	10～20座	20座以上	—
企业	1 000	1 130	1 220	1 270	
党政机关、事业团体	950	1 070	1 140	1 320	
营业客车	6座以下	6～10座	10～20座	20～36座	36座以上
出租、租赁	1 800	2 360	2 400	2 560	3 530
城市公交	—	2 250	2 520	3 020	3 140
公路客运	—	2 350	2 620	3 420	4 690
非营业货车	2吨以下	2～5吨	5～10吨	10吨以上	—
	1 200	1 470	1 650	2 220	—
营业货车	2吨以下	2～5吨	5～10吨	10吨以上	—
	1 850	3 070	3 450	4 480	—
特种车	特种车一	特种车二	特种车三	特种车四	
	3 710	2 430	1 080	3 980	
摩托车	50 CC及以下	50～250 CC（含）	250 CC以上及侧三轮	—	—
	60	156	400	—	—
拖拉机	农用型拖拉机14.7 kW及以下	农用型拖拉机14.7 kW以上	运输型拖拉机14.7 kW及以下	运输型拖拉机14.7 kW以上	
	80	120	540	700	—

注：1. 座位和吨位的分类都按照"含起点不含终点"的原则来解释。

2. 特种车一：油罐车、气罐车、液罐车。

特种车二：专用净水车，特种车一外的罐式货车，清障、清扫、清洁、起重、装卸、升降、搅拌、挖掘、推土、冷藏、保温等的各种专用车。

特种车三：装有固定专用仪器设备从事专业工作的监测、消防、运钞、医疗、电视转播等的各种专用机动车。

特种车四：集装箱拖头。

3. 挂车根据实际的使用性质并按照对应吨位货车的50%计算。

4. 低速载货汽车，三轮汽车交强险按运输型拖拉机14.7 kW以上的费率执行。

表 4.8 中国人民保险集团股份有限公司短期月费率表

保险期间/月	1	2	3	4	5	6	7	8	9	10	11	12
短期月费率/%	10	20	30	40	50	60	70	80	85	90	95	100

机动车交通事故责任强制保险基础费率浮动因素、浮动比率按照《机动车交通事故责任强制保险费率浮动暂行办法》执行。保费的计算办法为：

交强险最终保费 = 交强险基础保费 × (1 + 与道路交通事故相关联的浮动比率)

5. 复校

计算保费后，应进行复核工作。复核工作的主要依据是核保手册，因为核保手册已经将在汽车保险业务过程中可能涉及的所有文件、条款、费率、规定、程序、权限等全部包含其中，并将可能遇到的各种问题及其处理方法用书面文件的形式予以明确。

在审查投保单时，主要是对单证内容、保险价值、保险金额、费率标准、保费计算方法进行复核。如果工作人员对其中的内容有异议，或遇到一些核保手册没有明确规定的问题，例如，高价值车辆的核保、特殊车型业务的核保、车队业务的核保、投保人特别要求业务的核保，以及下级核保人员无法核保的业务，需交上级处理。

6. 保险公司的分级核保方式

1) 三级核保内容

三级核保又称一线核保。业务员的选择在整个危险选择中占最重要的地位，因为在业务拓展过程中，业务员直接与投保人和被保险人接触，对其情况及投保标的最了解。

《保险法》第十六条规定："……投保人故意隐瞒事实，不履行如实告知义务的，或者因过失未履行如实告知义务，足以影响保险人决定是否同意承保或者提高保险费率的，保险人有权解除保险合同……。"由此可见，业务员在与客户接触时，肩负着重要使命。

第一次核保包括以下四个步骤：面晤——询问——检查保险标的——出具报告。

核保的主要内容有：投保单内容有无遗漏，投保人、被保险人、法定代理人、业务员有无签章等。注意有无不实告知，是否签名等。

做好一线的核保工作，可以避免逆选择，提高工作效率，减少合同纠纷，提升业务质量，所以一线核保是业务员应尽的责任。

最后，核保人会根据各种情况，将被保险人进行分类，按不同条件承保。

2) 二级核保内容

(1) 审核保险单是否按照规定内容与要求填写，有无疏漏；审核保险价值与保险金额是否合理、适用的费率标准和计收保费是否正确。

(2) 审核业务人员或代理人是否执行了一线核保任务，对特别约定的事项是否在特约栏内注明。

(3) 对于较高保额的车辆，审核投保单填写内容与事实是否一致，是否按照规定拓印牌照存档。

(4) 对高发事故和风险集中的投保单位，提出公司的限制性承保条件。

（5）对费率表中没有列明的车辆，包括高档车和其他专用车辆，可视风险情况提出厘定费率的意见。

（6）审核其他相关情况。

审核完毕后，核保人应在投保单上签署意见。对超出本级核保权限的，应报上级公司核保。对不符合要求的，退给业务人员指导投保人重新填写，进行相应的更正。

3）一级核保内容

（1）根据掌握的情况，考虑能否承保。

（2）考虑已接受的投保单中涉及的险种、保险金额、赔偿限额是否需要限制和调整。

（3）考虑是否需要增加特别的约定。

（4）考虑已接受的投保单是否符合保险监管部门的有关规定。

一级核保完毕后，应签署明确的意见并立即返回请示公司。

核保工作结束后，核保人将投保单、投保意见一并转给业务内勤部门，然后由公司的内勤编制保险单证。

4.2.4 缮制与签发保险单证

1. 缮制单证

缮制单证就是在接受业务后，填制保险单或发放保险凭证以及办理批单手续。缮制单证是承保工作的重要环节，其质量的好坏，直接关系到保险合同当事人双方的义务和权利能否正常履行与实现。此项工作主要由公司内勤人员完成。

保险单原则上应由计算机出具，暂无计算机设备而只能由手工出具的营业单位，必须得到上级公司的书面同意。

计算机制单的将投保单有关内容输入到保险单对应栏目内，在保险单"被保险人"和"厂牌型号"栏内登录统一规定的代码。录入完毕检查无误后，打印出保险单。

手工填写的保险单由保监会统一监制，保险单上的印制流水号码即保险单号码。将投保单的有关内容填写在保险单对应栏内，要求字迹清晰、单面整洁。如有涂改，涂改处必须有制单人签章，且涂改不能超过三处。制单完毕后，制单人应在"制单"处签章。

缮制保险单时应注意的事项：

（1）如有双方特别约定内容，应完整地载明到保险单对应栏目内。公司核保后有新的意见，应该根据核保意见进行修改或增加。

（2）关于挂车投保。无论是挂车单独投保还是与主车一起进行投保，挂车都必须出具包含独立保险单号码的保险单。当主车和挂车一起投保时，可以按照多车承保方式处理，给予一个合同号，以方便调阅。

（3）投保单有加贴的，该条款应加盖骑缝章。另外，为提醒被保险人注意阅读，一般应注意责任免除、被保险人义务和免赔等规定的印刷字体，应该与其他内容的字体不同。

保险单缮制完毕后，制单人应将保险单、投保单及其附表一起送复核人员复核。

2. 复核签单

单证复核是业务承保工作的一道重要程序，也是确保承保质量的关键环节。复核时应注意审查各种单证是否齐全，内容是否完整及符合要求，字迹是否清楚，计算是否正确，并与原始处凭证相对照无差错。一切复核无误后，要加盖公章及负责人、复核员签名，然后对外发送。

3. 收取保费

收费员经复核保险单无误以后向投保人核收保费，并在保险单"会计"处和保费收据的"收款人"处签章，在保费收据上加盖财务专用章。

特别提示

- 只有被保险人按照约定缴纳了保费，该保险单才能产生效力。

4. 签发保险单证

汽车保险合同实行一车一单（保险单）和一车一证（保险证）制度。投保人缴纳保费后，业务人员必须在保险单上注明公司名称、详细地址、邮政编码及联系电话，加盖保险公司业务专用章。根据保险单填写"汽车保险证"并加盖业务专用章。险种一栏填写总险种代码，电话应填写公司报案电话，所填内容不得涂改。

签发单证时，交由被保险人收执保存的单证有：保险单证正本、保费收据（保户留存联）、汽车保险证。

对已经同时投保车辆损失险、第三者责任险、车上人员责任险、不计免赔特约险的投保人，还应签发事故伤员抢救费用担保卡，并做好登记。

5. 保险单证的补录

手工出具的汽车各种形式的保险单证，必须按照所填内容完整准确地录入到公司的计算机车险业务数据库中。补录工作是重要的工作流程，补录单证内容可以作为保险公司的业务资料，方便日后查阅。

特别提示

- 单证补录必须由专人完成，由专人审核，业务内勤和经办人不能自行补录。
- 单证补录时间必须在出单后的 10 个工作日内。

6. 保险单证的清分与归档

对投保单及其附表、保费收据、保险证，应由业务人员清理归类。

各类附表要贴在投保单的背面，并需要加盖骑缝章。清分时，应按照以下送达的部门清分：

（1）财务部门留存的单证：保费收据（会计留存联）、保险单副本。

（2）业务部门留存的单证：保险单副本、投保单及其附表、保费收据（业务留存联）。

留存业务部门的单证，应由专人保管并及时整理、装订、归档。

❋ 本章小结

承保的具体要求包括：加强核保和业务选择；注意承保控制，避免道德风险；严格控制保险手续，保证承保质量。

保险公司承保业务的流程大体相同，大致经历保户投保，包括保户填写投保单，缴纳保费；保险公司承保和签订保险合同，包括核保、出具保险单，出具保费收据；保险标的发生损失，保户向保险公司提出索赔；保险公司查勘；续保等环节。

核保工作原则上采取分级核保体制。核保的程序一般包括审核投保单、查验车辆、核定保险费率、计算保费、核保等步骤。

三级核保又称为一线核保，其核保的主要内容有：投保单内容有无遗漏，投保人、被保险人、法定代理人、业务员有无亲笔签章等。注意有无不实告知、是否签名等。

✳ 习题

一、选择题

1. 汽车保险包括（   ）含义。
   A. 商业保险行为
   B. 法律合同行为
   C. 权利义务
   D. 以合同约定的保险事故发生为条件的损失赔偿或保险金赔付的保险行为
2. 保险单内容一般包括（   ）。
   A. 保险单格式　　　　　　　　B. 保险责任
   C. 除外责任　　　　　　　　　D. 附加条件
3. 投保人有（   ）义务。
   A. 告知　　　　　B. 缴纳保费　　　C. 及时签单　　　D. 申请批改
   E. 出险的施救与通知

二、名词解释

1. 承保。
2. 核保。

三、简答题

1. 汽车保险中投保人和被保险人之间有什么关系？
2. 填写投保单时需要注意哪些内容？
3. 哪些情况下汽车保险合同会终止？
4. 哪些情况下会使用暂保单？

四、案例题

某机关车队参加本地中国人民保险公司的车辆保险，该车队车辆和投保情况如下：

（1）5座国产小客车一辆，按照新车购置价投保18万元；

（2）新5座进口小客车一辆，按照新车购置价投保18万元；

（3）使用4年的10座国产客车一辆，未出现过理赔，按照新车购置价投保30万元；

（4）使用4年的10座进口客车一辆，未出现过理赔，按照新车购置价投保40万元；

（5）使用6年的22座国产客车一辆，连续两年未出现过理赔，按照新车购置价投保30万元；

（6）使用6年的22座进口客车一辆，连续两年未出现过理赔，按照新车购置价投保60万元。

所有车辆均足额投保车辆损失险；都选择第三者责任险20万元的赔偿限额；全车盗抢

险按照实际价值确定，折旧年限以 15 年计算，年折旧率以 6% 计算；车上人员责任险以全部人员投保，每座赔偿限额 1 万元。考虑到政府用车实际状况，不指定驾驶人；车辆行驶区域在中国境内。

试分别计算车辆损失险、第三者责任险、全车盗抢险、车上人员责任险、玻璃单独破碎险、不计免赔特约险的保费。该车队应缴纳上述保费的总和是多少？

关于保险公司车辆保费报价说明：

公务用车的使用性质，按照中国保监会批准的《中国人民保险公司机动车辆费率》规定，给予以下优惠：

（1）5 座客车（新车）：该种车型的赔付率低于 30%，根据风险修正系数表中的车队费率浮动系数，可给予车队系数优惠 60%。

（2）10 座客车（已使用 4 年）：该种车型的赔付率低于 30%，根据风险修正系数表中的车队费率浮动系数，可给予车队系数优惠 60%。使用年限 4 年，驾驶记录良好，未出现过理赔，给予无赔款优惠 70%。

（3）22 座客车（已使用 6 年）：该种车型的赔付率低于 20%，根据风险修正系数表中的车队费率浮动系数，可给予车队系数优惠 50%。使用年限为 6 年，驾驶记录良好，连续两年未出现过理赔，给予无赔款优惠 80%。

（4）投保条件（所有车型统一条件）。

第三者责任险投保 20 万元。

全车盗抢险按照实际价值确定，折旧年限以 15 年计算，年折旧率按照 6% 计算。

车上人员责任险以车上人员全部投保，每座赔偿限额 1 万元，不指定驾驶人。

不计免赔特约条款规定只有车辆损失险，第三者责任险可投保此特约条款。

项目 5

汽车保险理赔实务

☑ 学习目标

1. 熟悉事故理赔流程。
2. 熟悉查勘要求和技巧。
3. 掌握赔款理算要求及方法。

☑ 学习要求

能力目标	知识要点	权重
掌握汽车保险理赔原则	汽车保险的概念；汽车保险的特点；汽车保险的重要性	20%
熟悉汽车保险理赔的步骤，并能灵活运用在实际的理赔过程中	汽车保险查勘中定损的步骤和原则；汽车保险的理算	50%
熟悉汽车保险事故查勘要求	汽车保险事故查勘准备；汽车保险事故查勘注意事项；正确填写查勘报告	30%

引 例

　　张先生看到身边的朋友都成了有车一族，于是在 2015 年 5 月考取驾照后，于同年 7 月购买了一辆价格在 11 万元的宝来汽车，作为家庭用车，主要是用于上下班代步。但是由于自己的驾驶技术不是很熟练，买车后第二天开车出门时，由于倒车不慎，车的尾部撞在墙角处，张先生心里又紧张又心疼，经妻子提醒，买车时买了汽车保险，通过报案、查勘员查勘认定，张先生很快就获得了赔偿。那么什么是保险理赔？它又包括哪些事项呢？

5.1 理赔流程

5.1.1 理赔概述

汽车保险理赔是指被保险的车辆在发生保险责任范围内的事故后，保险人依据保险合同对被保险人提出的索赔请求进行处理的行为。汽车保险理赔涉及保险合同双方权利与义务的实现，是保险经营中的一项重要内容。

1. 汽车保险理赔的意义和特点

1）汽车保险理赔的意义

理赔是保险人依照保险合同履行保险责任、被保险人享受保险权益的实现形式，因此保险理赔涉及被保险人和保险人各自的利益，做好理赔工作对双方都有积极意义。

（1）保险理赔对被保险人的意义。

保险理赔对被保险人来说，能及时恢复其生产或安定其生活。因为汽车保险的基本职能是损失补偿，当被保险车辆发生事故后，被保险人就会因产生经济损失向保险人索赔，保险人则根据合同对被保险人的损失予以补偿，从而实现对被保险人生产和生活的保障。

（2）保险理赔对保险人的意义。

首先，车辆保险理赔可以发现和检验承保业务质量。例如，通过赔付额度或赔付率等指标，保险人可以发现保险费率、保险金额的确定是否合理，防灾防损工作是否有效，从而进一步改进保险企业的经营管理水平，以提高其经济效益。

其次，提高保险公司的知名度。汽车保险的被保险人涉及各行各业，人数众多，是保险公司向社会各界宣传企业形象、推广公共关系的窗口。理赔工作作为保险产品的售后服务环节，其理赔人员的服务态度是否主动热情、真诚周到，服务质量是否令人满意，将直接影响到保险公司在公众心中的形象，进而影响到他们是否愿意购买车辆保险。

最后，识别保险欺诈。保险欺诈的最终目的是获取赔偿，该目的只有通过理赔才能实现。理赔人员通过加强查勘、定损、核赔等，可有效识别保险欺诈，为保险公司挽回经济损失。

2）汽车保险理赔的特点

汽车保险与其他保险不同，其理赔工作具有显著的特点。理赔工作人员必须对这些特点有一个清醒和系统的认识，了解和掌握这些特点是做好汽车理赔工作的前提和关键。

（1）被保险人的公众性。

我国汽车保险的被保险人曾经以单位、企业为主，但是，随着个人拥有车辆数量的增加，被保险人中单一车主的比例逐步增加。这些被保险人的特点是他们购买保险具有较大的被动色彩，加上文化、知识和修养的局限，他们对保险、交通事故处理、车辆修理等知之甚少。

（2）损失率高且损失幅度较小。

汽车保险的另一个特征是保险事故虽然损失金额一般不大，但是事故发生的频率高。保险公司在经营过程中需要投入的精力和费用较大，有的事故金额不大，但是仍然涉及对被保险人的服务质量问题，保险公司同样应予以足够的重视。另一方面，从个案的角度看赔偿的金额不大，但是积少成多也将对保险公司的经营产生重要影响。

（3）标的流动性大。

汽车的功能特点，决定了其具有相当大的流动性。车辆发生事故的地点和时间不确定，要求保险公司必须拥有一个运作良好的服务体系来支持理赔服务，主体是一个全天候的报案受理机制和庞大而高效的检验网络。

（4）受制于修理厂的程度较大。

在汽车保险的理赔中扮演重要角色的是修理厂，修理厂的修理价格、工期和质量均直接影响汽车保险的服务。因为大多数被保险人在发生事故之后，均认为有保险保险公司就必须负责将车辆修复，所以将车辆交给修理厂之后就很少过问。一旦因车辆修理质量或工期，甚至价格等出现问题，会受到保险公司和修理厂一并指责。而事实上，保险公司在保险合同项下承担的仅仅是经济补偿义务，对于事故车辆的修理以及相关的事宜并没有负责义务。

（5）道德风险普遍。

在财产保险业务中，汽车保险是道德风险的"重灾区"。汽车保险具有标的流动性强，户籍管理中存在缺陷，保险信息不对称等特点，以及汽车保险条款不完善，相关的法律环境不健全及汽车保险经营中的特点和管理中存在的一些问题和漏洞，给了不法之徒可乘之机，汽车保险欺诈案件时有发生。

2. 汽车保险理赔的原则

车辆保险理赔工作涉及面广，情况比较复杂，在赔偿处理过程中，特别是在对汽车事故进行查勘工作的过程中，必须提出应有的要求和坚持一定的原则。

1）树立为保户服务的指导思想，坚持实事求是的原则

在整个理赔工作过程中，体现了保险的经济补偿职能。当发生汽车保险事故后，保险人要急被保险人之所急，千方百计避免扩大损失，尽量减轻因灾害事故造成的影响，及时安排事故车辆修复，并保证基本恢复车辆的原有技术性能，使其尽快投入生产运营。及时处理赔案，支付赔款，以保证运输生产单位（含个体运输户）生产、经营的持续进行和人民生活的安定。

在现场查勘、事故车辆修复定损以及赔案处理方面，要坚持实事求是的原则，在尊重客观事实的基础上，具体问题作具体分析，既严格按条款办事，又结合实际情况进行适当灵活处理，使各方都比较满意。

2）重合同，守信用，依法办事

保险人是否履行合同，就看其是否严格履行经济补偿义务。因此，保险方在处理理赔案时，必须加强法制观念，严格按条款办事，该赔的一定要赔，而且要按照赔偿标准及规定赔足；不属于保险责任范围的损失，不滥赔，同时还要向被保险人讲明道理，拒赔部分要讲事实、重证据。

要依法办事，坚持重合同，诚实守信，只有这样才能树立保险公司的信誉，扩大保险公司的积极影响。

3）坚决贯彻"八字"理赔原则

"主动、迅速、准确、合理"是保险理赔人员在长期的工作实践中总结出的经验，是保险理赔工作优质服务的最基本要求。

（1）主动：就是要求保险理赔人员对出险的案件，要积极、主动地进行调查、了解和勘查现场，掌握出险情况，进行事故分析，确定保险责任。

（2）迅速：就是要求保险理赔人员查勘、定损处理迅速，不拖沓，抓紧赔案处理，对赔案要核得准，赔款计算案卷缮制快，复核、审批快，使被保险人及时得到赔款。

（3）准确：就是要求从查勘、定损到赔款计算，都要做到准确无误，不错赔、不滥赔、不惜赔。

（4）合理：就是要求在理赔工作过程中，要本着实事求是的精神，坚持按条款办事。在许多情况下，要结合具体案情准确定性，尤其是在对事故车辆进行定损过程中，要合理确定事故车辆维修方案。

理赔工作的"八字"原则是辩证的统一体，不可偏废。如果片面追求速度，不深入调查了解，不对具体情况做具体分析，盲目下结论，或者计算不准确，草率处理，则可能发生错案，甚至引起法律诉讼纠纷。当然，如果只追求准确、合理，忽视速度，不讲工作效率，赔案久拖不决，则可能造成极坏的社会影响，损害保险公司的形象。总的要求是，从实际出发，为保户着想，既要讲速度，又要讲质量。

5.1.2 理赔流程

车险理赔是汽车发生交通事故后，车主到保险公司理赔。理赔工作的基本流程包括报案、接受报案、现场查勘、确定保险责任、立案、定损核损、赔款理算、缮制赔款计算书、核赔、结案处理、支付赔款等环节，如图 5.1 所示。

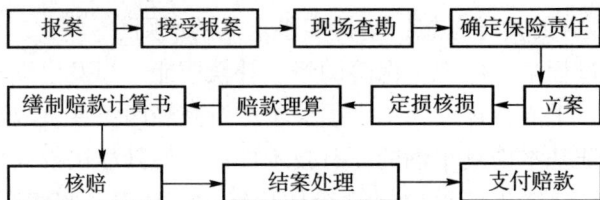

```
报案 → 接受报案 → 现场查勘 → 确定保险责任
                                    ↓
缮制赔款计算书 ← 赔款理算 ← 定损核损 ← 立案
    ↓
核赔 → 结案处理 → 支付赔款
```

图 5.1 理赔流程

理赔流程中各环节的主要工作及特点如下：

报案是指被保险人在事故发生后 48 小时内通过上门或电话等方式通知保险人。

接受报险（接险）是指保险人接受被保险人的报案，并对相关事项做出安排，包括做好报案记录和告知客户索赔程序及相关注意事项等任务。

现场查勘是指运用科学的方法和现代技术手段，对保险事故现场进行实地勘查和查询，将事故现场、事故原因等内容完整而准确记录下来的工作过程。

确定保险责任是指理赔人员经过整理分析已获取的查勘资料，包括查勘记录及附表、查勘照片、询问笔录以及驾驶证照片、行驶证照片等，结合保险车辆的查勘信息、承保信息、保险条款的有关规定以及历史赔案信息，分别判断事故是否属于商业机动车辆保险和机动车交通事故责任强制保险的保险责任范围。

立案是指现场查勘结束后，理赔人员应在规定时间内，依据出险报案表和查勘记录中的有关内容以及初步确定的事故损失金额和保险损失金额，通过汽车保险业务处理系统进行认真、准确、翔实的登记。

定损核损是指理赔人员根据现场查勘情况，认真检查受损车辆、受损财产和人员受伤情况，确定损失项目和金额，并取得核损人员或医疗审核人员的认可。

赔款理算是指保险公司按照法律和保险合同规定，根据保险事故的定损核损结果，核定和计算应向被保险人赔付金额的过程。

缮制赔款计算书是指制作赔款理算过程与结果的文件。

核赔是指在保险公司授权范围内独立负责理赔质量的人员，按照保险条款及公司内部有关规章制度对赔案进行审核的工作。它是保证保险人进行准确合理赔偿的关键环节，能有效控制理赔风险。

结案处理是指赔案按分级权限审批后，业务人员根据核赔的审批金额，填发领取赔款通知书，然后通知被保险人领取赔款、财会部门支付赔款，以及对理赔案卷进行整理的工作。

支付赔款是指保险公司财务人员根据理赔人员理算后的金额，向车主指定账户划拨赔款。

1. 报案

保险事故发生后，被保险人应将保险事故的时间、地点、原因及造成的损失情况以最快的方式通知保险公司。如果在异地出险受损，被保险人应向保险公司及出险当地的分支机构报案。在保险公司抵达出险现场之前，被保险人应采取必要的抢救措施。通知保险公司的方式、内容如表 5.1 所示。

表 5.1　通知保险公司的方式、内容

报案期限	报案方式	报案告知内容
保险事故发生后应立即报警，在 48 小时内通知保险公司	1. 到保险公司报案 2. 电话报案 3. 网上报案	被保险人名称、保单号、保险期限、保险险种 出险时间、地点、原因、车牌号码等 人员伤亡情况、伤者姓名、送医院时间及医院名称等 事故损失及施救情况、车辆停放地点 驾驶员、报案人姓名及与被保险人的关系、联系电话等

2. 接受报案

保险人接受被保险人报案后，需要开展询问案情、查询与核对承保信息、调度安排查勘人员等工作，具体操作流程如图 5.2 所示。

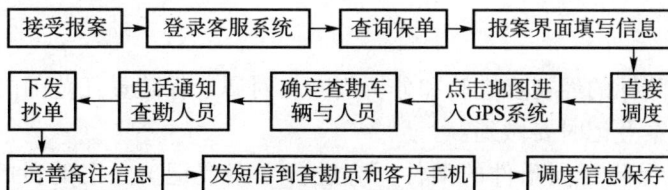

接受报案 → 登录客服系统 → 查询保单 → 报案界面填写信息

下发抄单 ← 电话通知查勘人员 ← 确定查勘车辆与人员 ← 点击地图进入GPS系统 ← 直接调度

完善备注信息 → 发短信到查勘员和客户手机 → 调度信息保存

图 5.2　保险人接受报案操作流程

3. 现场查勘定损

查勘员接到查勘通知后，应迅速做好查勘准备，尽快赶到现场，会同被保险人及有关部门开展查勘工作，具体操作流程如图 5.3 所示。现场查勘应由两位以上人员参加，并应尽量查勘第一现场，如果第一现场已改变或清理，要及时调查了解有关情况。

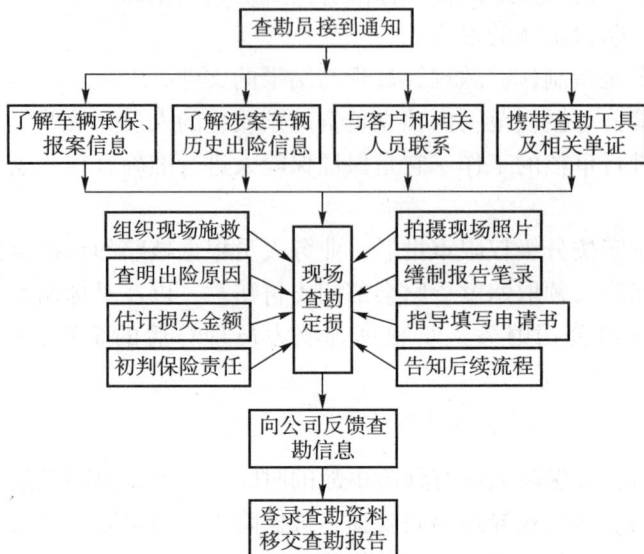

```
                    ┌──────────────┐
                    │ 查勘员接到通知 │
                    └──────┬───────┘
        ┌──────────┬───────┼──────────┬──────────┐
┌─────────────┐ ┌─────────────┐ ┌─────────────┐ ┌─────────────┐
│ 了解车辆承保、│ │ 了解涉案车辆 │ │ 与客户和相关 │ │ 携带查勘工具 │
│ 报案信息     │ │ 历史出险信息 │ │ 人员联系     │ │ 及相关单证   │
└─────────────┘ └──────┬──────┘ └─────────────┘ └─────────────┘
  ┌───────────┐              ┌───────────┐
  │ 组织现场施救 │──┐  ┌──────┐ ┌──│ 拍摄现场照片 │
  ├───────────┤   │  │ 现场 │ │  ├───────────┤
  │ 查明出险原因 │──┤  │ 查勘 │ │──│ 缮制报告笔录 │
  ├───────────┤   ├──│ 定损 │──┤  ├───────────┤
  │ 估计损失金额 │──┤  └──┬───┘ │──│ 指导填写申请书│
  ├───────────┤   │      │     │  ├───────────┤
  │ 初判保险责任 │──┘      │     └──│ 告知后续流程 │
  └───────────┘          │        └───────────┘
                  ┌──────┴──────┐
                  │ 向公司反馈查  │
                  │ 勘信息       │
                  └──────┬──────┘
                  ┌──────┴──────┐
                  │ 登录查勘资料  │
                  │ 移交查勘报告  │
                  └─────────────┘
```

图 5.3 查勘员接案后操作流程

4. 确定保险责任

经过整理分析已获取的查勘资料，包括查勘记录及附表、查勘照片、询问笔录，以及驾驶证照片、行驶证照片等，结合保险车辆的查勘信息、承保信息以及历史赔案信息，分别判断事故是否属于商业机动车辆保险和机动车交通事故责任强制保险的保险责任。经查勘人员核实属于保险责任范围的，应进一步确定被保险人在事故中所承担的责任，有无向第三者追偿问题。同时，还应注意了解保险车辆有无在其他公司重复投保的情况；对重复报案、无效报案、明显不属于保险责任的报案，应按不予立案或拒绝赔偿案件处理。

确定保险责任后，还需初步确定事故损失金额，并估算保险损失金额。事故损失金额指事故涉及的全部损失金额，包括保险责任部分损失和非保险责任部分损失；保险损失金额指在事故损失金额基础上简单根据保险条款和保险原则剔除非保险责任部分损失后的金额。

对不属于保险责任的，应对事故现场、车辆、涉及的第三者车辆、财产、人身伤亡情况认真地进行记录、取证、拍照等，以便作为拒赔材料存档，同时向被保险人递交拒赔通知书。

5. 立案

立案是指对保险标的经初步查验和分析判断，对属于保险责任范围内的事故进行登记和受理的过程。在立案登记时要做到：

（1）对于符合保险合同条件的案件，应进行立案登记。立案的目的是正式确立案件，统一编号并对其进行程序化的管理。

（2）对于不符合保险合同条件的案件，如不在保险有效期、被保险人未按照约定交付保费或不属于保险责任的报案，应在机动车保险报案、立案登记簿上签注"因××不予立案"，并向被保险人做出书面通知和必要的解释。

（3）本地公司承保车辆在外地出险的，在接到出险公司通知后，应将代查勘、代定损公司的名称登录车辆保险报案、立案登记簿，并注意跟踪赔案的处理情况。

6. 定损核损

定损与核损是对保险事故所造成的损失情况进行现场和专业的调查和查勘，对损失的项目和损失程度进行客观、专业的描述和记录，对损失价值进行确定的过程。

1）定损的方式和定损核损流程

（1）常见的定损方式。

①协商定损，是由保险人、被保险人以及第三方协商确定保险事故造成的损失费用的过程。

②公估定损，是由专业的公估机构负责对保险事故造成的损失进行确定的过程，保险公司根据公估机构的检验报告进行赔款理算。这种引入由没有利益关系的第三方负责定损核损工作的模式，能更好地体现保险合同公平的特点，可避免合同双方的争议和纠纷。

③聘请专家定损，是对于个别技术性、专业性要求极高的案件，聘请专家进行定损，以保证全面、客观、准确地确定保险事故造成的损失费用，维护合同双方的合法权益。

目前，在车险实务中通常采用的是协商定损方式。

（2）定损核损流程。

保险车辆出险后的定损核损内容主要有车辆定损、人员伤亡费用的确定、施救费用的确定、其他财产损失的确定和残值处理等，如图 5.4 所示。

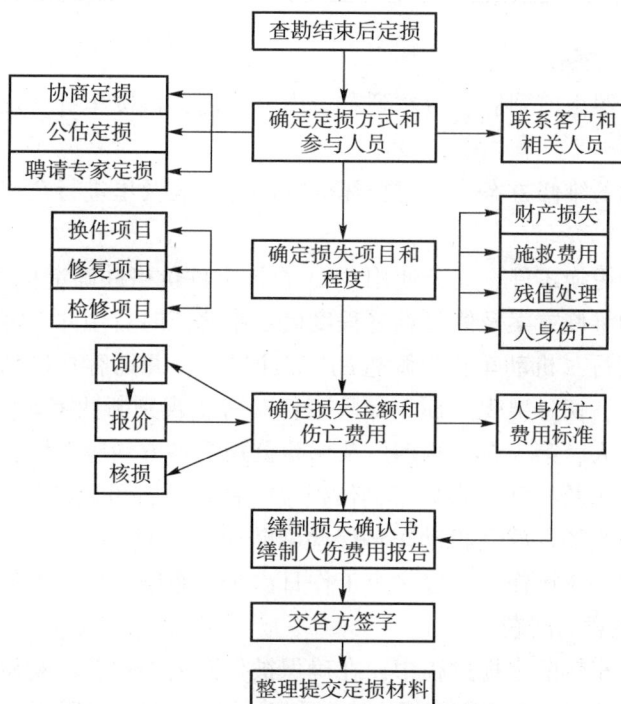

图 5.4 查勘结束后的定损核损流程

2）定损

（1）定损的方法。

首先要准确认定保险赔付的范围，其实就是对损失认定"修"还是"换"。对于车辆的外覆盖件来说，应以损伤程度和损伤面积为依据，确定修复方法。对于功能件来说，判断零件的更换或修理存在一定的难度，要做到准确判定事故原因及损伤形成的因果关系。因此，在对事故车辆进行定损核价之前，除了要做到准确、合理、符合事故车辆的定损，还必须弄清事故车辆的修理范围。定损方法如表 5.2 所示。

表 5.2　定损方法

方法	内容
正确区分事故损失和机械损失	凡是车损险，保险公司只能承担条款所载明的保险责任所致事故损失的经济赔偿。机械故障、轮胎爆裂以及零部件的老化、锈蚀等责任免除列明的不在赔偿范围之列。但因这些原因发生责任范围内的事故，对发生事故造成的损失可以负责赔偿，非事故损失则不予赔偿
准确判断新旧碰撞损失	属于本次碰撞事故造成的损失部位，主要从"新"上去观察，即有新脱落的漆皮和新的金属刮痕；非本次事故的碰撞、刮痕处一般会有锈迹、油污和灰尘。之所以要界定新旧碰撞损失，主要是因为有个别车主对以往发生的小事故经保险公司赔偿后或者与事故责任方的赔偿已做了"私了"但未及时修复的损失，往往会与本次事故一并报案求偿，这样有可能造成重复定损
分解定损	将车辆的受损部位逐个分解，确定是否修复或更换，再通过 PDA（Personal Digital Assistant，即个人数码助理）确定需更换汽配件的价格和确定修理工时费

（2）定损的基本步骤。

①鉴定时可以按照由前到后、由左到右、由外到内，再按车身、发动机、电气、底盘等顺序进行定损。

②确定事故车辆的维修方案，并对损坏的零部件由表及里进行登记，且依据修复、更换的类别进行分类。

③根据所确定的更换零件，充分使用 PDA 查询配件价格并确定材料费用。

④根据已确定的维修方案及修复难易程度确定维修工时费用并与客户进行沟通。

⑤完整、准确填写《机动车辆保险查勘定损记录》，并请客户确认，"查勘意见"栏中需详细描述事故经过，切忌出现"属于保险责任"等主观判断性字句。

⑥定损时被保险人、第三者、修理厂及保险公司等各方均应在场，在明确修理范围、修理项目，确定所需费用及签订"事故车辆估损单"协议后方可让事故车辆进厂修理。

⑦定损结束后需当场发放《机动车辆保险索赔通知书》。

⑧完成理赔工作系统操作，一般一个工作日内录入系统，分类上传照片及单证。

（3）定损时应注意的问题。

定损人员在事故车辆的定损过程中，在确保被保险人的权益不受侵害、不影响车辆性能的前提下，遵守"公平公正""能修不换"的保险补偿原则，参照当地交通运输管理部门规定的修理工时及零配件价格对事故车辆的损伤部位逐项进行审定，做到合理准确。定损人员在事故车辆的定损时应注意的问题如表 5.3 所示。

表 5.3　定损时应注意的问题

注意事项	内容
损失鉴定	如车辆损失原因不明确，或仅从外观难以确定部件是否损坏，需要进行技术鉴定，经各分支机构客户服务中心负责人审批后，可以进行技术鉴定，鉴定费用可以赔偿
追加修理项目	受损车辆解体后发现尚有因本次事故造成的损失而未被确认的项目，需要增加修理项目的，由被保险人或修理单位填写《保险车辆增加修理项目申请单》，经定损人员核实并逐级审批后，出具《机动车辆保险车辆损失情况确认书》，经被保险人同意并签字后方可追加修理项目和费用
未定损先修车情况的处理	受损车辆未经保险公司和被保险人共同查勘定损而自行送修的，根据条款规定，保险人有权重新核定修理费用或拒绝赔偿。在重新核定时，应对照查勘记录，逐项核对修理项目和费用，剔除其扩大修理和其他不合理的项目和费用
残值处理	换件残值应积极协助被保险人进行处理，并合理作价，在定损金额中扣除
不得强制派修	保险车辆或第三者受损车辆在确定损失金额后，可推荐客户到指定的协作修理厂维修，但不能强制送修。如被保险人自选修理厂，而与修理厂在修理方案、价格上产生分歧，要求公司给予支持时，定损人员可给予被保险人在技术与价格咨询方面的帮助

（4）定损原则。

对事故车辆的修理范围，一般仅局限于本次事故所造成的损失。定损人员在事故车辆的定损过程中，在保证被保险人的权益不受侵害、不影响车辆性能的前提下，遵守"公平公正""能修不换"的保险补偿原则，参照当地交通运输管理部门规定的修理工时及零配件价格对事故车辆的损伤部位逐项进行审定，做到合理准确。若维修成本过高，超过了更换新件费用的 60%，应考虑更换；但若该配件价值昂贵，且在市场上难以采购时，应协商修理，其修理费用可根据实际情况依照相应的比例进行上浮。

受损配件修复后使用可能影响车辆的安全及性能时，应考虑更换；但若维修能够达到相应的技术要求和标准，从常规和技术的角度考虑，则不必进行更换，应坚持以修复为主的原则。

钣金损伤及修换原则：

轻度损伤：部件弹性变形、划伤或刮伤，损坏较轻，损坏程度（面积）在 10% 左右，不需要拆装或解体，通过手工或整形机即可修复。

中度损伤：部件凹凸变形较大、有褶，或虽局部变形较小但有死褶，损坏程度（面积）在 30% 左右，需要拆装或解体后修复，修复难度不大。

重度损伤：部件严重扭曲变形、断裂，或部件部分缺失，或有超过 20 cm 的撕裂，或部件已经失去基本形状，损坏面积达到 50% 以上，折曲弯度大于 30°，修复难度较大。

更换：零部件超过重度损伤程度的，接近于报废，可考虑更换。但损失程度介于重度损伤和更换之间，客户坚决要求更换的，应视具体情况确定不低于 20% 的客户自负比例。

钣金（铝件）损伤及修换原则：

变形面积不大，通过敲击、拉伸等整形方法及铆接、粘接等工艺可以恢复外观形状的，应予以修复。变形面积较大或有撕裂、断裂、死褶等情况，需通过焊接工艺才能进行修复，或虽可通过铆接完成修复，但需铆接部位过多、严重影响其外观的，可以考虑更换。

塑料件损伤及修换原则：

汽车上应用的塑料按其物理化学性能分为热塑性塑料和热固性塑料，塑料部件的修理有化学粘接法和塑料焊接法两种基本修理方法。

通常塑料件的划痕、撕裂、刺穿和凹陷均可以修复。塑料件整体破碎应以更换为主。价值较低、更换方便的零件可以考虑更换。应力集中部位（如尾门铰链、撑杆锁机处），应考虑更换为主。基础零件，并且尺寸较大，受损以划痕、撕裂、擦伤或穿孔为主，这些零件拆装麻烦、更换成本高或无现货供应，应以修理为主。表面美光要求较高的塑料零件，深度划伤表面，修复后留有明显痕迹，无法大致恢复原貌的，可以考虑更换。

安全件损伤及修换原则：

有可能涉及行车安全的部件简称安全件，主要包括制动系统部件（制动片、制动泵、管路及助力器等）、转向系统部件（方向机、转向柱、转向拉杆等）、底盘件（球头、悬挂臂等）等。

定损时安全件中度以上程度损伤的，应以更换为主、修复为辅，但以下情况应考虑修复：

①损伤只发生在安全件的边缘、外观或非安全部位，修复后继续使用不会涉及安全问题。

②非扭曲损伤，在平行平面内的偏移或单一方向的变形，通过拉伸、校正、挤压等机械修复手段可以达到技术要求、符合安装位置的。

总成件损伤及修换原则：

汽车车身（驾驶室）总成、车架、发动机和变速箱等大额总成件受损时，需按《车险核损规则》执行。车身、车架、发动机和变速箱等大额总成件确定更换时，需根据受损程度明确客户自负比例。总成零部件单独受损的，需以修复或更换零部件为主，不得更换总成件。

（5）事故车辆修复费用组成。

车辆的维修费用主要由工时费、材料费和其他费用组成。

①工时费。

汽车维修的工时包括拆装工时、换件工时、整形工时、机修工时、电工工时、调整工时和喷漆工时等部分。因此，工时费按构成分为两大类：整形、机修、电工、调整、喷漆等可直接改变汽车物理和使用性能的工时所需的费用；换件、拆装等无法直接改变汽车物理和使用性能的工时所需的费用。

对于事故车辆受损部件的维修，由于整形、机修工艺等因素的影响，难以使维修部件完全恢复原状，虽可以直接改变受损车辆的性能，但只能使其基本恢复到受损前的状态，很难使车辆性能较受损前提高。

另一方面，如同换件、拆装这样的工序，它们虽然是维修中必不可少的步骤，对于受损部件，所需的换件和拆装的工时一致，但就其纯工序本身并不能直接使车辆性能较受损前改善。因此，工时费需得到完全的赔付。

②材料费。

材料费是维修工作中所需要更换的零件费用和使用的材料，如涂料及其配套固化剂、稀释剂等需添加的运行材料费用。其中，主要费用为新零件费用，受损车辆在更换新配件时，因配件差异会对车辆整体性能产生一定影响。汽车配件生产商有 OEM 与非 OEM 之分。因此，对于投保时按整车实际价值购买保险金额，当车辆出现部分损失时，若更换 OEM 原厂件则可保证其性能的最优发挥，因出险时车辆已经发生折旧，在赔偿其费用时，减去与车辆状况相当的折旧是有必要的。所以，材料费的赔付应该合理区分，OEM 件的费用应该赔偿其减去折旧后所剩部分，其余的材料费（包括非 OEM 件的费用）应全部赔偿。

③其他费用。

其他费用包括外协加工费、税费等。

外协加工费是维修过程中因修理厂条件所限或某些必须专项修理的项目（包含为降低修理成本而需要的专项修理）需要外协加工和专项修理的实际费用。

税费应按照国家规定执行，是维修厂结算时必须收取的。所以它作为车辆因保险事故而造成的损失是无法避免的，并且税费的征收与否对车辆修复后的性能几乎没有影响，应包含在赔偿范围内。

3）核损

核损的主要内容包括保险车辆损失的核损、第三者物损的核损、人员伤亡费用的确定、施救费用的审核。

（1）保险车辆损失的核损。

保险车辆损失的核损内容如表 5.4 所示。

表 5.4 保险车辆损失的核损

序号	核损项目	内容
1	对提交的定损资料进行审核	审核定损工作是否按本规程规定的要求完成，如是否按要求逐项列明维修、换件项目及其工时和价格，是否按要求拍摄损失照片，损失照片是否清晰、完整地反映损失确认书上列明的损失情况。如发现有不合格项目，应及时通知定损人员重新提供清晰完整的定损资料
2	损失核定	对照损失照片和损失确认书，审核换件项目及价格是否合理，维修项目及维修工时费是否合理，对不合理的部分做出剔除或提出修改意见
3	核损意见反馈	核损工作完成后，核损人员应将核损结果马上反馈给定损人员，由定损人员及时通知被保险人和修理厂。对核损结果没有异议的，应与被保险人签订损失确认书；如存在异议，可提出修改意见后再次提交核损人员审定
4	现场核损	对定损人员或协作定损单位提交的定损资料不能真实地反映车辆损失情况或通过照片难以核定损失，且损失金额较大、换件项目较多的事故，核损人员应及时报告客户服务中心负责人，由其安排人员到现场进行复核，并出具审核意见，同时将复核情况向客户服务中心负责人汇报。对于多次出现估损偏高的定损人员或协作定损单位，核损人员应随机对其定损的事故车进行现场核损，检查其是否存在故意虚报损失的情况

（2）第三者物损的核损。

第三者物损的核损内容如表5.5所示。

表5.5　第三者物损的核损

序号	核损项目	内容
1	第三者责任险的财产和附加车上货物责任险承运货物的损失	会同被保险人和有关人员逐项清理，确定损失数量、损失程度和损失金额（同一保险标的要注意避免重复赔偿），同时要求被保险人提供有关货物、财产的原始发票。定损人员审核完毕后，制作《机动车辆保险财产损失确认书》
2	损失金额在3 000元以下的	与被保险人达成协议后，可直接让被保险人在损失确认书上签字确认
3	损失金额在3 000元以上的	需将损失确认书及相关定损资料上报核损人员进行核损，核损通过后，由定损人员与被保险人签订损失确认书
4	车上货物责任险中的货物损失	在进行赔偿处理时，需要被保险人提供运单、起运地货物价格证明以及第三方向被保险人索赔的函件等单证材料

（3）人员伤亡费用的确定。

人伤案件的核损工作应由具有临床经验的专业医生承担。核损人员自接到查勘人员或接报案人员提交的资料后，应对案件整个过程，从住院、治疗到出院进行全程跟踪。在治疗期间，应根据具体情况对伤者进行探访或探视，了解伤者治疗及康复情况，并做详细记录。人员伤亡费用的确定如表5.6所示。

表5.6　人员伤亡费用的确定

序号	核损项目	内容
1	赔偿范围及标准	第三者责任险以及相关附加险中涉及的人员伤亡费用，按照《道路交通安全法》规定的赔偿范围、项目和标准以及保险合同的约定核定赔偿
2	被保险人自行承诺或支付的赔偿金额的处理	凡被保险人自行承诺或支付的赔偿金额，定损人员应重新核定，对不合理的部分应予以剔除
3	事故证明及费用审核	审核被保险人提供的公安交通管理部门或法院等机构出具的事故证明、有关的法律文书（裁定书、裁决书、调解书、判决书等）和伤残证明以及各种费用单据，如医疗费（限公费医疗的药品范围）、误工费、就医交通费、住院伙食补助费、残疾者生活补助费、残疾用具费、丧葬费、死亡补偿费、被抚养人生活费，伤亡者直系亲属及合法代理人参加交通事故调解处理的误工费、交通费、住宿费，伤者住院期间经医院确定需要护理时的护理费（护理人员最多不超过两人）。费用清单应分别列明受害人姓名及费用项目、金额。不符合规定的费用，如精神损失补偿费、整容费、康复费、困难补助费、营养费以及处理事故人员的生活补助、招待费、请客送礼费和事故处理部门扣车后的停车费、各种罚款及其他超过规定的费用，均不负赔偿责任

序号	核损项目	内容
4	调查核实	审核时，如发现有疑点，需进一步核实。应对车上及第三者人员伤亡的有关情况进行调查，重点调查被抚养人的情况及生活费、医疗费，伤残鉴定证明的真实性、合法性、合理性等
5	出具审核意见	核损人员应对伤人案件资料进行严格审核，对不合理的费用予以剔除，并在《机动车辆保险人员伤亡费用清单》上注明剔除项目及金额

（4）施救费用的审核。

施救费用是指当保险标的遭遇保险责任范围内的灾害事故时，被保险人或其代理人、雇佣人员等采取必要、合理的措施进行施救，以防止损失进一步扩大而支出的费用。

施救费用的确定要严格按照条款规定事项，并注意表 5.7 所示问题。

表 5.7　应注意的问题

序号	应注意的问题
1	被保险人使用他人（非专业消防单位）的消防设备施救保险车辆所消耗的费用及设备损失可以赔偿
2	保险车辆出险后，雇用吊车和其他车辆进行抢救的费用，以及将出险车辆拖运到修理厂的运输费用，按当地物价部门颁布的收费标准予以赔偿
3	在抢救过程中，因抢救而损坏他人的财产，对于应由被保险人承担赔偿责任的，可酌情予以赔偿。但在抢救时，抢救人员个人物品的丢失，不予赔偿
4	抢救车辆在拖运受损保险车辆途中发生意外事故造成的损失和费用支出，如果该抢救车辆是被保险人自己或他人义务派来抢救的，应予赔偿；如果该抢救车辆是有偿的，则不予赔偿
5	保险车辆出险后，被保险人赶赴肇事现场处理所支出的费用，不予负责
6	保险公司只对保险车辆的救护费用负责。保险车辆发生保险事故后，涉及两车以上的，应按责分摊施救费用。受损保险车辆与其所装货物（或其拖带其他保险公司承保的挂车）同时被施救，其救护（或救护其他保险公司承保的挂车）的费用应予以剔除。如果它们之间的施救费用分不清楚，则应按保险车辆与货物（其他保险公司承保的挂车）的实际价值进行比例分摊赔偿
7	施救、保护费用与修理费用应分别理算。当施救、保护费用与修理费用相加，估计已达到或超过保险车辆的实际价值时，则可推定全损予以赔偿

7. 赔款理算

在赔偿顺序上，交强险是第一顺序，商业保险是第二顺序。因此，交强险的赔款理算将直接影响商业险的赔款理算。

1）交强险赔款理算

在交强险责任限额范围内适用的是无过错责任原则，即出险即赔制度，超过交强险责任限额范围的部分，交通事故的规则原则变更为过错责任原则，即有责任才赔偿制度。也就是说，在交强险赔偿限额范围内不划分各自责任予以赔偿（但是赔偿金额不能超过各个交强险分项限额)，超过交强险赔偿限额范围的部分，按照各自过错责任划分赔偿责任比例（在计算时乘以赔偿责任系数），进行赔款计算。

（1）基本计算公式。

保险人在交强险各分项赔偿限额内，对受害人死亡伤残费用、医疗费用、财产损失分别计算赔款。

①总赔款 = $\sum$ 各分项损失赔款 = 死亡伤残费用赔款 + 医疗费用赔款 + 财产损失赔款。

②各分项损失赔款 = 各分项核定损失承担金额，即：

$$死亡伤残费用赔款 = 死亡伤残费用核定承担金额$$
$$医疗费用赔款 = 医疗费用核定承担金额$$
$$财产损失赔款 = 财产损失核定承担金额$$

③各分项核定损失承担金额超过交强险各分项赔偿限额的，各分项损失赔款等于交强险各分项赔偿限额。

注："受害人"为被保险机动车的受害人，不包括被保险机动车车上人员及被保险人。

（2）保险事故涉及多个受害人的情况。

①基本计算公式中的相应项目表示为：

各分项损失赔款 = $\sum$ 各受害人各分项核定损失承担金额，即：

$$死亡伤残费用赔款 = \sum 各受害人死亡伤残费用核定承担金额$$
$$医疗费用赔款 = \sum 各受害人医疗费用核定承担金额$$
$$财产损失赔款 = \sum 各受害人财产损失核定承担金额$$

②各受害人各分项核定损失承担金额之和超过被保险机动车交强险相应分项赔偿限额的，各分项损失赔款等于交强险各分项赔偿限额。

③各受害人各分项核定损失承担金额之和超过被保险机动车交强险相应分项赔偿限额的，各受害人在被保险机动车交强险分项赔偿限额内应得到的赔偿为：

被保险机动车交强险对某一受害人分项损失的赔偿金额 = 交强险分项赔偿限额 × [事故中某一受害人的分项核定损失承担金额 / ($\sum$ 各受害人分项核定损失承担金额)]。

（3）保险事故涉及多辆肇事机动车的情况。

①各被保险机动车的保险人分别在各自的交强险各分项赔偿限额内，对受害人的分项损失计算赔偿。

②各方机动车按其适用的交强险分项赔偿限额占总分项赔偿限额的比例，对受害人的各分项损失进行分摊。

某分项核定损失承担金额 = 该分项损失金额 × [适用的交强险该分项赔偿限额 / ($\sum$ 各致害方交强险该分项赔偿限额)]

注：肇事机动车中的无责任车辆，不参与对其他无责方车辆和车外财产损失的赔偿计算，仅参与对有责方车辆损失或车外人员伤亡损失的赔偿计算。无责方车辆对有责方车辆损失应承担的赔偿金额，由有责方在本方交强险无责任财产损失赔偿限额项下代赔。

初次计算后，如果有致害方交强险限额未赔足，同时有受害方损失没有得到充分补偿，则对受害方的损失在交强险剩余限额内再次进行分配，在交强险限额内补足。对于待分配的各项损失合计没有超过剩余赔偿限额的，按分配结果赔付各方；超过剩余赔偿限额的，则按每项分配金额占各项分配金额总和的比例乘以剩余赔偿限额分摊；直至受损各方均得到足额赔偿或应赔付方交强险无剩余限额。

（4）受害人财产损失需要施救的，财产损失赔款与施救费累计不超过财产损失赔偿限额。

（5）主车和挂车在连接使用时发生交通事故，主车与挂车的交强险保险人分别在各自的责任限额内承担赔偿责任。

若交通管理部门未确定主车、挂车应承担的赔偿责任，主车、挂车的保险人对各受害人的各分项损失平均分摊，并在对应的分项赔偿限额内计算赔款。

主车与挂车由不同被保险人投保的，在连接使用时发生交通事故，按互为三者的原则处理。

（6）对被保险人依照法院判决或者调解承担的精神损害抚慰金，原则上在其他赔偿项目足额赔偿后，在死亡伤残赔偿限额内赔偿。

例 5-1：A、B 两机动车发生交通事故，两车均有责任。A、B 两车车损分别为 2 000元、5 000 元，B 车车上人员医疗费用 7 000 元，死亡伤残费用 6 万元，另造成路产损失 1 000 元。设两车适用的交强险财产损失赔偿限额为 2 000 元，医疗费用赔偿限额为 1 万元，死亡伤残赔偿限额为 11 万元，则计算 A、B 车交强险赔偿金额。

解：①计算 A 车交强险赔偿金额。

A 车交强险赔偿金额 = 受害人死亡伤残费用赔款 + 受害人医疗费用赔款 + 受害人财产损失赔款 = B 车车上人员死亡伤残费用核定承担金额 + B 车车上人员医疗费用核定承担金额 + 财产损失核定承担金额

B 车车上人员死亡伤残费用核定承担金额 = 60 000 ÷ (2 - 1) = 60 000（元）。

B 车车上人员医疗费用核定承担金额 = 7 000 ÷ (2 - 1) = 7 000（元）。

财产损失核定承担金额 = 路产损失核定承担金额 + B 车损核定承担金额 = 1 000 ÷ 2 + 5 000 ÷ (2 - 1) = 5 500（元），超过财产损失赔偿限额，按限额赔偿，赔偿金额为 2 000 元。

其中，A 车交强险对 B 车损的赔款 = 财产损失赔偿限额 × [B 车损核定承担金额 ÷ (路产损失核定承担金额 + B 车损核定承担金额)] = 2 000 × [5 000 ÷ (1 000 ÷ 2 + 5 000)] = 1 818.18（元）。

其中，A 车交强险对路产损失的赔款 = 财产损失赔偿限额 × [路产损失核定承担金额 ÷ (路产损失核定承担金额 + B 车损核定承担金额)] = 2 000 × [(1 000 ÷ 2) ÷ (1 000 ÷ 2 + 5 000)] = 181.82（元）。

A 车交强险赔偿金额 = 60 000 + 7 000 + 2 000 = 69 000（元）。

②计算 B 车交强险赔偿金额。

B 车交强险赔偿金额 = 路产损失核定承担金额 + A 车损核定承担金额 = 1 000 ÷ 2 + 2 000 ÷ (2 - 1) = 2 500 元，超过财产损失赔偿限额，按限额赔偿，赔偿金额为 2 000 元。

例 5-2：A、B 两机动车发生交通事故，A 车全责，B 车无责，A、B 两车车损分别为 2 000元、5 000 元，另造成路产损失 1 000 元。设 A 车适用的交强险财产损失赔偿限额为 2 000元，B 车适用的交强险无责任财产损失限额为 100 元，则计算 A、B 车交强险赔偿金额。

解：①计算 A 车交强险赔偿金额。

A 车交强险赔偿金额 = B 车损核定承担金额 + 路产损失核定承担金额 = 5 000 + 1 000 = 6 000（元），超过财产损失赔偿限额，按限额赔偿，赔偿金额为 2 000 元。

②计算 B 车交强险赔偿金额。

B 车交强险赔偿金额 = A 车损核定承担金额 = 2 000 元，超过无责任财产损失赔偿限额，按限额赔偿，赔偿金额为 100 元。

B 车对 A 车损失应承担的 100 元赔偿金额，由 A 车保险人在交强险无责财产损失赔偿限额项下代赔。

2）商业车险赔款理算

（1）商业第三者责任险赔款计算。

①保险事故发生后，保险人按照国家有关法律法规中规定的赔偿范围、项目和标准以及保险合同的约定，在保险单载明的赔偿限额内核定赔偿金额。在扣除相应的机动车交通事故责任强制保险赔偿限额后，保险人根据保险单载明的责任限额按下列方式计算赔偿金额。

第一，当被保险人按事故责任比例应负的赔偿金额超过赔偿限额时：

$$赔款 = 赔偿限额 \times (1 - 免赔率之和)$$

第二，当被保险人按事故责任比例应负的赔偿金额低于赔偿限额时：

$$赔款 = 应负赔偿金额 \times (1 - 免赔率之和)$$

②挂车的赔款计算。

第一，主车与挂车连接时发生保险事故，保险人在主车的责任限额内承担赔偿责任。

主车与挂车由不同的保险公司承保的，按照主车、挂车保险单上载明的第三者责任险赔偿限额比例分摊赔款。

主车应承担的赔款 = 赔款 × [主车第三者责任险赔偿限额 ÷（主车第三者责任险赔偿限额 + 挂车第三者责任险赔偿限额）]

挂车应承担的赔款 = 赔款 × [挂车第三者责任险赔偿限额 ÷（主车第三者责任险赔偿限额 + 挂车第三者责任险赔偿限额）]

在处理此类赔案时，应该确认主车、挂车的承保公司，主车、挂车的第三者责任险赔偿限额。

第二，挂车在未与主车连接时发生保险事故，保险人在挂车的责任限额内承担赔偿责任。

例 5 - 3：甲车在 A 保险公司投保交强险、足额车损险、商业第三者责任险 20 万元，乙车在 B 保险公司投保交强险、足额车损险、商业第三者责任险 30 万元。两车互撞，甲车无责任，车损 4 000 元；乙车承担全部责任，车损 6 000 元。按条款规定，全责免赔率为 20%。

①计算 A、B 保险公司对甲、乙两车的被保险人各应承担的交强险赔偿金额。

②在不考虑免赔率的情况下，计算 A、B 保险公司对甲、乙两车的被保险人各应承担的赔偿金额。

③考虑免赔率的情况，赔偿金额是多少？

④甲、乙两车被保险人各能实际获得多少损失赔款？

解：甲、乙两车的赔款理算分别为：

①交强险赔偿。作为甲车第三者的乙车损失为 6 000 元，大于交强险中财产损失赔偿限额的 100 元，所以 A 保险公司应承担的赔偿金额为 100 元。

作为乙车第三者的甲车损失为 4 000 元，大于交强险中财产损失赔偿限额的 2 000 元，所以 B 保险公司应承担的赔偿金额为 2 000 元。

②不考虑免赔。

商业车险：

甲车车损和第三者因无责而不赔偿。

乙车车损赔偿 = （实际损失 – 交强险赔付金额）×事故责任比例×（1 – 免赔率之和）= （6 000 – 100）×100% ×（1 – 0）= 5 900（元）

乙车三者赔偿 = （三者损失金额 – 交强险赔付金额）×事故责任比例×（1 – 免赔率之和）=（4 000 – 2 000）×100% ×（1 – 0）= 2 000（元）

故

$$A 保险公司应承担的赔款总额 = 100 元$$

$$B 保险公司应承担的赔款总额 = 2 000 + 5 900 + 2 000 = 9 900（元）$$

③考虑免赔。

商业车险：

甲车车损和第三者无责而不赔偿。

乙车车损赔偿 = （实际损失 – 交强险赔付金额）×事故责任比例×（1 – 免赔率之和）= （6 000 – 100）×100% ×（1 – 20%）= 4 720（元）

乙车三者赔偿 = （三者损失金额 – 交强险赔付金额）×事故责任比例×（1 – 免赔率之和）=（4 000 – 2 000）×100% ×（1 – 20%）= 1 600（元）

故

$$A 保险公司应承担的赔款总额 = 100 元$$

$$B 保险公司应承担的赔款总额 = 2 000 + 4 720 + 1 600 = 8 320（元）$$

④甲车被保险人实际获得损失赔偿：2 000 + 1 600 = 3 600（元）。

乙车被保险人实际获得损失赔偿：100 + 4 720 = 4 820（元）。

例 5 – 4：甲车在 A 保险公司投保交强险、足额车损险、商业第三者责任险 20 万元，发生一起碰撞骑自行车的事故。事故造成自行车上乙、丙两人受伤，财物受损。其中乙医疗费 7 000 元，死亡伤残费 110 000 元，财物损失 2 500 元，丙医疗费 10 000 元，死亡伤残费 35 000 元，财物损失 2 000 元。经交警认定甲车负事故 70% 责任。按条款规定，主要责任免赔率为 15%，次要责任免赔率为 5%。计算 A 保险公司应承担的赔偿金额。

解：交强险赔偿：

医疗费用：7 000 + 10 000 > 10 000，故赔偿 10 000 元。

死亡伤残：110 000 + 35 000 > 110 000，故赔偿 110 000 元。

财产损失：2 500 + 2 000 > 2 000，故赔偿 2 000 元。

商业险赔付：

纳入商业第三者责任险的费用 = 7 000 + 35 000 + 2 500 = 44 500（元），所以商业第三者责任险赔偿金额为 44 500 ×70% ×（1 – 15%）= 26 477.5（元）。

所以 A 保险公司应承担的赔偿金额为 122 000 + 26 477.5 = 148 477.5（元）。

（2）车辆损失险赔款计算。

①按投保时保险车辆的新车购置价确定保险金额的，保险车辆损失的赔款计算为：

第一，发生全部损失时，在保险金额内计算赔款，保险金额高于保险事故发生时保险车辆实际价值的，按保险事故发生时保险车辆的实际价值计算赔款。

保险车辆损失赔款＝（实际价值－机动车交通事故责任强制保险车辆损失赔偿金额－残值）×事故责任比例×（1－免赔率之和）

第二，发生部分损失时，按核定修理费用计算赔款，但不得超过保险事故发生时保险车辆的实际价值。

保险车辆损失赔款＝（核定修理费用－机动车交通事故责任强制保险车辆损失赔偿金额－残值）×事故责任比例×（1－免赔率之和）

②按投保时保险车辆的实际价值确定保险金额或协商确定保险金额的，保险车辆损失的赔款计算为：

第一，发生全部损失时，保险金额高于保险事故发生时保险车辆实际价值的，以保险事故发生时保险车辆的实际价值计算赔款。

保险车辆损失赔款＝（实际价值－机动车交通事故责任强制保险车辆损失赔偿金额－残值）×事故责任比例×（1－免赔率之和）

保险金额等于或低于保险事故发生时保险车辆实际价值的，按保险金额计算赔款。

保险车辆损失赔款＝（保险金额－机动车交通事故责任强制保险车辆损失赔偿金额－残值）×事故责任比例×（1－免赔率之和）

第二，发生部分损失时，按保险金额与投保时保险车辆的新车购置价的比例计算赔款，但不得超过保险事故发生时保险车辆的实际价值。

保险车辆损失赔款＝（核定修理费用－机动车交通事故责任强制保险车辆损失赔偿金额－残值）×事故责任比例×保险金额/投保时保险车辆的新车购置价×（1－免赔率之和）－自负额

③自然灾害造成损失的赔款计算。

对因自然灾害引起的不涉及第三者损害赔偿的车损险案件，不扣免赔额。

第一，全部损失。

$$赔款＝\min（保险金额，实际价值）－残值$$

第二，部分损失。

$$赔款＝实际修理费用－残值$$

实际修理费用超过保险金额，按保险金额计算赔款。

④施救费用在保险车辆损失赔偿金额以外另行计算，最高不超过保险金额的数额。

被施救的财产中，含有本保险合同未承保财产的，按保险车辆与被施救财产价值的比例分摊施救费用。

$$赔款＝实际施救费用×（保险财产价值÷实际施救财产总价值）$$

⑤每次保险赔偿的合计金额为：

$$合计赔款＝保险车辆损失赔款＋施救费赔款$$

⑥保险合同效力。

下列情况下，保险人支付赔款后，保险合同终止，保险人不退还车辆损失险及其附加险的保费：

第一，保险车辆发生全部损失。

第二，按投保时保险车辆的实际价值确定保险金额的，一次赔款金额与免赔金额之和（不含施救费）达到保险事故发生时保险车辆的实际价值。

第三，保险金额低于投保时保险车辆的实际价值的，一次赔款金额与免赔金额之和（不含施救费）达到保险金额。

（3）车上人员责任险赔款计算。

发生车上人员人身伤亡的保险事故，保险人按照国家有关法律法规中规定的赔偿范围、项目和标准以及保险合同的约定计算赔偿，但每人最高赔偿金额不超过保险单载明的本保险每座赔偿限额，最高赔偿人数以投保座位数为限。

①在扣除相应的机动车交通事故责任强制保险赔偿金额后，当被保险人按事故责任比例赔偿金额未超过保险合同载明的每人责任限额时：

每座赔款 = (核定的损失金额 - 机动车交通事故责任强制保险赔偿金额) × 事故责任比例 × (1 - 免赔率之和)

②在扣除相应的机动车交通事故责任强制保险赔偿金额后，当被保险人按事故责任比例应承担的每座车上人员伤亡赔偿金额超过保险合同载明的每人责任限额时：

$$每座赔款 = 责任限额 × (1 - 免赔率之和)$$

③赔款 = $\sum$ 每座赔款，赔偿人数以投保座位数为限。

（4）全车盗抢险赔款计算。

①全部损失：

$$赔款 = \min(保险金额, 实际价值) × (1 - 免赔率之和)$$

②部分损失：

$$赔款 = \min(实际修理费用, 保险金额) - 残值$$

③对全车盗抢险收回车辆有关费用的计算，作为特殊案件按照损余物资处理的有关规定执行。

（5）车损险附加险赔款计算。

第一，玻璃单独破碎险。

$$赔款 = 实际修理费用$$

第二，自燃损失险。

全部损失： 赔款 $= [\min(保险金额, 实际价值) - 残值] × (1 - 20\%)$

部分损失： 赔款 $= (实际修理费用 - 残值) × (1 - 20\%)$

实际修理费用超过保险金额，按保险金额计算。

施救费用以不超过保险金额为限：

$$赔款 = 实际施救费用 × (保险财产价值 ÷ 实际施救财产总价值) × (1 - 20\%)$$

第三，车身划痕险。

在保险金额内按实际损失计算赔偿，该险别的累计赔偿金额以保险金额为限。

$$赔款 = 实际损失金额 × (1 - 15\%)$$

第四，车辆停驶损失险。

全部损失：赔款 = 保险合同中约定的日赔偿金额 × 保险合同中约定的最高赔偿天数

部分损失：在计算赔偿天数时，首先比较《机动车辆保险车辆损失情况确认书》中约定的修理天数和实际修理天数，两者以短者为准。即，《机动车辆保险车辆损失情况确认书》中约定的修理天数大于或等于实际修理天数，以实际修理天数为计算基础；《机动车辆保险车辆损失情况确认书》中约定的修理天数小于实际修理天数，以约定的修理天数为计算基础。

赔偿天数未超过保险合同中约定的最高赔偿天数时：

$$赔款 = 保险合同中约定的日赔偿金额 \times （赔偿天数 - 1）$$

赔偿天数超过保险合同中约定的最高赔偿天数时：

$$赔款 = 保险合同中约定的日赔偿金额 \times 保险合同中约定的最高赔偿天数$$

第五，救助特约条款。

发生《条款》第一条第（一）款列明的保险责任时，赔款为基本险施救费用赔偿不足部分，则：

赔款 = 基本险施救费用赔偿不足部分（如车损险不足额保险产生的比例赔付、免赔额、应由第三方承担而未承担的部分等）

发生《条款》第一条第（二）款列明的保险责任时，赔款为实际救助费用减去油料和更换的零配件、轮胎等成本费用，则：

$$赔款 = 实际救助费用$$

注：油料和更换的零配件、轮胎的成本费用不属于赔偿范围。

第六，可选免赔额特约条款。

保险人在按照机动车损失保险合同的约定计算赔款后，扣减本特约条款约定的免赔额。

第七，新增设备损失险条款。

发生全部损失时，在保险金额内计算赔偿，保险金额高于保险事故发生时保险车辆实际价值的，按保险事故发生时保险车辆的实际价值计算赔偿。

保险车辆损失赔款 = （实际价值 - 机动车交通事故责任强制保险车辆损失赔偿金额 - 残值）× 事故责任比例 × （1 - 免赔率之和）

发生部分损失时，按核定修理费用计算赔偿，但不得超过保险事故发生时保险车辆的实际价值：

保险车辆损失赔款 = （核定修理费用 - 机动车交通事故责任强制保险车辆损失赔偿金额 - 残值）× 事故责任比例 × （1 - 免赔率之和）

第八，车损险损失特约条款。

计算方法同车辆损失险条款，包括以下特约条款：发动机特别损失险条款、随车行李物品损失保险条款、附加机动车出境保险条款、附加车轮单独损坏保险条款。

3）第三者责任险附加险赔款的计算

（1）车上货物责任险赔款计算。

车上承运的货物发生保险责任范围内的损失，保险人按起运地价格在赔偿限额内负责赔偿。被保险人索赔时，应提供运单、起运地货物价格证明等相关单据。

在扣除相应的机动车交通事故责任强制保险赔偿金额后，当被保险人按事故责任比例应承担的车上货物损失金额未超过保险合同载明的责任限额时：

赔款 = （核定的损失金额 - 残值）× 事故责任比例 × （1 - 免赔率之和）

在扣除相应的机动车交通事故责任强制保险赔偿金额后，当被保险人按事故责任比例应承担的车上货物损失金额超过保险合同载明的责任限额时：

$$赔款 = 责任限额 \times (1 - 免赔率之和)$$

（2）机动车污染责任险条款。

在扣除相应的机动车交通事故责任强制保险赔偿金额后，保险人根据保险单载明的责任限额按下列方式计算赔偿金额。

当被保险人按事故责任比例应承担的污染损失和清理费用之和超过赔偿限额时：

$$赔款 = 每次事故赔偿限额 \times (1 - 20\%)$$

当被保险人按事故责任比例应承担的污染损失和清理费用之和低于赔偿限额时：

$$赔款 = 应负赔偿金额 \times (1 - 20\%)$$

当被保险人累计赔偿金额达到保险单的累计责任限额时，本保险责任即告终止。

4）交通事故精神损害赔偿责任险条款

在同时投保第三者责任险和车上人员责任险的基础上，方可附加本条款。

依据人民法院对交通事故责任人应承担的精神损害赔偿的判决，在扣除相应的机动车交通事故责任强制保险赔偿金额后，保险人在保险单所载明的本保险赔偿责任限额内计算赔款。

（1）当被保险人按事故责任比例应负的赔偿金额超过赔偿限额时：

$$赔款 = 责任限额$$

（2）当被保险人按事故责任比例应负的赔偿金额未超过赔偿限额时：

$$赔款 = 判决金额 - 机动车交通事故责任强制保险赔偿金额$$

5）不计免赔特约条款

在投保了车辆损失险、第三者责任险、车上人员责任险和全车盗抢险之中任何一个险种的基础上，都可投保不计免赔特约条款。

$$赔款 = \sum 出险险种中被保险人自行承担的已投保该险种的免赔金额$$

注：下列被保险人自行承担的免赔金额，保险人不负责赔偿：

（1）车辆损失保险中，应当由第三方负责赔偿而确实无法找到第三方的。

（2）被保险人根据有关法律法规规定选择自行协商方式处理交通事故，但不能证明事故原因的。

（3）因保险车辆违反安全装载规定增加的。

（4）同一保险年度内发生多次车辆损失保险事故每次增加的。

（5）保险车辆发生保险事故时，驾驶人员并非合同约定的驾驶人员增加的。

（6）在保险合同约定的行驶区域外发生保险事故增加的。

（7）盗抢险中规定全车损失时，被保险人未提供应提供的材料而扣除的免赔。

（8）在保险合同中约定的自负额。

8. 缮制赔款计算书

业务人员对有关单证进行整理，并列出清单录入计算机自动生成赔款计算书。

赔款计算书是支付赔款的正式凭证，要对赔款计算书中各栏内容详细填写，确保项目齐全、数字正确，损失计算要分险别、分项目计算并列明计算公式，同时注意免赔率也要分险别计算。

赔款计算书缮制完毕后，经办人员要签章并注明缮制日期。业务负责人审核无误后，在赔款计算书上签注意见和日期，送核赔人审核。

9. 核赔

核赔是对整个赔案处理过程所进行的控制，是保险公司控制业务风险的最后关口。其操作流程如图5.5所示。

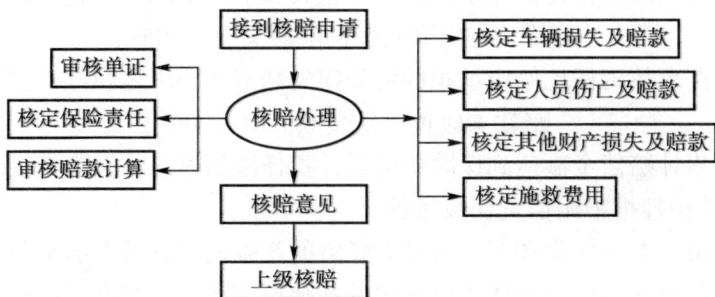

图5.5 核赔操作流程

核赔工作的主要内容及要点：

1）审核单证

（1）审核确认被保险人按规定提供的单证、证明及材料是否齐全有效，有无涂改、伪造，是否严格按照单证填写规范认真、准确、全面地填写。

（2）审核经办人员是否规范填写与赔案有关的单证，必备的单证是否齐全。

（3）审核签章是否齐全。

（4）审核索赔单证是否严格按照单证填写规范、认真、准确、全面。

2）核定保险责任

（1）核定被保险人与索赔人是否相符，驾驶员是否为保险合同约定的驾驶员。

（2）核定出险车辆的厂牌型号、牌照号码、发动机号、车架号与保险单是否相符。

（3）核定出险原因是否属于保险责任范围。

（4）核定出险时间是否在保险期限内。

（5）核定事故责任划分是否准确合理。

（6）核定赔偿责任是否与承保险别相符。

3）核定车辆损失及赔款

（1）核定车辆定损项目、损失程度是否准确、合理。

（2）核定更换零部件是否按规定进行询报价，定损项目与报价项目是否一致。

（3）核定换件部分拟赔款金额是否与报价金额相符。

（4）核定残值确定是否合理。

4）核定人员伤亡费用及赔款

（1）核定伤亡人员数、伤残程度是否与调查情况和证明相符。

（2）核定人员伤亡费用是否合理。

（3）核定被抚养人口、年龄是否真实，生活费计算是否合理、准确。

5）核定其他财产损失及赔款

根据照片和被保险人提供的有关货物、财产的原始发票等有关单证，核定其他财产损失金额和赔款计算是否合理、准确。

6）核定施救费用

根据案情和施救费用的有关规定，核定施救费用单证是否有效，金额确定是否合理。

7）审核赔款计算

（1）审核残值是否扣除。

（2）审核免赔率使用是否正确。

（3）审核赔款计算是否准确。

10. 结案处理

赔案按分级权限审批后，业务人员根据核赔的审批金额，填发领取款通知书，然后通知被保险人领取赔款，财会部门支付赔款。

被保险人领取赔款后，保险人要进行理赔案卷的整理。理赔案卷按分级审批、集中留存的原则管理，并按档案管理规定进行保管。做到单证齐全，编排有序，目录清楚，装订整齐。理赔案卷需一单一卷整理、装订、登记、保管，并按赔案号顺序归档。

赔案卷内理赔材料装订顺序为：

（1）赔偿收据。

（2）赔案赔偿审批表或垫付费用审核表。

（3）机动车辆保险出险信息表。

（4）机动车辆保险索赔申请书。

（5）重大赔案呈报表。

（6）查勘报告或公估报告。

（7）事故调查询问笔录。

（8）重大赔案调查报告。

（9）人伤案件调查报告。

（10）定损单或经核定的预算/造价单。

（11）超权限核价/核损审批表。

（12）事故照片。

（13）道路交通事故赔偿凭证或修理/修复发票。

（14）人伤案件费用拟算表。

（15）药费单据、住院票据、医疗费或抢救费清单。

（16）护理人员收入证明。

（17）伤亡人员收入证明。

（18）交通费、住宿费票据。

（19）事故证明（包括事故责任认定书、车辆失窃证明、火灾证明和气象证明等）。

（20）交警、法院或其他机构的调解书、判决书。

（21）死亡证明。

（22）户口注销证明或火化证明。

（23）死者或伤残者的家庭情况证明或被抚养人户口本复印件等。

（24）公安交通管理部门支付垫付通知书。

（25）机动车行驶证、驾驶人驾驶证、驾驶人资格证书。

（26）权益转让书。

（27）丢失车辆登报证明。

（28）丢失车辆封档证明。

（29）丢失车辆购车发票。

（30）丢失车辆附加税缴费原件。

（31）丢失车辆行驶证及驾驶证原件、原车钥匙（装入信封）。

（32）其他所需单据。

特别提示

● 驾驶人有以下情形之一的，保险人不负赔偿责任：

（1）未依法取得驾驶证、持未按规定审验的驾驶证、驾驶与驾驶证载明的准驾车型不符的机动车的。

（2）驾驶人在驾驶证丢失、损毁、超过有效期或被依法扣留、暂扣期间或记分达到12分，仍驾驶机动车的。

（3）学习驾驶时无教练员随车指导的。

（4）实习期内驾驶载有爆炸物品、易燃易爆化学物品、剧毒或者放射性等危险物品的机动车的，或驾驶机动车牵引挂车的。

（5）饮酒或服用国家管制的精神药品或麻醉药品的。

（6）未经被保险人同意或允许而驾车的。

（7）利用保险车辆从事犯罪活动的。

（8）事故发生后，被保险人或驾驶人在未依法采取措施的情况下驾驶保险车辆或者遗弃保险车辆逃离事故现场，或故意破坏、伪造现场，毁灭证据的。

（9）依照法律法规或公安机关交通管理部门有关规定不允许驾驶保险车辆的其他情况下驾车。

5.2 现场查勘

5.2.1 现场查勘前期工作

1. 车险理赔流程

一般保险公司要求在事故发生后的48小时内报案，报案后保险公司会派查勘员到现场判定痕迹是否相符，如果相符，就按程序理赔。理赔工作的基本流程主要包括接报案、查勘定损、签收审核索赔单证、理算复核、审批、赔付结案等步骤，如图5.6所示。

2. 对现场查勘人员的要求

现场查勘人员的工作是上述理赔流程中的现场查勘、填写查勘报告和初步确定保险责任，它是整个理赔工作的中前期工作，关系到本次事故是否是保险事故、保险人是否应该立案，从而关系到保险人的赔款准备金等。查勘工作未做好，整个理赔工作就会很被动，后面的工作甚至无法进行，所以现场查勘工作是保险理赔工作的重中之重。由于现场查勘中包含

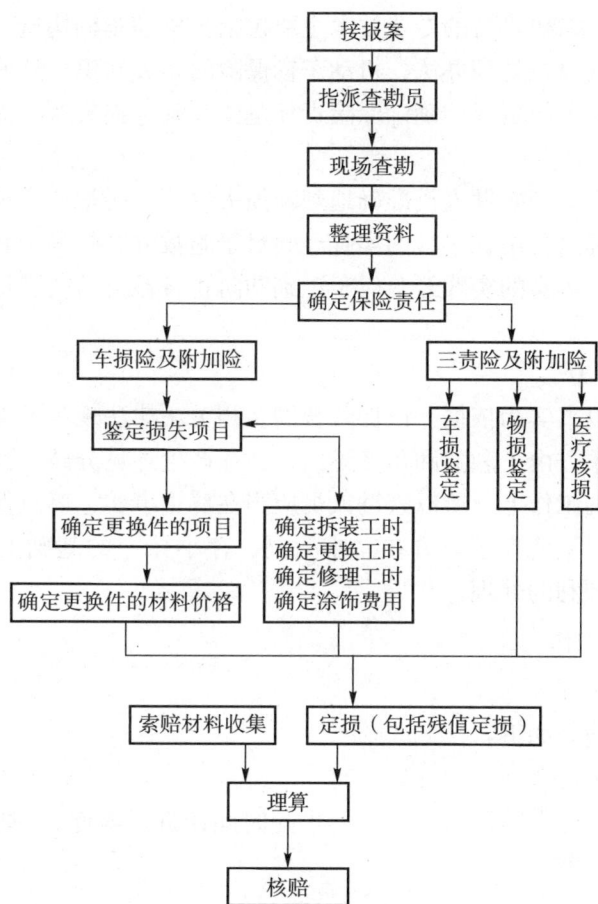

图 5.6　车险理赔流程

众多保险知识和汽车知识，并且查勘人员又是外出独立工作，所以对现场查勘人员有下列要求：

1）良好的职业道德

查勘工作的特点是既与保险双方当事人的经济利益直接相关，又具有相对的独立性和技术性，从而使查勘人员具有较大的自主空间。在我国现阶段，总体来说社会诚信度还不是很高，一些不良的修理厂、被保险人会对查勘人员实施各种方式的利诱，希望虚构、谎报或高报损失，以获得不正当利益，因而要求查勘人员具有较高的职业道德水平。首先，应加强思想教育工作，使查勘人员树立建立在人格尊严基础上的职业道德观念。其次，应加强内部管理，建立和完善管理制度，形成相互监督和制约的机制（如双人查勘、查勘与定损分离等）。同时，应采用定期和不定期审计和检查方式，对查勘人员进行验证和评价，经常走访修理厂和被保险人，对被保险人进行问卷调查以了解其工作情况。最后，加强法制建设。加强对查勘人员的法制教育，使其树立守法经营的观念。加大执法力度，对于违反法律的应予以严厉的处分，以维护法律的尊严，起到应有的震慑和教育作用。同时，实施查勘定损人员的准入制度，使查勘人员收入和劳动与技术输出相适应，这是管控查勘人员的最有效办法。

汽车保险理赔实务

2）娴熟的专业技术

机动车辆查勘人员需要具备的专业技术主要包括：机动车辆构造和修理工艺知识、与交通事故有关的法律法规以及处理办法、机动车辆保险的相关知识。这些都是作为一个查勘人员分析事故原因、分清事故责任、确定保险责任范围和确定损失所必需的知识。

3）丰富的实践经验

丰富的实践经验有助于查勘人员准确地判断损失原因，科学而合理地确定修理方案；另一方面，在事故的处理过程中，丰富的实践经验对于施救方案的确定和残值的处理也会起到重要作用。同时，具有丰富的实践经验对于识别和防止日益突出的道德风险和保险欺诈有着十分重要的作用。

4）灵活的处理能力

尽管查勘人员是以事实为依据，以保险合同及相关法律法规为准绳的原则和立场开展工作，但是有时各个关系方由于利益和角度不同，往往产生意见分歧，甚至冲突。而焦点大都集中表现在查勘人员的工作上，所以查勘人员应当在尊重事实、尊重保险合同的前提下，灵活地处理保险纠纷，尽量使保险双方在"求大同，存小异"的基础上对保险事故形成统一的认识，使案件得到顺利的处理。

3. 查勘前的准备工作

1）查阅抄单

查阅抄单的具体内容如下：

（1）保险期限。

复核出险时间是否在保险期限内，对于出险时间接近保险起讫时间的案件，做出标记，以便现场查勘时重点核实。

（2）承保险种。

记录承保险种，注意是否只承保了第三者责任险种；对于有人员伤亡的案件，注意是否承保了车上人员责任险，车上人员责任险是否指定座位；对于火灾车损案件，注意是否承保了自燃损失险；对于与非机动车的碰撞案件，注意是否承保了无过失责任险等。

（3）新车购置价、保险金额和责任限额。

记住抄单上的新车购置价，以便现场查勘时核实与实际新车购置价是否一致。从抄单的新车购置价和保险金额上可以确定投保比例。注意各险种的保险金额和责任限额，以便现场查勘时心中有数。

2）阅读报案登记表

阅读报案登记表的主要内容有：

（1）被保险人名称，保险标的车牌号。

（2）出险时间、地点、原因、处理机关、损失概要。

（3）被保险人、驾驶员及当事人的联系电话。

（4）查勘时间、地点。

上述内容不应有缺失，如有缺失应向接报案人员了解缺失原因及相应的情况。

3）带好必要的资料及查勘用具

根据出险原因及损失概要准备查勘工具，检查查勘包内是否带齐必要的资料和用具，资料部分有《机动车辆保险索赔须知》《机动车辆保险报案表》《保单抄件》《机动车辆保险理赔现场查勘记录》《询问笔录》《常见车型事故易损零配件价格手册》《事故车辆损失确认书》等，用具部分包括数码相机、卷尺、手电筒、砂纸、记录本、笔等，如表5.8所示。

表5.8　查勘需备工具

主要查勘用具	用途
	在处理赔案时，要求查勘人员做到"主动、迅速、准确、合理"，不能拖拉。因保险标的发生损失时的地点绝大部分不会在投保公司附近，当保险公司接到报案后应立即赶赴事故现场进行查勘，所以查勘车辆是现场查勘必备的工具之一
	现场查勘人员要通过照相机记录损失情况，因为照片不仅是赔款案件的第一手资料，而且是查勘报告具有形象性的旁证材料，也是对文字报告的一个必要补充
	现场查勘人员不仅全在白天，也经常会在夜晚或事故现场光线不足的情况下进行损失查勘和定损，这时查勘员就会借助手电筒的帮助，比如查验发动机号、车架号等
	有的事故现场需要查勘人员对现场的保险标的及标的碰撞物进行吻合测量，因此，卷尺就成为查勘用具之一
	现场笔录
	书写使用

5.2.2　查勘技术

现场查勘工作技术主要包括车辆查验技术、调查取证技术、现场拍照技术、现场图绘制技术等。

1. 车辆查验技术

1）查验保险标的

（1）车架号（VIN 码）。

现代汽车车架号与 VIN 码相同，现场查勘往往采取拍照的方法将车架号留存，与保险单对比检查是否是保险标的车，这项工作必不可少，是现场查勘的一项重要工作。

VIN 码全称是车辆识别代号（Vehicle Identification Number），是制造厂为了识别而给一辆车指定的一组字码。它是由 17 位字母、数字组成的编码，又称 17 位识别代码或 17 位号。车辆识别代码经过排列组合，可以使同一车型的车在 30 年之内不会发生重号现象，具有对车辆的唯一识别性，因此被称为"汽车身份证"。

车架号一般在仪表板左侧、风挡玻璃下面、发动机室内的各种铭牌上、驾驶员侧车门柱上、机动车行驶证上"车架号"一栏以及保险单上等，如图 5.7 所示。

（a）

（b）

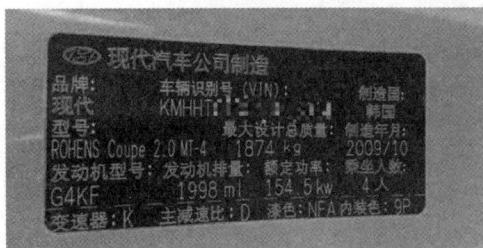

（c）

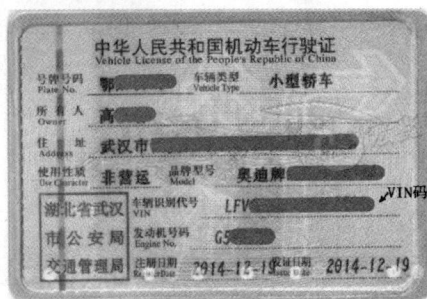

（d）

图 5.7　车架号位置

（a）发动机舱内；（b）前风挡玻璃左下角；

（c）车门铰链柱上；（d）行驶证上

（2）行驶证（见图5.8）。

验明行驶证的真伪，《中华人民共和国机动车行驶证证件》（GA 37—1992）规定，为了防止伪造行驶证，塑封套上有用紫光灯可识别的、不规则的、与行驶证卡片上图形相同的暗记，并且行驶证上必须按要求粘贴车辆彩色照片。因此机动车行驶证识伪办法：一是查看识伪标记；二是查看汽车彩色照片与实物是否相符；三是查看行驶证纸质、印刷质量、字体和字号，并与车辆管理机关核发的行驶证进行比对，对可疑的行驶证可以去发证的公安车辆管理机关核实。最常见的伪造是行驶证副页上的检验合格章，有些车辆没有按规定时间到车辆管理机关办理检验手续，却私刻公章私自加盖检验合格章。现在许多地方采用电脑打印"检验合格至×年×月"并加盖检验合格章的办法来提高防伪能力。车辆管理机关规定超过两年未检验的汽车按报废处理。汽车评估人员要对副页上的检验合格章，即行驶证的有效期特别重视。验明行驶证车主与保险单是否相同，如果相同再了解行驶证车主与被保险人的关系，是否具备保险利益；如果与保险单不符，是否有批改单；如果不相符且无批改单，询问是否经保险人同意；如果未经保险人同意，一般可认为被保险人对标的车已不具备保险利益。

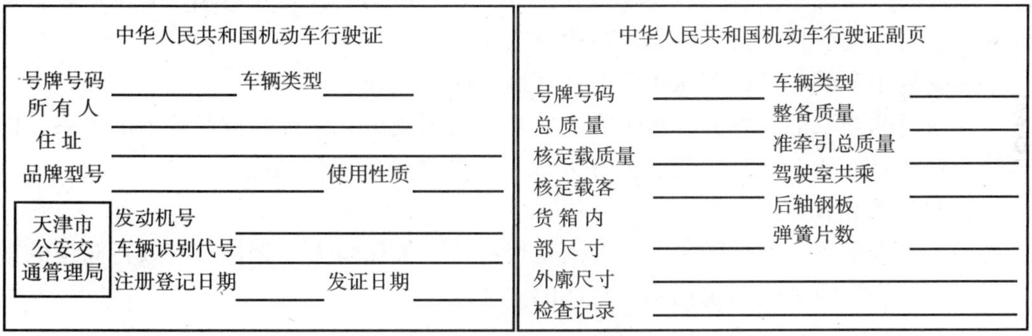

图5.8　机动车行驶证
（a）行驶证正本；（b）行驶证副本

（2）号牌。

如果保险单有号牌，核对号牌与保险单是否相符，是否是保险标的车。

（3）车辆类型。

这里指的是行驶证正本右侧上部的车辆类型，是否是保险公司允许承保的车辆类型，其目的主要核实行驶证车辆类型是否与保险单车辆类型一致，被保险人是否如实告知，费率选择是否正确，是否按比例赔付。

（4）车辆型号。

核实车辆型号的主要目的是确认该型号的车是否是委托公司愿意承保的车辆型号；确认保险单新车购置价选择是否正确，是否如实告知，费率确定是否正确，是否按比例赔付。

（5）使用性质。

查验与保险单载明的使用性质是否一致。

常见的使用性质有党政机关用车、企业自备用车、个人私用车、租赁用车、出租用车、营业性用车等，各保险公司在使用性质上的划分不尽相同。确定使用性质的目的有三个，即核实保险公司是否承保、费率选择是否正确、投保人是否如实告之。根据《保险法》第十七条：

订立保险合同，保险人应当向投保人说明保险合同的条款内容，并可以就保险标的或者被保险人的有关情况提出询问，投保人应当如实告知。

投保人故意隐瞒事实，不履行如实告知义务的，或者因过失未履行如实告知义务，足以影响保险人决定是否同意承保或者提高保险费率的，保险人有权解除保险合同。

投保人故意不履行如实告知义务的，保险人对于保险合同解除前发生的保险事故，不承担赔偿或者给付保险金的责任，并不退还保险费。

投保人因过失未履行如实告知义务，对保险事故的发生有严重影响的，保险人对于保险合同解除前发生的保险事故，不承担赔偿或者给付保险金的责任，但可以退还保险费。

从上述法律条款可以看出，查勘人员不但要调查清楚保险标的的使用性质与抄单是否相同，还要调查清楚如果不相同其原因是什么，即保险人对有关情况未提出询问还是投保人未如实告知，投保人未如实告知是故意行为还是过失行为等，这样保险人才能有充分的理由决定如何处理该赔案，才能实现理赔工作的主动性。下面列举两种常见的使用性质与保险单不符的典型情况：

①营运货车按非营运货车投保。

一般查勘人员从车辆状况、车辆行驶里程很容易辨别是否是营运车，采用索取营运证复印件和机动车登记证相关信息的方法最为有效。

②家庭自用车或非营运车从事营业性客运。

主要通过调查取证驾驶员与被保险人、乘客与驾驶员、乘客与被保险人的关系，以及保险标的行驶线路（常为车站、码头）来获取从事营业性客运的依据。

（6）检验合格期限。

这一点非常重要，这是确定保险合同是否有效，被保险人是否拥有有效行驶证的重要依据，现场查勘中一般采用现场拍照、复印的方法取证。

（7）核定载荷。

查验车辆装载与核定载荷是否一致。对于违章装载可能造成保险事故近因的案件要重点调查取证。对于货车的倾覆案件，多数是由违章装载造成的，这种情况要求查勘人员必须尽快到达现场，可通过对现场货物的装载情况，以及每件货物质量、运单或货单上的货物质量等方式确定。

（8）款式、车辆内外颜色、方向盘左右形式、燃料种类、变速器形式、倒车镜及门窗运动方式、驱动方式、冷媒的品种，这些都是为一些冷僻车型车辆定损做准备。

2）查验保险标的是否有改装、加装情况

几乎所有的机动车辆保险条款都规定，在保险期限内，保险车辆改装、加装导致保险车辆危险程度增加的，应当及时书面通知保险人；否则，因保险车辆危险程度增加而发生的保险事故，保险人不承担赔偿责任。

车辆改装几乎都是不合法的，加装情况分为两种，一种是合法的，另一种是不合法的。《机动车登记规定》第十七条规定，有下列情形之一，在不影响安全和识别号牌的情况下，机动车所有人可以自行变更：（一）小型、微型载客汽车加装前后防撞装置；（二）货运机动车加装防风罩、水箱、工具箱、备胎架等；（三）机动车增加车内装饰等。其他都为不合法。

根据《保险法》第十二条第二款规定，保险利益是指投保人对保险标的具有的法律上承认的利益。

常见的汽车改装主要表现在载货汽车上，主要有下列几种表现形式：

（1）增加栏板高度。

国家标准《道路车辆外廓尺寸、轴荷及质量限值》（GB 1589—2004）中有明确的规定：挂车及二轴货车的货箱栏板高度不得超过 600 mm，二轴自卸车、三轴及三轴以上货车的货箱栏板高度不得超过 800 mm，三轴及三轴以上自卸车的货箱栏板高度不得超过 1 500 mm。

对于栏板高度，可与《机动车登记证》上登记的参数进行核对，对于超过《机动车登记证》上登记数值的，可作为私自改装的依据。

（2）加大轮胎，增加钢板弹簧的片数或厚度。

负荷能力加大，经常超载的可能性加大，安全性能下降。车厢变高，载物时通过性下降，造成安全性能下降。

加大轮胎，增加钢板弹簧的片数或厚度是造成集装箱车超高的根本原因之一。

（3）增加车厢长度。

增加车厢长度造成车的总长加长，经常超载的可能性加大，安全性能下降；造成重心后移，制动力分配变化，安全性能下降；后悬变大，外摆值加大，通过性下降，安全性能变差。

2. 调查取证技术

应尽可能在第一现场进行初次检验工作，到达现场后，对事故尚未控制住或保险车辆及人员尚处在危险之中的，应采取积极的施救、保护措施。如果第一现场已经清理，必须进行第二现场检验的，应注意调查了解车辆转移有关情况，尽可能还原事故现场情况。对于第二现场情况存有疑问的，可以到交通事故处理部门调查并与事故第一现场的情况进行核实。调查取证下列内容：

1）出险时间

出险时间的确定非常重要，它关系到是否属于保险责任。尤其是接近保险期限起讫时间的案件，必须仔细核对公安部门的证明与当事人陈述的时间是否一致，对有疑问的案件，要详细了解车辆启程或返回的时间、行驶路线、运单、伤者住院治疗时间，及时去公安部门核实和向当地的群众了解情况。

2）出险地点

（1）确定出险地点是否超出保险单所列明的行驶区域。

（2）确定出险地点是否是保险单所列明的责任免除地点，如营业性修理场所。

3）出险原因

出险原因必须是近因，近因原则是保险的基本原则，近因为保险责任则是保险事故，反之则不是保险事故。是保险事故，出险原因就按保险责任列明，如碰撞、倾覆、火灾等。一般情况下，应依据公安、消防部门的证明来认定出险原因。

4）标的车驾驶员情况

（1）验明驾驶证的真伪及行驶证。

（2）查验驾驶员姓名、证件号的主要目的是：

①确定是否是被保险人允许的驾驶员。

②确定是否是保险单上约定的驾驶员，以保证准确理算。

③确定是否与公安部门的证明一致。

④通过姓名和证件号查阅驾驶证的真实情况。

（3）查验驾驶员准驾车型，主要目的是确认准驾车型与保险标的车车型是否相符。

（4）调查驾驶员有无酒后或醉酒驾驶的情况。

对于晚上9点至次日凌晨2点这个时段的重大案件，尤其是单方肇事案件，要尽快找到驾驶员，并且做好调查笔录。对有酒后驾驶迹象的，重点询问就餐地点和同时就餐人员的姓名和联系电话，如果驾驶员不承认自己酒后驾驶，可通过其就餐的餐馆和同时就餐的人员进行调查。如果调查结论为酒后驾驶，并且本次事故有公安交通警察处理，可将调查证据复印一份交给公安交通警察，以便公安交通警察处理本次事故所用。

（5）查验驾驶员初次领证时间，目的是核实在高速公路上出险车辆的驾驶员的驾驶证是否在实习期。

（6）查验驾驶员性别、年龄、驾龄，目的是为保险公司做好各类驾驶员出险率的统计工作，为保险公司重新修订费率提供原始数据。

5）出险经过与原因

出险原因及经过的填写，原则上要求当事驾驶员自己填写，驾驶员不能填写，要求被保险人或相关当事人填写，将出险经过、原因与公安交通主管部门的事故证明（如责任认定书）作对比，应基本一致，或主要关键内容一致。所谓主要关键内容，即与保险责任相关的内容，主要关键内容有误的，应找当事人和公安交通主管部门重新核实不一致的原因，如果当事人填写的出险经过、原因与事实不符，原则上应以事实为依据，以公安部门的证明为依据。

以汽车被盗窃案为例，出险经过与原因除正常的调查项目以外，应重点调查：

（1）被保险人有无民事、经济纠纷而导致保险车辆被抢劫、抢夺。

（2）被保险人有无将非营业标的从事出租或租赁的行为，有无租赁车辆与承租人同时失踪现象。

6）处理机关

为核对事故证明提供原始凭证，特别是非道路交通事故，一定要注明。

7）财产损失情况

（1）标的车损情况。

图5.9所示为荣威轿车碰撞受损照片，报案人称是本人倒车时错将油门（加速踏板）当刹车（制动踏板），撞在墙上造成车损。

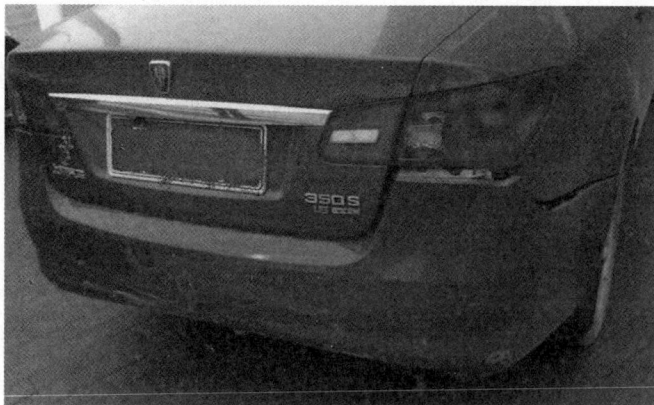

图5.9 出事故的荣威轿车

然而优秀的车险查勘定损人员对该车进行碰撞力学分析后得出，该车不可能是倒车撞固定物体造成的（倒车撞垂直面固定物后保险杠与行李厢盖之间的间隙只会变小），而一定是被小型汽车追尾所致（被它车追尾撞击常会造成后保险杠与行李厢盖之间的间隙变大）。

图 5.10 所示为某五菱面包车的碰撞受损照片，报案人称是本人倒车时错将油门（加速踏板）当刹车（制动踏板），撞在停放在路边的大货车上造成本车车损，大货车无损已离去。

图 5.10　出事故的五菱面包车

车险查勘定损人员会同汽车专业人员，对该车碰撞受损情况进行分析后得出，如果该车碰撞停置的大货车，则该车的速度应在 35 km/h 以上。经现场查勘，出险地点道路平坦无明显的下坡，然而该车在倒车时其最大车速只有 30 km/h，结论为该车车损不可能是在该路段碰撞停置的大货车，而可能是被大货车追尾所造成。

会同被保险人详细记录、确认标的车损失情况，注意列明非标的车原车设备，如轮眉、附加音响、出租车计价器、防护网等，对于投保附加设备险的车辆将附加险设备损失单独列明，主要填写车辆损失部位。损失清单、修理方式附车辆损失情况核定表（见表 5.9）。

表 5.9　车辆损失情况现场核定表

车牌号码			车辆型号		
序号	损失项目		更换	拆装	修理

（2）第三者车损情况。

会同被保险人与第三者，详细记录、确认车辆损失情况，这里主要填写损失部位。损失清单、修理方式在下面单独说明。

（3）保险标的车车上损失情况。

投保车上货物责任险的案件，记录受损物的品名、规格、型号、数量、发运地点、发票、运单、货单、生产厂家、厂址。对于损失较小的案件，车险现场查勘人员可直接评定损失；对于损失较大的案件，建议转给财产定损人员处理。

（4）第三者物损情况。

第三者物损分车上物损和固定物损失。车上物损的查勘与标的车上物损相同。固定物损失，损失较小的如交通设施、行道树，各级当地政府和有关部门都有赔偿标准，记录下受损物品的规格、型号、数量；对于非上述物品，损失较大的，建议转财产定损人员评定。

8）人员伤亡情况

（1）明确伤亡人员的关系，哪些属于本车人员，他们的姓名、性别、年龄，他们与被保险人、驾驶员的关系，受伤人员的受伤程度。

（2）明确哪些人员属于对方人员，他们的姓名、性别、年龄以及受伤人员的受伤程度，为医疗核损人员提供查勘核损的原始依据。

9）施救情况

对事故尚未控制或保险车辆及人员尚处在危险之中的，应采取积极的施救、保护措施。

施救费用是指当保险标的遭遇保险责任范围内的灾害事故时，被保险人或其代理人、雇用人员等采取必要、合理的措施进行施救，以防止损失进一步扩大而支出的费用。

施救费用的确定要严格按照条款规定事项，并注意以下几点：

（1）被保险人使用他人（非专业消防单位）的消防设备，施救保险车辆所消耗的费用及设备损失可以赔偿。

（2）保险车辆出险后，雇用吊车和其他车辆进行抢救的费用，以及将出险车辆拖运到修理厂的运输费用，按当地物价部门颁布的收费标准予以负责。

（3）在抢救过程中，因抢救而损坏他人的财产，如果应由被保险人承担赔偿责任的，可酌情予以赔偿。但在抢救时，抢救人员个人物品的丢失不予赔偿。

（4）抢救车辆在拖运受损保险车辆途中发生意外事故造成的损失和费用支出，如果该抢救车辆是被保险人自己或他人义务派来抢救的，应予赔偿；如果该抢救车辆是有偿的，则不予赔偿。

（5）保险车辆出险后，被保险人赶赴肇事现场处理所支出的费用，不予负责。

（6）保险公司只对保险车辆的救护费用负责。保险车辆发生保险事故后，涉及两车以上的，应按责分摊施救费用。受损保险车辆与其所装货物（或其拖带其他保险公司承保的挂车）同时被施救，其救护（或救护其他保险公司承保的挂车）的费用应予剔除。如果它们之间的施救费用分不清楚，则应按保险车辆与货物（其他保险公司承保的挂车）的实际价值进行比例分摊赔偿。

（7）保险车辆为进口车或特种车，在发生保险责任范围内的事故后，当地确实不能修理的，经保险公司同意去外地修理的移送费，可予负责。但护送车辆者的工资和差旅费，不予负责。

（8）施救、保护费用与修理费用应分别理算。当施救、保护费用与修理费用相加，估计已达到或超过保险车辆的实际价值时，则可推定全损予以赔偿。

（9）车辆损失险的施救费用是一个单独的保险金额，但第三者责任险的施救费用不是一个单独的责任限额。第三者责任险的施救费用与第三者损失金额相加不得超过第三者责任险的责任限额。

（10）施救费应根据事故责任、相对应险种的有关规定扣减相应的免赔率。

了解施救的工具，如拖车的吨位大小、行驶里程、吊车的吨位大小、施救是否恰当，都有哪些车、物被施救，施救是有偿还是无偿，施救过程有无扩大损失，为尚未施救的车、物提供合理有效的施救措施，为施救费的理算提供凭证。

10）事故现场笔录

有条件查一查是否有重复保险，是否存在道德风险。

对重大复杂的案件或有疑问的案件，应对当事人进行询问，全面了解出险时的情况，尤其是应注意通过对当事人双方的询问，以证实事情的真实情况。必要时，还要走访现场见证人或知情人，弄清真相，做出询问记录。询问记录应注明询问日期和被询问人地址，并由被询问人过目签字。

11）现场物证

现场物证是证明保险事故发生的最客观的依据，收取物证是查勘第一现场最核心的工作，多种查勘方法和手段均为收取物证服务，如散落车灯、玻璃碎片、保险杠碎片、各种油料痕迹、轮胎痕迹等，做好物证的收取是确定事故时点的重要依据，同时也是确定是否属于保险责任的依据。

查勘结束后，检验人员按规定据实详细填写现场查勘记录，并将检验的情况与被保险人和修理人交流，必要时可以要求被保险人对于检验的初步结果进行确认。

3. 现场拍照技术

1）现场拍照中的一般技术常识

现场拍照中常存在一些技术问题，如现场拍照取景、接片技术在现场拍照中的运用、滤色镜的使用、事故现场常见痕迹的拍摄等。

（1）现场拍照的取景。

所谓取景，就是根据拍照的目的和要求，确定拍照范围、拍照重点，选择拍照角度、距离的过程。简单地说，就是选择和确定能最充分反映拍照目的和要求，突出主体物的拍照距离和角度。有以下要点：

①拍照距离。拍照距离是指拍照立足点和被拍照的物体之间的距离。拍照距离远则拍照范围大，但物体影像小，宜于表现大场面。根据拍照点的距离不同，所拍图像分别称为远景、中景、近景和特写，在现场拍照中远景和中景用来表现现场概貌，而近景和特写用来表现景物的局部较小物体及某些痕迹等。

②拍照角度。拍照角度是指拍照立足点与被拍物体的上下和左右关系。上下关系分俯拍、平拍、仰拍，左右关系分正面拍照、侧面拍照。

③光照方向及角度。光照方向就是指光线与相机拍摄方向的关系。所谓光照角度，是指光线与被照射物体的上下左右关系，有顺光、侧光和逆光之分。

汽车保险理赔实务

（2）接片技术在现场拍照中的运用。

由于受到拍摄距离和相机视角的限制，一次拍照不能全部摄入被拍物，可采用把被拍摄物体分为几段，多次拍摄，然后把印好的照片拼接在一起，组成一幅照片，表现所需拍摄的景物，就叫作接片。其方法有回转连续拍照法和平行直线连续拍摄法等。

（3）事故现场常见痕迹的拍摄。

事故现场常见的痕迹一般有以下几种：

①碰撞痕迹。这种痕迹一般在外形上表现为凹陷、隆起、变形、断裂、穿孔、破碎等特征，只要选择合适的拍摄角度即可表现出来。凹陷痕迹，特别是较小、较浅的凹陷痕迹较难拍摄，拍摄这种痕迹时，用光是关键，一般可采用侧光，也可利用反光板、闪光灯进行拍摄。

②刮擦痕迹。这种痕迹一般表现为被刮擦的双方表皮剥脱，互相粘挂，如接触点有对方车辆的漆皮或者被刮伤者的衣服纤维、人的皮肉、毛发等。如刮擦痕迹为对方物体的表面漆皮等有颜色物体，可选择相应的滤色镜拍摄，突出被粘挂物。

③其他痕迹。

a. 机件断裂痕迹。一般有明显的陈旧裂痕，能在现场拍照，应立即拍摄，如不便拍摄，可拆下后进行拍摄。

b. 血迹。拍照时主要应看血迹落在什么颜色的物体上，确定是否用滤色镜和加用何种滤色镜。

c. 刹车拖印。刹车拖印对判断肇事车辆运行位置、行驶速度、制动效能及采取措施情况上有着十分重要的作用，拍摄重点应放在反映刹车过程的刹车印等痕迹（见表5.10），特别是起止点与道路中心线或路边的关系。

d. 小物体及细小痕迹。可采用加近拍镜，或使用镜头接筒（只能用于单镜头反光相机上）的方法拍摄。

2）现场拍照要求

（1）照相的步骤。

现场方位→现场概貌→重点部位→损失细目，如表5.11所示。

表5.10　留在地面的不同痕迹

轮胎痕迹名称	轮胎痕迹图片
滚印	

轮胎痕迹名称	轮胎痕迹图片
滑印	
压印图（普通车辆的制动压印）	
压印图（装有制动限压阀或比例阀车辆的后轮制动压印）	
地面撒落物	

表 5.11 照相的步骤

步骤	概念	图例
方位照相	方位照相是从远距离采用俯视角度的方式,拍摄事故发生地周围环境特征和事故现场所处地理位置的事故现场勘验照相	
概貌照相	概貌照相是从中远距离采用平视角度的方式,拍摄事故现场有关车辆、尸体、物体位置及相互关系的事故勘验照相。概貌照相的目的在于记录事故现场的总体结构和事故损害后果	
中心照相	中心照相是采用较近距离拍摄的方式,拍摄交通事故现场中心、重要局部、痕迹的位置以及痕迹、附着物、散落物等与有关车辆、尸体和物体之间的联系的事故勘验照相	
细目照相	细目照相是采用近距或微距拍摄方式,拍摄交通事故现场路面、车辆、人体上的痕迹以及有关物体特征的事故勘验照相。细目照相的拍摄对象主要是需要专门记录,而在中心照相中无法反映的物体表面特征及细微痕迹	

（2）照相内容，如表 5.12 所示。

表 5.12　照相内容

照相的内容	照相的要求	图例
车辆的号牌、车型和损失部位的照相	目的是对事故车辆身份进行确认。不能正面拍摄的，应选择合适的角度，一般拍摄角度与车辆中轴线成 45°。根据车辆损失情况，拍摄角度可选择车辆的左前或右前、左后、右后与车辆中轴线成 45°的位置	
车辆外部损伤照相	拍摄损伤时，应注意拍照的角度及用光，应能正确地反映损伤部位、损伤程度、损伤涉及的零部件种类和名称。但拍摄不能过于简单，还要注意局部与整体的协调。若一个角度不能全面反映出损伤部位情况，可以选择不同的角度拍摄	
细微损失照相	对照片不能反映出的裂纹、变形，要用手指指向损坏部位拍照或对比拍照或标识拍照，并能反映损伤原因，尤其对事故造成轴、孔损伤拍摄的，一定要有实测尺寸照片	
车辆拆解照相	在车辆验损的过程中，如果仅凭车辆外部损伤照相不能如实反映事故车辆的损伤程度，就需要对事故车辆进行拆解。目的是查明事故车辆的具体损伤情况，确定损失价值，通过内部损伤的形成原因，分析确认导致事故的原因。拍摄时，应根据事故车辆的损伤情况和拆解进度确定拍摄的位置和数据，以保证客观、完整地反映事故车辆的损失价值	

照相的内容	照相的要求	图例
零件损伤情况拍摄	在进行车辆的解体检验过程中，应对零件损伤断面进行检验拍照，目的是确认零件的损坏原因，以确认是否属于保险赔付范围。事故车零件的损坏有两种情况：一是由于自然磨损或零件疲劳造成损坏；二是因撞击力超过零件的强度而损坏	

（3）查勘照相的一般要求。

①能够提供第一现场，要求拍摄第一现场的全景照片、痕迹照片、物证照片和特写照片。

②要求拍摄能够反映车牌号码与损失部分的全景照片。

③要求拍摄能够反映局部损失的特写照片。

④查勘照相不得有艺术夸张，应影像清晰、反差适中、层次分明。

⑤现场照相应尽量使用标准镜头，以防成像变形。

⑥查勘定损时按先整体后局部、从远到近、从前到后、从上到下的顺序拍摄损失照片。

（4）现场照相的原则。

现场照相一般应遵循以下原则：先拍原始，后拍变动；先拍重点，后拍一般；先拍容易的，后拍困难的；先拍易消失与被破坏的，后拍不宜消失与未被破坏的。

现代照相机有数码照相机和光学照相机，对于现场查勘建议有条件时采用两种照相机，因为数码照相机拍摄的照片便于计算机管理，便于网上传输，成像快，缺点是易被修改、伪造，光学照相机正好相反。

现场查勘人员应当十分注重通过摄影记录损失情况，因为照片不仅是赔款案件的第一手资料，而且是查勘报告具有形象性的旁证材料，也是对文字报告的一个必要补充，应予以充分的重视，防止出现技术失误。

车险查勘人员的理想照相机要求光学变焦范围（相当于35 mm相机的焦距）不小于28～112 mm，镜头有旋转功能最好。

4. 现场图绘制技术

1）现场图的意义

现场图是以正投影原理的绘图方法绘制的，实际上是一张保险车辆事故发生地点和环境的小范围地形平面图。根据现场查勘要求，必须迅速全面地把现场的各种交通元素、遗留痕迹、道路设施以及地物地貌，用一定比例的图例绘制在平面图纸上。它所表现的基本内容是：

（1）表明事故现场的地点和方位，现场的地物地貌和交通条件。

（2）表明各种交通元素以及与事故有关的遗留痕迹和散落物的位置。

（3）表明各种事物的状态。

（4）根据痕迹表明事故过程，车、人、畜的动态。

因此，现场图是研究分析出险事故产生原因、判断事故责任、准确定损、合理理赔的重要依据，现场图不仅要求绘图者自己能看懂，更重要的是使别人能看懂，使没有到过出险现场的人能从现场图中了解到出险现场的概貌。

通常第一现场查勘需绘制现场图，非第一现场一般已不具备绘制现场图的条件。机动车辆保险中第一现场查勘多为单方事故，现场查勘图无判断事故为哪一方责任的意义，只是为了反映现场状况，使他人通过现场图能够对事故现场状况有一个总体的认识。

2）现场图的种类

现场图根据制作过程可分为现场记录图和现场比例图。

（1）现场记录图

现场记录图是根据现场查勘程序，在出险现场绘制、标注，当场出图的出险现场示意图。它是现场查勘的主要记录资料。由于现场记录图是在现场绘制的，而且绘图时间短，因而就不那么工整，但内容必须完整，物体位置和形状、尺寸、距离的大小要成比例，尺寸数字要准确。出图前发现问题，可以修改、补充。一般情况下，通过平面图和适当的文字说明即可反映出出险事故现场的概貌。有时，为了表达出险事故现场的空间位置和道路纵横断面几何线型的变化，也常采用立面图和纵横剖面图。

（2）现场比例图。

现场比例图是根据现场记录图所标明的尺寸、位置，选用一定比例，按照绘图要求，工整准确地绘制而成的。它是理赔或诉讼的依据。

3）现场记录图的绘制

现场记录图要求在现场查勘结束时当场出图，要在很短的时间内把现场复杂的情况完整无误地反映在图面上，就要求绘图者必须具备一定的业务水平和熟练的绘图技巧。现场记录图的绘制过程如下：

（1）根据出险现场情况，选用适当比例，进行图面构思。

（2）按近似比例画出道路边缘线和中心线。通常现场图上北下南，上北下南不易表达时，可利用罗盘确定道路走向。在图的右上方绘指北标志，标注道路中心线与指北线的夹角。

（3）根据图面绘制的道路，用同一近似比例绘制出险车辆图例，再以出险车辆为中心向外绘制各有关图例。

（4）根据现场具体条件选择基准点，应用定位法为现场出险车辆及主要痕迹定位。

（5）按现场查勘顺序先标尺寸，后注文字说明。

（6）根据需要绘制立面图、剖面图或局部放大图。

（7）核对，检查图中各图例是否与现场相符，尺寸有无遗漏和差错。

（8）签名，经核对无误，现场查勘人员、当事人或代表应签名。

4）人身损伤查勘

人身损伤案件可能涉及法律纠纷，前期能否取得真实可靠的信息对于后期的赔付工作具有极大的影响，要求所有医疗查勘过程中得到的信息必须及时、真实地反映在查勘报告或复查报告中。查勘内容有：

（1）医院查勘部分。

①确认医院符合《道路交通安全法》等有关交通事故处理法律法规的规定。

为确保抢救治疗质量，尽量要求在县级以上公立医院。例如某民营骨伤科医院无手术条件，只用中草药民间秘方治疗，导致大量需手术治疗的伤者遗留功能障碍，导致伤残，扩大损失范围。

②核对伤员姓名、性别、年龄、身份证号码，核实事故经过，记录床位号、住院号、主管医生及接待医生的姓名（记录医生姓名便于进一步了解伤情恢复情况）。

③伤者工作单位及工种，家庭情况（特别是伤者抚养义务方面），护理人员情况（护理人员姓名、工作单位、护理时段、护理时间等）。

④伤者出险时受伤情况，入院时伤情，记录入院的具体时间（通过了解受伤时情况排除非保险责任，如某被保险人向保险公司报案称驾车拐弯时不慎擦护栏，护栏将行人下肢砸骨折，此种报案人员受伤为所保三责险的保险责任，而保险公司向伤者了解时，伤者叙述事故是车拐弯时车上运送的路政护栏掉落伤及行人，此为三责险免责范围，而交警出具简易调解书只认定责任，不管经过，如不问及，此案正常赔付就会造成损失）。

⑤入院后的治疗情况（治疗原则、治疗项目、贵重药品以及进口药品的应用情况），如需手术还要了解手术简要经过。

⑥伤者住院病房、床位的级别，以及是否有其他服务项目。

⑦伤者经过治疗伤情恢复情况，目前已经发生的医疗费用。

⑧下一步治疗方案，后续医疗费用，确定下次查勘的时间。

⑨是否存在转院可能及转院治疗的依据（交通事故以在事发地就近治疗为原则，如伤情严重致救治医院医疗技术无法救治伤者，出具转院证明后可转院治疗）。

⑩伤者既往病史等其他情况（如伤者有高血压、糖尿病、心脏病等，都要记录在案，建议医院分开记账）。

⑪必要时，拍摄伤情相关照片。

（2）其他部分。

①死、残者的家庭抚养情况，需取得户籍所在地派出所的有效户籍证明或相关证明；涉及可能死亡或可能评定伤残等级达到四级的，要在查勘时向其家属了解家庭结构情况，如有几个小孩、多大年龄，父母多大年龄，死者或伤者有兄弟姐妹几个，便于掌握理赔第一手资料。

②误工证明需是当事人单位的有效劳资证明。

③有关残疾用具的证明是否符合要求，需要有相关生产厂家的有效证明。

④依据医疗费用、伤残程度、事故责任等采取一次性结案事宜。

5.2.3 填写现场查勘报告

根据现场查勘情况，填写《机动车辆保险索赔申请书》，如图 5.11、图 5.12 和图 5.13 所示。

太平洋保险
CPIC

中国太平洋财产保险股份有限公司
China Pacific Property Insurance Co.,Ltd.

机动车辆保险索赔申请书

报案号码:

被保险人/索赔权益人				
牌照号码		车辆厂牌型号		
交强险保单号码		商业险保单号码		
出险时间	年 月 日 时 分	出险地点	____省____	
出险原因		出险驾驶员		

出险经过及损失情况:

　　兹声明本索赔申请书是本被保险人/索赔权益人就本次事故向贵司提出索赔的正式书面凭证,所填写的内容以及提供的索赔资料均真实有效,没有任何虚假和隐瞒,否则,承担由此产生的一切法律责任。

　　本被保险人/索赔权益人确认:保险人受理报案、现场查勘、定损、参与诉讼、进行抗辩、向被保险人提供专业建议等行为均不构成保险人对本次事故承担赔偿责任的承诺。

　　本次事故如属保险赔偿责任范围,请将相应赔款划入以下被保险人/索赔权益人的银行账户中。对本被保险人/索赔权益人不具有受领权而获得的保险赔款及相关款项,中国太平洋财产保险股份有限公司有权向本被保险人/索赔权益人追索,在任何情况下,若因中国太平洋财产保险股份有限公司支付的赔款金额或赔付对象有误,本被保险人/索赔权益人均同意无条件将相关款项全额返还予中国太平洋财产保险股份有限公司。

　　账户户名_____账户所属省份_____账户所属城市_____

　　开户银行_____银行账号_____

　　被保险人电话: 手机□□□□□□□□□□□ 其他□□□□--□□□□□□

　　索赔权益人电话: 手机□□□□□□□□□□□ 其他□□□□--□□□□□□

　　被保险人证件类型及号码: _____

　　索赔权益人证件类型及号码: _____

　　被保险人地址及邮编: _____

　　索赔权益人地址及邮编: _____

　　送交单证人姓名_____ 证件类型及号码_____

　　送交单证人电话: 手机□□□□□□□□□□□ 其他□□□□--□□□□□□

　　被保险人/索赔权益人签章:

　　　　　　　　　　　　　　　　年　月　日

服务热线: 95500

图5.11 太平洋保险机动车辆保险索赔申请书

汽车保险理赔实务

中国平安 PING AN
保险·银行·投资

索赔申请书
GB018

中国平安财产保险股份有限公司

机动车辆保险索赔申请书

案件号：

交强险保单号				承保公司			
商业险保单号				承保公司			
被保险人				号牌号码		使用性质	
发动机号				车架号			
报案人		联系电话		驾驶员		联系电话	
出险时间	年 月 日 时 分		出险地点		报案时间	年 月 日 时 分	
出险原因	□碰撞 □倾覆 □盗抢 □火灾 □爆炸 □台风 □自燃 □暴雨 □其他						

其他事故方交强险投保及损失信息						
车牌号码	厂牌车型	被保险人	交强险保单号	承保公司	损失金额	定损公司

开户名		开户银行		账号	

出险原因及经过：

以上信息为报案人电话报案时所描述，如需补充，请在备注栏中填写。

备注

兹声明本人报案时所陈述以及补充填写的资料均为真实情形，没有任何虚假和隐瞒，否则，愿放弃本保险单之一切权利并承担相应的法律责任。

本人同意提供给平安集团（指中国平安保险（集团）股份有限公司及其直接或间接控股的公司）的信息，及本人享受平安集团金融服务产生的信息（包括本单证签署之前提供和产生的），可用于平安集团及因服务必要而委托的第三方为本人提供服务及推荐产品，法律禁止的除外。平安集团及其委托的第三方对上述信息负有保密义务。本条款自本单证签署时生效，具有独立法律效力，不受合同成立与否及效力状态变化的影响。

被保险人签章： 联系电话： 年 月 日

报案人签章： 联系电话： 年 月 日

特别告知：

1．本索赔申请书是被保险人就所投保险种向保险人提出索赔的书面凭证。

2．保险人受理报案、现场查勘、参与诉讼、进行抗辩、向被保险人提供专业建议等行为，均不构成保险人对赔偿责任的承诺。

3．为充分保障您的权益，根据《机动车交通事故责任强制保险条例》的相关规定，我司已书面告知您需要向保险公司提供的与赔偿有关的证明和材料（详见本索赔申请书背面之《索赔告知书》）。

被保险人签章： 联系电话： 年 月 日

图 5.12　平安保险机动车辆保险索赔申请书

根据现场查勘记录，在没有事故证明等有关材料的情况下，依据保险条款，全面分析主客观原因，初步确立是否属于保险责任，如果属于保险责任确定涉及险种。

在备注说明栏，填写对保险责任确定可能造成异议的情况，如被保险人是否尽到应尽的义务等。

对电话报案的被保险人，向其提供出险机动车辆保险出险通知书，同时，根据报案与现场查勘情况，在《保险事故索赔须知》上注明索赔时需要提供的单证和证明材料后交给被保险人，并对被保险人进行必要的事故处理和保险索赔的指导。

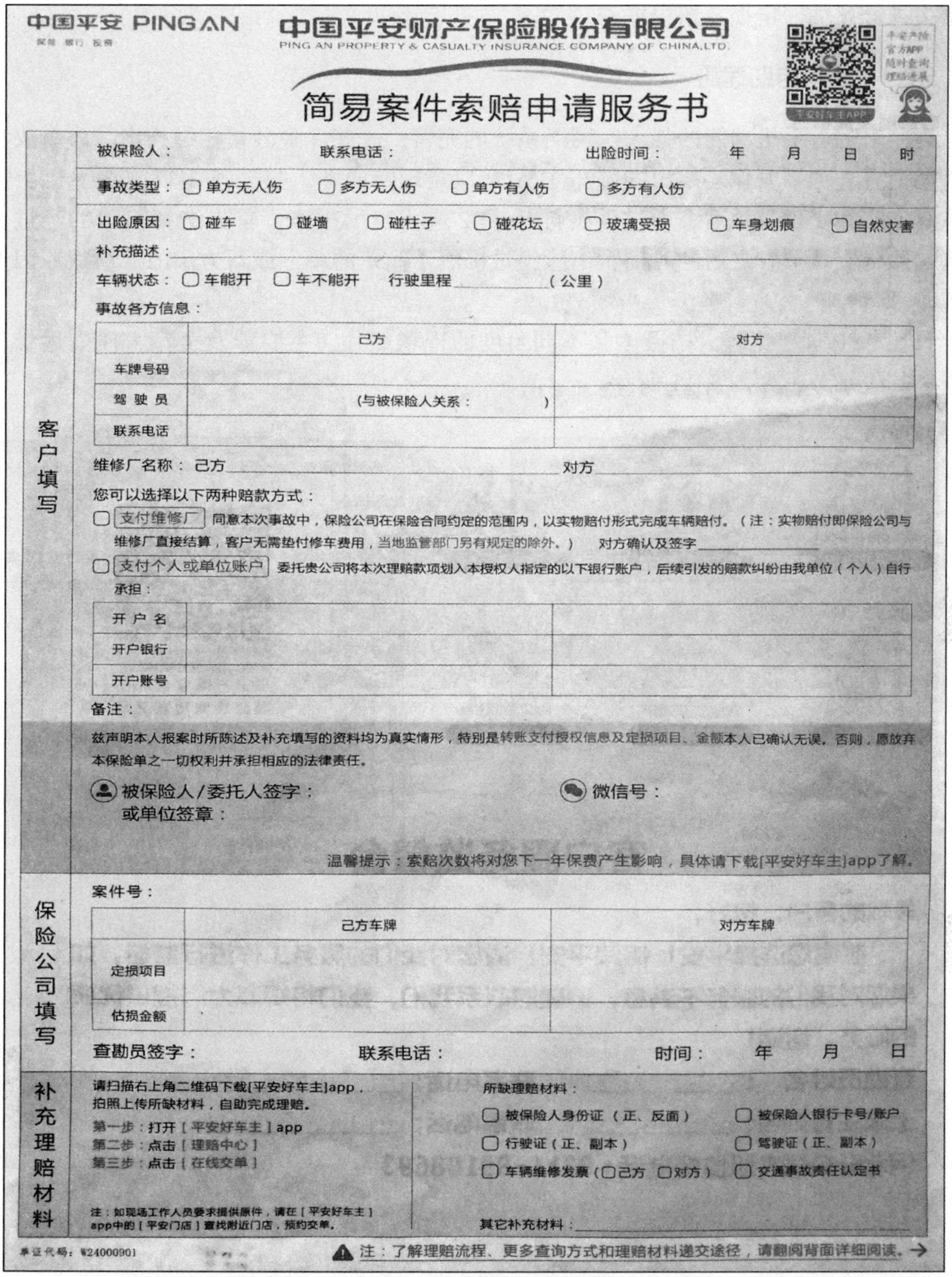
中国平安 PING AN

中国平安财产保险股份有限公司
PING AN PROPERTY & CASUALTY INSURANCE COMPANY OF CHINA,LTD.

简易案件索赔申请服务书

客户填写

被保险人： 联系电话： 出险时间： 年 月 日 时

事故类型：□单方无人伤 □多方无人伤 □单方有人伤 □多方有人伤

出险原因：□碰车 □碰墙 □碰柱子 □碰花坛 □玻璃受损 □车身划痕 □自然灾害

补充描述：

车辆状态：□车能开 □车不能开 行驶里程______（公里）

事故各方信息：

	己方	对方
车牌号码		
驾驶员	（与被保险人关系： ）	
联系电话		

维修厂名称：己方______ 对方______

您可以选择以下两种赔款方式：

□ 支付维修厂 同意本次事故中，保险公司在保险合同约定的范围内，以实物赔付形式完成车辆赔付。（注：实物赔付即保险公司与维修厂直接结算，客户无需垫付修车费用，当地监管部门另有规定的除外。） 对方确认及签字______

□ 支付个人或单位账户 委托贵公司将本次理赔款项划入本授权人指定的以下银行账户，后续引发的赔款纠纷由我单位（个人）自行承担：

开户名	
开户银行	
开户账号	

备注：

兹声明本人报案时所陈述及补充填写的资料均为真实情形，特别是转账支付授权信息及定损项目、金额本人已确认无误。否则，愿放弃本保险单之一切权利并承担相应的法律责任。

被保险人/委托人签字：
或单位签章：

微信号：

温馨提示：索赔次数将对您下一年保费产生影响，具体请下载[平安好车主]app了解。

保险公司填写

案件号：

	己方车牌	对方车牌
定损项目		
估损金额		

查勘员签字： 联系电话： 时间： 年 月 日

补充理赔材料

请扫描右上角二维码下载[平安好车主]app，拍照上传所缺材料，自助完成理赔。
第一步：打开【平安好车主】app
第二步：点击【理赔中心】
第三步：点击【在线交单】

注：如现场工作人员要求提供原件，请在【平安好车主】app中的【平安门店】查找附近门店，预约交单。

所缺理赔材料：
□被保险人身份证（正、反面） □被保险人银行卡号/账户
□行驶证（正、副本） □驾驶证（正、副本）
□车辆维修发票（□己方 □对方） □交通事故责任认定书

其它补充材料：

单证代码：W24000901

注：了解理赔流程、更多查询方式和理赔材料递交途径，请翻阅背面详细阅读。

图 5.13 平安保险简易案件索赔申请书

最后就是确定车辆损失情况，确定车辆损失应采取由前到后、从左到右、由外及里的定损顺序确定更换配件及修理项目。经查勘确定本事故造成车辆部分损失，损失部位为车辆“左前侧”，根据损失情况确定零部件的更换项目，如前保险杠、左前大灯及左前转向灯由于损坏严重需要更换，同时确定修理项目为前保险杠的拆装、左前大灯的拆装、左前转向灯的拆装以及前保险杠内杠整形等。损失认定后经与客户沟通没有异议，现场出具《机动车

辆保险索赔申请书》，至此，事故现场的查勘、拍照工作基本结束，接下来就要对事故车辆的损失进行评估、定损及核损操作。

5.2.4 手机自助理赔

近年来随着手机功能的强大，网络系统的完善，一些保险公司相继推出了小事故自助查勘理赔业务，如平安保险推出的好车主 APP 口袋理赔业务。只要车主提前在手机上安装好车主 APP，在出现事故后，通过手机打开 APP 进入自助报案，首先选择出险的经过，正确选择出险种类可节省之后的时间，出险经过都属于简单的单方或双方事故。事故原因选择如图 5.14 所示。

按照 APP 理赔流程，拍摄 4 张不同角度的现场照片，主要涉及全车、损失远景、损失近景和损失细节，如图 5.15 所示。

图 5.14　事故原因选择

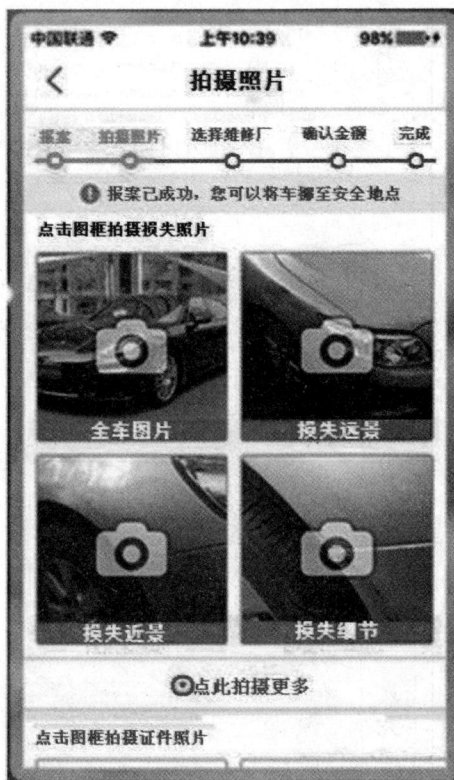

图 5.15　拍摄上传事故照片

如单方事故，接下来拍摄驾驶证、行驶证、身份证，被保险人的银行卡单独拍照上传。整个理赔所需的资料只需 4 张现场图和 4 张证件照图，下一步选择修理厂或指定的 4S 店进行维修就可以了。上传至后台，人工智能进行定损，等待十几分钟就出定损结果，确定金额后，系统还会对比保费涨幅有温馨提示。如点击"同意，马上拿钱"，车主的银行卡将在一个工作日内收到赔款，如放弃索赔便能注销这次出险。

好车主 APP 口袋理赔优势：

（1）在线自助报案。

这是好车主APP口袋理赔最便利的地方。在线自助报案的环节省去车主难以理解的行业术语，同时免去打电话报案后等待查勘员的到来，大大节省车主的时间，让车主无须再害怕小剐蹭以及一些事故。

（2）操作简单，可后续操作。

自助理赔操作简单，只需要车主按照APP的流程拍照上传就可以了，同时更加人性化的设计让车主无须马上上传图片，到达目的地后再进行上传也能轻松处理。每一步都有清晰的指引，使车主能快速理解。

（3）智能定损。

无须查勘员现场查勘，减少车主原地等待的时间，按照流程上传合格的8张图片即可进入定损的环节。同时定损只需要等待片刻就能出结果，若维修费用超过定损金额，平安则直接补充赔偿。

（4）理赔流程清晰简洁。

自助报案时通过手机号码识别被保险人，定位出险地点，自动关联车辆信息与保单信息，判断是否可以自助理赔，同时生成报案号。整体流程非常简单，仅需6步即可完成。从定损到维修，再到最后的赔付都如同快递单那样能随时查看进度情况，从真正意义上让车主掌握理赔的流程。

知识链接 5-1

中国保险行业协会下发的《交强险财产损失"互碰自赔"处理办法》规定了可以进行"互碰自赔"的条件——有交强险的车辆（两车或多车）互碰，如果只有不超2 000元车损、各方都有责任并同意采取"互碰自赔"，对于按照"互碰自赔"机制处理后，最终定损金额略超过交强险有责任财产损失赔偿限额（2 000元）的，各保险公司应本着方便被保险人的原则，给予灵活处理。交强险"互碰自赔"2009年2月1日起正式实施。

必须同时满足"多车互碰、有交强险、只有车损、不超2 000元、都有责任、各方同意"，才可以"互碰自赔"。

多车互碰：两车或多车互碰。

有交强险：事故各方都有交强险（还未到期）。

只有车损：事故只导致各方车辆损失，没有发生人员伤亡和车外的财产损失。

不超2 000元：各方车损都不超过2 000元。

都有责任：交警裁定或事故各方自行协商确定为各方都有责任（同等或主次责任）。

各方同意：事故各方都同意采用"互碰自赔"。

特别注意：

不属于交强险赔偿范围的单方事故，任何一方损失金额超过2 000元的事故，以及不符合道路交通事故快速处理范围的，涉及人员伤亡或车外财产损失的事故，都不适用"互碰自赔"方式处理，要按一般的理赔方式处理。

应用案例 5 – 1

交强险互碰自赔与互碰互赔

【案例概况】

家在广州的吕先生近日开车到深圳出差，因为对道路不熟，在一个路口他想降低车速看看路牌上的指示，后方来车却太晚才注意到这个情况，刹车不及，轻微地撞上了吕先生车的尾部。双方在第一时间都向交警及各自的保险公司报了案，交警及保险公司的查勘员也很快赶到事故现场。交警判断在这起事故中，双方都有责任。因为双方都投保了交强险，且事故发生并不严重，维修费用不超过 2 000 元，且只有车辆损失，并未造成车上人员的受伤，因此建议双方采取互碰自赔的方法解决问题。由于双方都赶时间，经过与保险查勘员的交流，双方都同意这个提议，因此这起事件并没有涉及交强险互碰互赔而是以互碰自赔结束。

【案例解析】

从上述事例中我们不难发现，交强险互碰互赔和互碰自赔的最大区别，一个在于自己，一个则在于他人。交强险互碰互赔是指事故双方的损失由对方或者对方的保险公司进行赔付，比起互碰自赔，如果出现一方的车主要赖拒绝支付赔偿费用等情况，另一方的车主将会为理赔耗费巨大的时间及精力。如果只有物损且损失在 2 000 元以下，双方同意采用互碰自赔的方式解决问题，那么在提交了所需要的资料后，保险公司则可以快速地对发生事故的车主进行赔偿。

❀ 本章小结

本章我们从保险理赔的概念、意义、特点以及理赔的原则认识了汽车保险理赔。特别是汽车保险理赔的流程，详细介绍了报案的时效、方式、内容，保险人接受报案后的工作内容，以及立案后对事故定损的步骤、方法和原则。在赔偿理算方面，通过对交强险以及商业保险中的各个险种的分析，给出具体的计算公式和注意事项。在现场查勘的讲解中，从查勘的准备工作、对查勘员的要求、查勘注意事项、拍照要求和注意事项到现场报告单的填写等方面都做了详尽的介绍。

❀ 习题

一、选择题

1. 现场查勘内容主要包括车辆查验、人身损伤查勘和（　　）等。

    A. 调查取证　　　　B. 保护现场　　　　C. 现场照相　　　　D. 抢救伤员

2. 常用的定损方式为协商定损、公估定损、聘请专家定损。目前，在车险实务中通常采用的是（　　）。

    A. 协商定损　　　　B. 公估定损　　　　C. 聘请专家定损　　　D. 车辆购置价定损

3. 保险车辆出险后，定损核损的内容主要有车辆定损、其他财产损失的确定和残值处理等（　　　）。

    A. 财产损失费用的确定　　　　　　　　B. 人员伤亡费用的确定

    C. 施救费用的确定　　　　　　　　　　D. 事故处理费用的确定

4. 赔款理算是在对应险别项下，根据各项损失确认书确定的损失金额、残值扣除等内容计算赔款。条款约定有绝对免赔的，应予以（　　　）。

    A. 核定事故责任比例　　　　　　　　　B. 核定赔偿比例

    C. 核定免赔比例　　　　　　　　　　　D. 扣除

5. 核赔内容主要有审核单证、核定保险责任及（　　　）。

    A. 核定损失　　　　B. 赔偿比例　　　　C. 免赔比例　　　　D. 赔款

二、填空题

1. 现场查勘主要是对事故车辆的查验、_____、_____和人身损伤查勘等。

2. 现场照相一般应遵循以下原则：先拍原始，_____；先拍重点，_____；先拍容易的，后拍_____；先拍_____，后拍不宜消失与未被破坏的。

3. 为了准确、客观、无争议地完成保险赔付业务，保险公司的理赔工作应严格执行汽车理赔的有关规定，工作人员在查勘、_____、_____过程中，要做到_____查勘、_____定损、交叉复核。

4. 对于不符合保险合同条件的案件，如不在保险有效期、被保险人未按照约定交付保险费或_____，应在_____、立案登记簿上签注_____并向被保险人作出书面通知和必要的解释。

三、案例题

1. 张先生购买了一辆国产轿车，并在某保险公司购买了交强险和车辆损失险。由于这辆车的四个车轮都是国产的普通车轮，张先生觉得不够漂亮且对其质量和安全没有信心，于是就到汽车美容店给轿车更换了四个进口品牌车轮，价格是原来车轮的5倍，同时增加了许多其他装置。一番改装后，轿车显得与众不同，张先生甚是喜爱。但不久，该轿车发生了交通事故，轿车损坏严重，同时四个车轮坏了两个。

思考题：（1）本次事故损失保险公司会赔偿吗？两个撞坏的车轮保险公司会赔偿吗？

（2）汽车购置后的加装装置如何才能获得保险保障？

（3）此种加装装置的车辆出事故后，查勘重点是什么？

2. 甲车与乙车发生相撞事故，造成甲车、乙车受损，乙车驾驶员死亡。经认定，甲车被保险人承担事故主要责任，交警部门未明确划定事故赔偿比例。

甲车投保情况：

①强制保险情况：投保了机动车交通事故强制责任保险，其中，财产损失责任限额2 000元，医疗费用责任限额8 000元，死亡伤残责任限额50 000元。

②商业保险情况：投保了车辆损失险、第三者责任险，车辆损失险保额为100 000元，第三者责任险责任限额为50 000元。负事故主要责任时，免赔率为15%。

乙车投保情况：乙车只投保了交强险，其中，财产损失责任限额2 000元，医疗费用责任限额8 000元，死亡伤残责任限额50 000元。

事故损失情况及调解赔偿：

①乙车驾驶员医药费：12 000 元。

②死亡赔偿金：9 000 元/年×20 年 = 180 000 元。

③丧葬费：7 000 元。

④死者随身手机：3 000 元。

⑤被抚养人生活费：110 000 元。

⑥事故处理人员误工费：300 元。

⑦处理丧葬事宜的交通费：1 000 元。

⑧精神抚慰金：30 000 元。

⑨甲车损失 12 000 元。

⑩乙车损失 25 000 元。

思考题：甲、乙两车分别能获得多少保险赔款？

项目 6
汽车事故车辆损伤评定

项目 6

汽车事故车辆损伤评定

学习目标

1. 掌握汽车车身定损要求和方法。
2. 深入理解汽车发动机和底盘定损依据。
3. 能够具体分析汽车火灾、水灾、盗抢定损方法与细节。

学习要求

能力目标	知识要点	权重
掌握汽车车身定损要求和方法	汽车车身结构；汽车车身修复作业；汽车车身定损	30%
熟练掌握汽车发动机和底盘的定损方法	汽车发动机定损方法与步骤；汽车底盘定损方法与步骤	40%
掌握汽车盗抢损失的评估、电气空调系统定损方法，了解市政设施、道路设施、建筑物及农田庄稼定损	汽车盗抢损失的评估，电气空调系统定损，市政设施、道路设施、建筑物及农田庄稼定损注意事项	30%

引 例

王先生利用清明节假期开车去旅行，晚上将自己的爱车停于一无人值班的旅馆停车场，第二天起程时发现车子被撬，一台价值 8 000 余元的照相机和旅行袋被偷走，王先生马上给保险公司打了报案电话，要求保险公司赔偿照相机和旅行袋。那么王先生的索赔申请能得到保险公司的支持吗？如果王先生的索赔申请被拒绝，他又应该怎么办呢？这就涉及车辆损伤评定问题。

6.1 车身定损

车辆的车身，在碰撞、刮擦和倾翻等交通事故或意外事故中，是受损最严重的部分，其车身覆盖件及其他构件会发生局部变形，严重时车架或整体式车身也会发生变形，使其形状和位置关系不符合制造厂的技术规范，这不仅影响美观，还会影响到车身和汽车上其他总成的安装关系。要做好车身的定损和维修费用的评估工作，需要具有一定的车身维修经验，要求定损人员对车辆的构造，尤其是车身的结构和碰撞对车身的影响具有充分的认识，并且了解和熟悉车身修理的具体操作。

6.1.1 车身的基本结构

1. 车身结构

汽车车身结构从形式上来说，主要分为非承载式和承载式两种。

1）非承载式车身

非承载式车身的汽车有刚性车架，又称底盘大梁架。车身本体悬置于车架上，用弹性元件连接。车架的振动通过弹性元件传到车身上，大部分振动被减弱或消除，发生碰撞时车架能吸收大部分冲击能量，在不良路面上行驶时对车身起到保护作用，因此车厢变形小，平稳性和安全性好，而且厢内噪声低。但这种非承载式车身比较笨重，质量大，汽车质心高，高速行驶时稳定性较差。

2）承载式车身

承载式车身的汽车没有刚性车架，只是加强了车头、侧围、车尾和底板等部位，车身和底架共同组成了车身本体的刚性空间结构。这种承载式车身除了其固有的乘载功能外，还要直接承受各种负荷。这种形式的车身具有较大的抗弯曲和抗扭转刚度，质量小，高度低，汽车质心低，装配简单，高速行驶时稳定性较好。但由于道路负载会通过悬架装置直接传给车身本体，因此噪声和振动较大。

2. 车身构成

轿车普遍采用承载式车身结构，其车身主要由车身前部、车身底部、车身侧部、车身后部及其他相关附件组成，如图 6.1 所示。

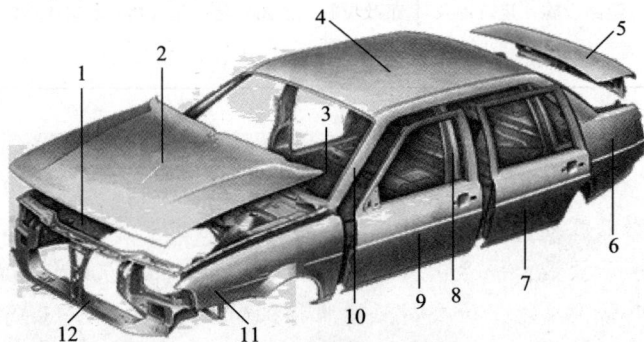

图 6.1 轿车车身构造

1—挡泥板和前纵梁；2—发动机罩；3—地板；4—顶盖；5—行李厢盖；6—后翼子板；7—后车门；
8—中柱 "B 柱"；9—前车门；10—前柱 "A 柱"；11—前翼子板；12—横梁

1）车身前部

车身前部主要由翼子板、前段纵梁、前围板及发动机罩等构件组成。大多数轿车的前部装有前悬架及转向装置和发动机总成，当汽车受到正向冲击时，依靠前车身来有效地吸收冲击能量。为此，前车身在构造上应确保有足够的强度、刚度。所以，一般将前悬架支撑座的断面制成箱形封闭式结构。

2）车身底部

车身底部是将车身前部后侧、客厢和行李厢底板连接在一起的构件。车身底部是中间车身的基础，而且汽车行驶中加给车身的载荷都是通过底部传递并加以扩散的。除选用高强度钢板冲压外，车身底部还配置了抗载能力强的车身纵梁和横梁。车身测量与维修用的基准孔反映在车身的横梁和纵梁上。

车身底部要求具有较高的刚度，用以支撑乘客和货物并连接后悬架和后轴，车身底部由数条横梁及两侧的纵梁构成刚度较高的承载浅盘形地板。为了适当吸收车辆碰撞时的部分冲击能量，防止发动机侵入驾驶舱，前纵梁和后纵梁都设计成向上弯曲的挠曲状。

3）车身侧部

车身侧部用以连接车身的底部、前部、后部和顶盖，并构成客厢的侧面。用前、中、后三根立柱和上下纵梁构成车门框，用以安装车门。由于车门面积的要求，车身侧面的刚性较弱。

4）车身后部

轿车后车身是用于放置物品的部分，可以说是中间车身侧体的延长部分。车身后部主要由后侧板、后挡泥板、衬板、行李厢盖或背门形成行李厢。与车身前部相比，车身后部只有面板，而没有骨架部分，所以其刚度比车身前部低得多。

后车身的主要载荷来自汽车后悬架，尤其是对于后轮驱动的车辆，驱动力通过车桥、悬架直接作用于后车身上。为确保后车身的强度，车身质量由中间车身径自向后延伸，到相当于后桥部位再形成拱形弯曲。这样既保证了后车身的刚度，又不至于使后桥与车身发生干涉。而且，当车身后部受到追尾碰撞时，还能瞬时吸收部分冲击能量，以其变形来实现对乘客室的有效保护。

上述四大构件焊接在一起构成了车身壳体，车身壳体内部一般设置隔音隔热和防振材料或涂层。车身除了这四大构件以外，还包括车身外部装饰件，主要有装饰条、车轮装饰罩、标志等。此外，散热器面罩、保险杠等也具有明显的装饰作用。

车身内部装饰件，包括仪表板、顶棚、侧壁内衬、车门内衬等。

车身附件，包括车门锁、门铰链、玻璃升降器、各种密封件、扶手及辅助车身电气元件。为增加行车安全性，现代汽车上还配备有安全带、安全气囊及座椅头枕等。

6.1.2　车身修复作业的主要内容

碰撞事故造成车身损坏的特点主要是骨架扭曲变形、断裂和板面的刮裂、凹陷、皱褶等。车身修复作业的主要内容有两大项，即钣金修复和喷涂修复。

1. 车身钣金修复作业的主要内容

车身钣金修复作业的主要内容包括鉴定、拆卸、修整与装配等。

1）鉴定

鉴定就是用尺子、样板或模具等对车身损伤部位进行检查，以确定损伤的性质和具体的修复方法。这项工作往往要与拆卸结合起来进行，否则无法准确鉴定完整的损伤情况。

2）拆卸

为便于车身的维修操作和彻底检验损伤，同时避免维修操作时对被拆卸件造成不必要的损伤，要对有关件进行拆卸。拆卸的原则是尽量避免零件的损伤和毁坏。连接件的拆卸方法除用扳手外，还可以根据实际情况采取钻孔、锯、錾、气割等。

3）修整

车身变形的修整作业内容和方法有很多，可根据不同形式的损伤采取不同的方法，具体有锤敲、撑拉、挖补、氧－乙炔焊、气体保护焊、手工电弧焊、电阻点焊、铝合金钎焊、等离子弧切割等。

4）装配

将经过修正的车身和局部附件以及需要更换的部件和拆卸件，按原车的要求进行总装。

2. 车身喷涂修复作业的主要内容

车身进行钣金整形后的工序就是喷涂工序，其工艺过程包括脱漆、表面预处理、涂料选择和调色、涂装工序。

1）脱漆

根据车身维修和车身旧漆的情况，需要部分或全部地除去车身上的旧漆，以保证涂装工艺的质量要求。常用的方法有火焰法、手工或机械法、化学脱漆剂等。

2）表面预处理

预处理的工序是去锈斑、除污垢，进行氧化处理、磷化处理、钝化处理等。去锈除污的目的是增加涂层和腻子与基体金属的附着力；氧化处理、磷化处理、钝化处理的目的是防锈，延长车身的使用寿命。

3）涂料选择和调色

根据原车面漆的质地与色号，选择涂料和调色。车身涂料除面漆外，还需要各种辅料，如底漆、腻子、稀释剂、清漆、固化剂、防潮剂、红灰、胶纸等。

4）涂装工序

涂装工序主要包括头道底漆的喷涂，刮涂腻子，喷涂二道底漆，用红灰填补砂眼、气孔，喷涂末道底漆，面漆喷涂，罩清漆，喷涂后处理。

头道底漆为防锈底漆，目的是防锈和增加腻子与基体金属的附着力。腻子至少要刮涂两三遍，并进行打磨。刮涂腻子的目的是将修整时留下的不平找平，整形效果越好，腻子的使用量越小。

6.1.3 车身定损分析

1. 碰撞对不同车身结构的影响

汽车车身既要经受行驶中的振动，还要在碰撞时能给乘客提供安全。因而，现代汽车的车身被设计成在碰撞时能最大限度地吸收能量，以减少对乘客的伤害。乘用车碰撞时，前部、后部形成吸收能量的结构，使中部形成一个相对安全的区域。假如汽车以 48 km/h 的速度碰撞坚固障碍物，发动机室的长度会被压缩30%～40%，但乘客室的长度仅被压缩1%～2%。轿车的碰撞变形区域如图6.2所示。

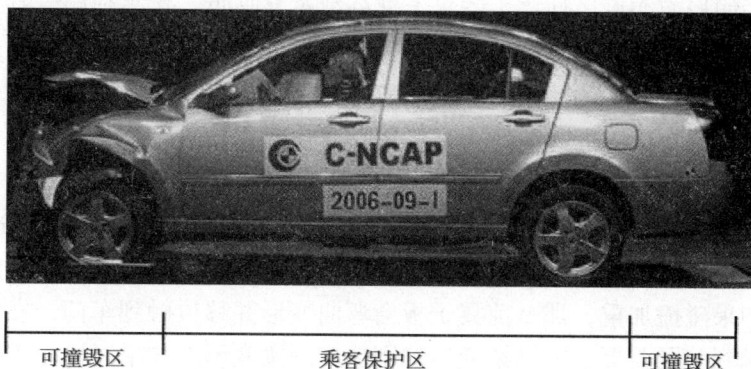

图6.2　轿车的碰撞变形区域

非承载式车身被碰撞后，可能是车架损伤，也可能是车身损伤，或车架、车身都损伤，车架、车身都损伤时可通过更换车架来实现车轮定位及主要总成定位。然而，承载式车身被碰撞后通常会造成车身结构件的损伤。通常非承载式车身的修理只需满足形状要求，而承载式车身的修理既要满足形状要求，又要满足车轮定位及主要总成定位的要求。所以碰撞对不同车身结构的汽车影响不同，从而造成修理工艺和方法的不同，最终造成修理费用的差距。

1）碰撞造成的非承载式车身变形种类

（1）左右弯曲。侧面碰撞会引起车架左右弯曲或一侧弯曲。左右弯曲通常发生在汽车前部或后部，一般可通过观察钢梁内侧及对应钢梁外侧是否有皱曲来确定。通过发动机盖、行李厢盖及车门缝隙、错位等情况也能够辨别出左右弯曲变形。

（2）上下弯曲。汽车碰撞产生弯曲变形后，车身外壳会比正常位置高或低，结构上存在前、后倾现象。上下弯曲一般由来自前方或后方的直接碰撞引起，可能发生在汽车一侧也可能是两侧。判别上下弯曲变形时，可查看翼子板与门之间的上下缝隙，是否顶部变窄下部变宽；也可查看车门在撞击后是否下垂。

（3）皱折与断裂损伤。汽车碰撞后，车架或车上某些零部件的尺寸会与厂家提供的技术资料不相符，断裂损伤通常表现在发动机罩盖前移和侧移，行李厢盖后移和侧移。有时看上去车门与周围吻合很好，但车架却已产生皱折或断裂损伤，这是非承载式结构不同于承载式结构的特点之一。皱折或断裂通常发生在应力集中的部位，而且车架通常还会在对应的翼子板处造成向上变形。

（4）平行四边形变形。汽车一角受到来自前方或后方的撞击力时，其一侧车架向后或向前移动，引起车架错位，使其成为一个接近平行四边形的形状。平行四边形变形会对整个车架产生影响，目测可见发动机舱盖及行李厢盖错位，通常平行四边形变形还会带来许多断裂及弯曲变形的组合损伤。

（5）扭曲变形。当汽车高速撞击到与车架高度相近的障碍物时，会发生扭曲变形。另外，尾部受侧向撞击时也会发生这种变形。受此损伤后，汽车一角会比正常时高，而相反一侧会比正常时低。

2）不同碰撞部位对承载式车身的影响

承载式车身通常被设计成能很好地吸收碰撞时产生的能量。这样一来，受到撞击时，车身由于吸收撞击能量而变形，使撞击能量大部分被车身吸收。在受到碰撞时，车身能按照设计要求形成折曲，这样传到车身的振动波在传送时就被大大减小。即，来自前方的碰撞应力被前部车身吸收；来自后方的碰撞应力被后部车身吸收；来自前侧方的碰撞应力被前翼子板及前部纵梁吸收；来自中部的碰撞应力被边梁、立柱和车门吸收；来自后侧方的碰撞应力被后翼子板及后部纵梁吸收。

（1）前端碰撞。主动碰撞会导致前端致损，碰撞力取决于汽车质量、速度、碰撞范围及碰撞源。碰撞较轻时，保险杠会被向后推，前纵梁及内轮壳、前翼子板、前横梁及散热器框架会变形；如果碰撞加重，那么前翼子板会弯曲变形并移位触到车门，发动机盖铰链会向上弯曲并移位触到前围盖板，前纵梁变形加剧造成副梁变形；如果碰撞程度更剧烈，前立柱将会产生变形，车门开关困难，甚至造成车门变形；如果前面的碰撞从侧向而来，由于前横梁的作用，前纵梁就会产生变形。前端碰撞常伴随着前部灯具及护栅破碎，冷凝器、散热器及发动机附件损伤，车轮移位等。

（2）后端碰撞。汽车因后端正面碰撞造成损伤时，往往是被动碰撞所致，碰撞冲击力主要取决于撞击物的质量、速度，被碰撞的部位、角度及范围。如果碰撞较轻，通常后保险杠、行李厢后围板、行李厢底板可能压缩弯曲变形；如果碰撞较重，C柱下部前移，C柱上端与车顶接合处会产生折曲，后门开关困难，后风窗玻璃与C柱分离，甚至破碎；碰撞更严重时会造成B柱下端前移，在车顶B柱处产生凹陷变形。后端碰撞常伴随着后部灯具等的破碎。

（3）侧面碰撞。在确定汽车侧面碰撞时，分析其结构尤为重要。一般来说，对于严重的碰撞，车门A柱、B柱、C柱以及车身地板都会变形。当汽车遭受的侧向力较大时，惯性作用会使另一侧车身变形。当前后翼子板中部遭受严重碰撞时，还会造成前后悬架的损伤；前翼子板中后部遭受严重碰撞时，还会造成转向系统中横拉杆、方向机齿轮齿条的损伤。

（4）底部碰撞。底部碰撞通常为因路面凹凸不平、路面上有异物等造成车身底部与路面或异物发生碰撞，致使汽车底部零部件、车身底板损伤。常见损伤有前横梁、发动机下护板、发动机油底壳、变速器油底壳、悬架下托臂、副梁及后桥、车身底板等的损伤。

（5）顶部碰撞。汽车单独的顶部受损多为空中坠落物所致，以顶部面板及骨架变形为主。汽车倾覆是造成顶部受损的常见现象，受损时常伴随着车身立柱、翼子板和车门变形，车窗破碎。

2. 车身碰撞损伤的目测

大多数情况下，碰撞部位能显示结构变形或断裂迹象。肉眼检查时，可后退几步，对汽车进行总体观察。从碰撞位置估计受撞范围大小及方向，并判断碰撞是如何扩散的。先从总体上查看汽车上是否有扭转、弯曲变形，再查看整个汽车，设法确定损伤位置及所有损伤是否都由同一事故引起。碰撞力沿车身扩散，并使许多部位变形，碰撞力具有穿过车身坚固部位最终抵达并损坏薄弱部件，扩散并深入至车身部件内的特性。为了查找汽车损伤，必须沿碰撞力扩散的路径查找车身薄弱部位。沿碰撞力扩散方向逐处检查，确认是否有损伤和损伤程度。具体可从以下几方面加以识别：

1）钣金件截面变形

碰撞所造成的钣金件截面变形与钣金件本身设计的结构变形不一样，钣金件本身设计的结构变形处表面油漆完好无损，而碰撞所造成的钣金件截面变形处油漆起皮、开裂。车身设计时，要使碰撞产生的能量能按既定路径传递，到指定地方吸收。

2）零部件支架断裂、脱落及遗失

发动机支架、变速器支架、发动机各附件支架是碰撞应力的吸收处，各支架在设计时均有保护重要零部件免受损伤的功能。在碰撞事故中常有各支架断裂、脱落及遗失的现象出现。

3）检查车身各部位的间隙和配合

车门是以铰链形式装在车身立柱上的，立柱变形会造成车门与车门、车门与立柱间隙不均匀。可通过简单地开关车门，查看车门锁与锁扣的配合，从锁与锁扣的配合可判断车门是否下沉，从而判断立柱是否变形，也可通过查看铰链的灵活程度判断立柱及车门铰链处是否有变形。在汽车前端碰撞事故中，检查后车门与后翼子板、门槛、车顶侧板的间隙，并做左右对比是判断碰撞应力扩散范围的主要手段。

4）检查汽车本身的惯性损伤

汽车碰撞时，一些质量较大的部件（如装配在橡胶支座上的发动机及离合器总成等）在惯性力作用下会造成固定件（橡胶垫、支架等）及周围部件和钢板的移位、断裂等，应进行检查。对于承载式车身，还需查看车身与发动机及底盘的结合部是否有变形。

5）检查来自乘客及行李的损伤

由于惯性力的作用，乘客和行李在碰撞中会引起车身二次损伤，损伤程度因乘客位置及碰撞力度而异，较常见的是转向盘、仪表工作台、方向柱护板及座椅等损坏。行李碰撞是造成行李厢中部分设备（如 CD 机、音频功率放大器等）损伤的主要原因。

3. 车身零部件定损分析

在保证汽车修理质量的前提下，"用最小的维修成本完成汽车受损部位的修复工作"是定损事故汽车的基本原则。但是，中国地域广阔，各地经济发展不平衡，体现在汽车维修领域，就是各地的工时费标准不相等。在工时费较低的甲地可以修复的某个具体零部件，拿到工时费较高的乙地可能就没有必要修复了。因此，在损失评估中，确定受损零件修与换的标准是一个难题。下面以轿车普遍采用的承载式车身为例说明常见碰撞损伤后的定损。

1）结构钣金件的定损

面对碰撞受损的承载式车身，经常会遇到弯曲、折曲的概念。所谓弯曲变形，就是指损伤部位与非损伤部位的过渡平滑、连续，通过拉拔矫正可使其恢复到事故前的形状，而不会留下永久的塑性变形。所谓折曲变形，就是指弯曲变形剧烈，曲率半径小于 3 mm，通常在很短长度上弯曲可达90°以上；矫正后，零件上仍有明显的裂纹或开裂，或者出现永久变形带，不经加热处理不能恢复到事故前的形状。

一般来说，如果承载式车身结构钣金件发生的只是弯曲变形，只需维修；如果发生了折曲变形，则需视情况维修或更换。

当决定更换结构钣金件时，应完全遵照制造厂的建议，这一点非常重要。当需要切割或分割钣金件时，厂方的工艺要求必须遵守，一些制造厂不允许反复分割结构钣金件；另一些制造厂规定只有在遵循厂定工艺时才允许分割。所有制造厂家都强调，不要割断可能降低乘客安全性的区域、降低汽车性能的区域或者影响关键尺寸的地方。然而，国内多数汽车修理企业没有做到完全按照制造厂工艺要求更换车身结构件。所以，应该采用"弯曲变形就修，折曲变形可以换"的基本原则，而不是"必须更换"，以避免产生更大的车身损伤。特别是高强度钢，在任何条件下都不能用加热法来矫正。凡属于不通过破坏性切割作业就无法将相关结构件从车体上取下来的，都属于结构钣金件。如前机舱的前焊接件、左右纵梁、前挡板和副车架，车身下底板的前、中、后三块钣金件，汽车后厢的底板、悬架支撑，左右侧边梁的 A 柱、B 柱、C 柱和上下边梁等。

2）非结构钣金件的定损

非结构钣金件又称覆盖钣金件，承载式车身的覆盖钣金件通常包括可拆卸的前翼子板、车门、发动机盖和行李厢盖以及不可拆卸的后翼子板、车顶等。

（1）发动机盖及附件。轿车发动机盖绝大多数采用冷轧钢板冲压而成，少数高档轿车采用铝板冲压而成。冷轧钢板在遭受撞击后常见的损伤有变形、破损，铁质发动机盖是否需更换主要依据变形的冷作硬化程度和基本几何形状，冷作硬化程度较小、几何形状较好的发动机盖常采用钣金修理法修复，反之则更换。铝质发动机盖通常产生较大的塑性变形就需更换。

发动机盖锁遭受碰撞变形、破损，以更换为主。发动机盖铰链碰撞后会变形，以更换为主。发动机盖撑杆有铁质撑杆和液压撑杆两种，铁质撑杆基本上可校正修复，液压撑杆撞击变形后以更换为主。发动机盖拉线在轻度碰撞后一般不会损坏，碰撞严重会造成折断，应更换。

（2）行李厢盖。行李厢盖大多用两个冲压成形的冷轧钢板经翻边制成。判断其是否碰撞损伤变形，应看是否要将两层分开修理。如无须分开，则不应考虑更换。若需分开整形修理，应首先考虑工时费与辅料费之和与其价值的关系，如果工时费加辅料费接近或超过其价值，则不应考虑修理；反之，应考虑修复。行李厢工具盒在碰撞中经常破损，评估时不要遗漏。后轮罩内饰、左侧内饰板、右侧内饰板等在碰撞中一般不会损坏。

（3）前翼子板。前翼子板的损伤程度没有达到必须将其从车上拆下来才能修复的状况时，如整体形状还在，只是中间局部凹陷，一般不考虑更换。损伤程度达到必须将其从车上拆下来才能修复，并且前翼子板的材料价格低廉、供应流畅，材料价格达到或接近整形修复的工时费时，应考虑更换。

如果前翼子板每米长度超过3个折曲、破裂变形，或已无基准形状，应考虑更换（一般来说，当每米折曲、破裂变形超过3个时，整形和热处理后很难恢复其尺寸）；如果每米长度不足3个折曲、破裂变形，且基准形状还在，应考虑整形修复；如果修复工时费明显小于更换费用，应考虑以修理为主。

前翼子板的附件有饰条、砾石板等。饰条损伤后以更换为主，即使未被撞击，也常因整形翼子板需拆卸饰条，拆下后就必须更换；砾石板因价格较低，撞击破损后一般更换即可。

（4）车门。如果门框产生塑性变形，一般无法修复，应考虑更换。许多车的车门面板是作为单独零件供应的，损坏后可单独更换，而不必更换总成。其他同前翼子板。

车门防擦饰条碰撞变形后应更换，车门变形后，需将防擦饰条拆下整形。多数防擦饰条为自干胶式，拆下后重新粘贴上不牢固，用其他胶粘贴又影响美观，故应更换。门框产生塑性变形后，一般不容易整修，应考虑更换。门锁及锁芯在严重撞击后会产生损坏，一般以更换为主。玻璃升降机是碰撞中经常损坏的部件，玻璃导轨、玻璃托架也是经常损坏的部件，碰撞变形后一般要更换。

（5）后搁板及饰件。碰撞后基本上都能整形修复，严重时应更换。后搁板面板用毛毡制成，一般不用更换。后墙盖板也很少破损，如果损坏应以更换为主。高位制动灯的损坏按前照灯方法处理。

（6）后围及铭牌。后围的处理按处理发动机盖的方法进行。铭牌损伤后以更换为主。

（7）不可拆卸件。三厢车后翼子板属于不可拆卸件，更换它需从车身上将其切割下来，而国内绝大多数汽车维修厂在切割和焊接方面满足不了制造厂提出的工艺要求，从而造成车身新的损伤。所以，后翼子板只要有修理的可能都应修复，而不应和前翼子板一样存在值不值得修理的问题。

（8）后视镜。后视镜镜体破损以更换为主，对于镜片破损，有些高档轿车的镜片可单独供应，可以通过更换镜片修复。

3）塑料件的定损

目前，基于降低车身自重的考虑，在塑料工业日益发展的条件下，车身各种零部件越来越多地使用了各种塑料，特别是在车身前端（包括保险杠、格栅、挡泥板、防碎石板、仪表工作台、仪表板等）。塑料在汽车上的推广和运用，产生了修理碰伤的新课题。许多损坏的塑料件都可修复而不用更换，特别是不必从车上拆下零件，如划痕、擦伤、撕裂和刺穿等。此外，由于某些零件不一定有现货供应，修理往往可迅速进行，从而缩短了修理工期。

塑料件定损时，应考虑以下几个方面的因素：对于燃油箱及要求严格的安全结构件，必须考虑更换；整体破碎以更换为主；价值较低、更换方便的零件应以更换为主；应力集中部位应以更换为主；基础零件，并且尺寸较大，受损以划痕、撕裂、擦伤或穿孔为主，这些零件拆装麻烦、更换成本高或无现货供应，应以修理为主；表面无漆面的，不能使用氰基丙烯酸酯黏结法修理的，且表面粗糙度要求较高的塑料零件，由于修理处会留下明显的痕迹，一般应考虑更换。

（1）前、后保险杠及附件。保险杠主要起装饰及初步吸收碰撞能量的作用，大多用塑料制成。对于用热塑性塑料制成、价格昂贵、表面烤漆的保险杠，如破损不多，可焊接。保险杠饰条破损后基本以更换为主。保险杠使用内衬的多为中高档轿车，常为泡沫制成，一般可重复使用。对于铁质保险杠骨架，轻度碰撞常采用钣金修复，价值较低的中度以上的碰撞常采用更换的方法修复。铝合金的保险杠骨架修复难度较大，中度以上的碰撞多以更换为主。保险杠支架多为铁质，一般价格较低，轻度碰撞常用钣金修复，中度以上碰撞多为更换。保险杠灯多为转向信号灯和雾灯，表面破损后多更换，对于价格较高的雾灯，且只损坏少数支撑部位的，常用焊接和黏结修理的方法修复。

（2）前护栅及附件。前护栅及附件由饰条、铭牌等组成，破损后多以更换为主。

4）玻璃制品的定损

目前，汽车上的玻璃制品越来越多，如前后风窗、车窗、天窗、后视镜和灯具等。

（1）前、后风窗玻璃及附件。风窗玻璃因撞击而损坏时基本以更换为主。前风窗玻璃胶条有密封式和粘贴式，密封式无须胶条，粘贴式必须同时更换。粘贴在前风窗玻璃上的内视镜，破损后一般以更换为主。需要注意的是，后风窗玻璃为带加热除霜的钢化玻璃，价格可能较高。有些汽车的前风窗玻璃带有自动灯光和自动刮水器功能，价格也会偏高。

（2）天窗玻璃。天窗玻璃破碎时，一般需要更换。

（3）前照灯及角灯。现代汽车灯具的表面多由聚碳酸酯（PC）或玻璃制成。常见损坏形式为调节螺钉损坏，需更换，并重新校光。表面用玻璃制成的，破损后如有玻璃灯片供应，可考虑更换玻璃灯片；若为整体式结构，只能更换；若只有划痕，可以考虑通过抛光去除划痕；对于氙气前照灯，更换前照灯时需要注意，氙气发生器无须更换；价格昂贵的前照灯，只是支撑部位局部破损的，可采用塑料焊接法修复。

（4）尾灯。尾灯的损坏按照处理前照灯的方法处理。

4. 车身内外装饰的检测认定

1）仪表板及中央操纵饰件

仪表板因正面或侧面撞击常造成整体变形、皱折和固定爪破损。整体变形在弹性限度内，待骨架校正后重新装回即可。皱折影响美观，对美观要求较高的新车或高级车最好更换。因仪表板价格较贵，老旧车型更换意义不大。少数固定爪破损常以焊修为主，多数固定爪破损以更换为主。

左右出风口常在侧面撞击时破碎，右出风口常因二次碰撞被前排乘客右手支撑时压坏。

左右饰框常在侧面碰撞时破损，严重的正面碰撞会造成支爪断裂，均以更换为主。

杂物箱常因二次碰撞被前排乘客膝盖撞破，一般以更换为主。

严重的碰撞会造成车身底板变形，车身底板变形后会造成过道罩破裂，以更换为主。

2）前座椅及附件、安全带

座椅及附件因撞击造成的损伤常为骨架、导轨变形和棘轮、齿轮根切等。骨架、导轨变形常可以校正，棘轮、齿轮根切通常必须更换棘轮、齿轮机构，许多车型因购买不到棘轮、齿轮机构常需更换座椅总成。

大多数安全带在中度以下碰撞后还能使用，但必须严格检验。前部严重碰撞的安全带，收紧器处会变形，从安全角度考虑，建议更换。中高档轿车上安装有安全带自动收紧装置，收紧器上拉力传感器感应到严重的正面撞击后，电控自动收紧装置会点火，引爆收紧装置，从而达到快速收紧安全带的作用，但安全带自动收紧装置必须更换。

3）A柱及饰件、前围、暖风系统、集雨栅等

A柱因碰撞产生的损伤多以整形修复为主。由于A柱为结构钢，当产生折弯变形时，以更换外片、整形整体为主要修复方式。A柱有上下内饰板，破损后一般以更换为主。前围多为结构件，按整修与更换原则执行，A柱内饰板因撞击破损以更换为主。较严重的碰撞常会造成暖风机壳体、进气罩的破碎，以更换为主，暖风散热器、鼓风机一般在碰撞中不会损坏。集雨栅多为塑料件，通常价格较低，因撞击常造成破损，以更换为主。

4）侧车身、B柱及饰件、门槛及饰条等

B柱的整修与更换同A柱。车身侧面内饰的破损以更换为主。一般碰撞造成的边梁变形以整形修复为主。边梁保护膜是评估中经常遗漏的项目，只要边梁需要整形，边梁保护膜就要更换。门槛及饰条破损后一般以更换为主。

5）车身地板

车身地板常因撞击造成变形，以整修方式修复，对于整修无法修复的车身地板，基于现有修理能力，建议考虑更换车身总成。

6）车顶及内外饰件

严重的碰撞和倾覆会造成车顶损伤。车顶损坏时，只要能修复，原则上不予更换。内饰的修复与车门内饰修复方法相同。落水槽饰条为铝合金外表烤漆，损伤后一般应予更换。

特别提示

车辆事故碰撞类型

按照碰撞方向和事故所导致的后果，可将车辆事故分为正面碰撞、侧面碰撞、尾部碰撞和翻车等几种类型。下面介绍几个常见的车辆事故碰撞类型。

1. 两车正面碰撞

主要受损部位为保险杠面罩及保险杠、格栅、两侧前照灯、空调电磁扇、空调冷凝器、发动机水箱及其支架等，严重时损坏部位会扩大至发动机舱盖、翼子板、纵梁、前悬架机构，甚至导致气囊膨开。

2. 两车正面－侧碰撞

主要受损部位为保险杠面罩及保险杠、格栅、一侧前照灯、一侧翼子板。严重时损坏部位会扩大到空调冷凝器、发动机水箱及其支架、发动机舱盖、一侧纵梁、一侧悬架机构、一侧气囊膨开。

3. 两车正面－侧刮碰

两车均为正面－侧面受损，一侧的后视镜、前后门、前后翼子板刮伤，严重时前挡风玻璃破碎和框架变形，一侧包角、前门立柱、前照灯等损坏。

4. 斜角侧面碰撞发动机舱位置

一车为侧面碰撞受损，另一车为前部碰撞受损。侧面受损车辆主要表现在一侧前翼子板、前悬架机构、侧面转向灯等损坏，严重时一侧前翼子板报废，发动机舱盖翘曲变形、前门立柱变形、发动机移位等。前部受损车辆表现在前保险杠面罩及转角部、前翼子板、一侧前照灯等损坏，严重时一侧翼子板将严重损坏，并会导致一侧前悬架、轮胎、空调冷凝器、干燥器、高压管、发动机水箱及其支架等部件受损，气囊膨开，发动机舱盖变形。

5. 两车斜角侧面碰撞前门位置

A车为侧面碰撞受损，B车为前部碰撞受损，A车前门、前柱、中柱、后门轻微变形，门窗玻璃破损，严重时损坏程度会扩大至仪表板、门槛板、车顶板、一侧翼子板和一侧前悬架机构。B车前保险杠面罩及转角部、前翼子板、一侧前照灯等损坏，严重时损坏范围会扩大至空调冷凝器、干燥器、发动机水箱及其支架、高压管、发动机舱盖等部件，气囊膨开。

6. 两车斜角侧面碰撞后门位置

A车为侧面碰撞受损，B车为前部碰撞受损。A车后门、中柱变形，门窗玻璃破损，严重时前后门不能开启，后侧围变形，前后门框、门槛板变形等。B车前保险杠面罩及转角部、前翼子板、一侧前照灯等损坏，严重时损坏范围会扩大至一侧前悬架、一侧翼子板、空调冷凝器、干燥器、高压管、发动机水箱及其支架、发动机舱盖等部件，气囊膨开。

7. 两车斜角侧面碰撞行李厢位置

一车为侧面碰撞受损，一车为前部碰撞受损。侧面碰撞车辆后侧围变形，严重时后侧围板严重损坏，后门框、后窗框、后柱、后轮及后悬架等部件受损，行李厢盖变形等。前部碰撞车辆前保险杠面罩及转角部、前翼子板、一侧前照灯等损坏，严重时一侧前悬架和一侧翼子板严重损坏，空调冷凝器、干燥器、高压管、发动机水箱及其支架、发动机舱盖等部件受损，气囊膨开。

8. 两车垂直角度碰撞

一车是侧面受损，一车是正面受损。侧面受损车辆中柱呈凹陷变形，前后车门框及门槛板变形，前后车门翘曲变形，严重时损坏会扩大至车底板、车顶板甚至车身整体变形、轴距缩短、门窗玻璃破碎等。正面受损车辆保险杠面罩及保险杠、格栅、两侧前照灯损坏等，严重时损坏范围会扩大至发动机水箱及其支架、空调冷凝器、高压管、发动机舱盖、翼子板、纵梁等，甚至发动机后移，气囊膨开。

9. 两车正面追尾碰撞

A车为后部碰撞受损，B车为前部碰撞受损。A车后保险杠面罩及保险杠、后车身板、行李厢盖等变形，两侧尾灯损坏，严重时会导致两侧围板、行李厢底板、后悬架机构位置变形等。B车保险杠面罩及保险杠、格栅、两侧前照灯损坏等，严重时会导致发动机水箱及其支架、空调冷凝器和相关部件损坏，发动机舱盖、翼子板变形，发动机后移，纵梁损坏等。

10. 两车正面–侧追尾碰撞

一车是尾部一侧受损，一车是前部一侧受损。尾部碰撞车辆尾部一侧保险杠面罩及保险杠、一侧尾灯、侧围板变形，严重时损坏范围会扩大至行李厢盖、行李厢底板等。前部碰撞车辆保险杠面罩及保险杠、格栅、一侧前照灯、翼子板损坏，严重时会导致水箱及其支架、空调冷凝器、发动机舱盖、一侧翼子板和悬架机构损坏，甚至一侧气囊膨开。

11. 翻车，汽车顶部全面触地

易造成车身整体变形，局部严重损坏。顶板横梁、纵梁变形，顶板塌陷，车身前柱、中柱、后柱均会变形，翻滚过程中可能会造成车身侧面损坏，如车门、翼子板、后侧围板等，严重时会使整体车身变形。

12. 汽车正面与面积较大的物体碰撞

碰撞面积较大，损坏程度相对小一些，保险杠面罩及保险杠、格栅、两侧翼子板轻微变形，严重时两侧翼子板会严重变形，前照灯、空调冷凝器、发动机水箱及其支架、发动机舱盖甚至车门、风挡玻璃、纵梁会损坏，气囊会膨开。

13. 汽车正面与面积较小的物体碰撞

碰撞面积较小，损坏程度相对大一些，保险杠面罩及保险杠、格栅、空调冷凝器、发动机水箱及其支架、发动机舱盖损坏，严重时两侧翼子板严重变形，前悬架机构，甚至扩大到后悬架机构受损。

除上述情况外，以下几种因素对事故车的损坏程度影响较大：

（1）事故车辆的结构、大小、形状和质量。

（2）被撞物体的大小、形状、刚度和速度。

（3）发生碰撞时的车辆速度。

（4）碰撞的位置和角度。

（5）事故车辆中的乘客或货物的质量和分布情况。

❀ 6.2 发动机、底盘定损

6.2.1 发动机定损分析

汽车发生一般事故时，大多不会使发动机受到损伤，只有比较严重的碰撞、发动机进水、发动机托底时，才可能导致其损坏。

1. 发动机及附件碰撞损坏认定及修复

1）发动机附件

发动机附件因撞击破损和变形时以更换为主。油底壳轻度变形一般无须修理，放油螺塞处碰伤至中度以上的变形以更换为主。发动机支架及胶垫因撞击变形、破损以更换为主。进气系统因撞击破损和变形以更换为主。排气系统中最常见的撞击损伤形式为发动机移位造成的排气管变形。由于排气管长期在高温下工作，氧化严重，通常无法整修。消声器吊耳因变形超过弹性极限而破损，也是常见的损坏现象，应更换。

2）散热器及附件

铝合金散热器修与换的掌握，与汽车的档次相关。由于中低档车的散热器价格较低，中度以上损伤一般可更换；高档车的散热器价格较高，中度以下损伤常可采用氩弧焊修复。但水室破损后，一般需更换，而水室在遭受撞击后最易破损。水管破损应更换。水泵带轮变形后通常以更换为主。风扇护罩轻度变形一般以整形校正为主，严重变形需更换。主动风扇与从动风扇的损坏常为叶片破碎，由于扇叶做成了不可拆卸式，破碎后需要更换总成。风扇传动带在碰撞后一般不会损坏，因正常使用也会磨损，拆下后如需更换，应确定是否是碰撞所致。

3）散热器框架

根据"弯曲变形整修，折曲变形更换"的基本维修原则，考虑到散热器框架形状复杂，轻度变形时可以钣金修复，中度以上的变形往往不易修复，只能更换。

4）铸造基础件

发动机缸体大多是用球墨铸铁或铝合金铸造的，受到冲击载荷时，常常会造成固定支脚的断裂，而球墨铸铁或铝合金铸件都是可以焊接的，故对发动机缸体的断裂是可以进行焊接的。当然，不论是球墨铸铁还是铝合金铸件，焊接都会造成其变形。这种变形通常用肉眼看不出来，但由于焊接部位附近对形状尺寸要求较高，如在发动机气缸壁附近产生断裂，用焊接的方法修复常常是行不通的，一般应考虑更换。

2. 发动机托底的分析

1）发动机托底的形成原因

汽车发动机在以下几种情况下易托底：

（1）通过性能较差的汽车通过坑洼路段时，可能会因颠簸而使位于较低部位的发动机油底壳与路面相接触，从而导致发动机托底。

（2）汽车在坑洼程度并不严重的路段行驶，由于速度偏高，遇到坑洼时上下颠簸厉害，也可能导致发动机托底。

（3）汽车在路面状况良好的路段行驶，没有察觉前车坠落的石块，有可能导致发动机托底。

（4）汽车不慎驶入路坡等处时，被石头垫起，造成托底。

2）发动机托底后的损坏范围

发动机托底后，往往会对机件造成一些损失，这些损失可以划分为直接损失和间接损失。

（1）直接损失。发动机托底后，会造成油底壳凹陷，如果程度较重，还可能使壳体破损，导致机油泄漏；如果程度严重，甚至会导致油底壳里面的机件变形、损坏，无法工作。

（2）间接损失。发动机托底后，如果驾驶员没有及时熄火，油底壳内的机油将会大量泄漏，导致机油泵无油可泵，使发动机的曲轴轴瓦、连杆轴瓦得不到机油的充分润滑和冷却，轴瓦很快从干磨到烧蚀，然后与曲轴、活塞抱死。另外，由于机油压力的降低，发动机的凸轮轴、活塞和气缸缸筒会因缺油而磨损。

3）非保险责任的发动机损坏

由于发动机保养不当，可能会造成机油减少、油道堵塞和连杆螺栓松动等现象。这样，在运转过程中，连杆轴瓦就会烧蚀、磨损，增大了连杆瓦座间的冲击力，最后将连杆螺栓冲断或造成螺母脱落，瓦盖与连杆脱开，其固定作用消失。这样一来，当活塞下行时，连杆冲向缸体，造成捣缸。发动机的这种损坏情况不属于保险责任，查勘定损人员必须严格掌握。如保户有异议，可以要求保存损坏的发动机零件及油底壳中的残留物，以供分析原因之用。

个别汽车发动机在捣缸时，连杆瓦座及瓦盖脱开的瞬间，向下的冲击作用会将瓦盖击向油底壳，将油底壳打漏造成机油泄漏，油底壳破损处向外翻起。这种损坏情况，如不仔细观察，会感觉与发动机托底的事故非常相似，区别就在于破损处内凹或外翻，凡属于托底的故障，破损处一定内凹。处理此类问题时，要通过仔细分析找出损坏原因，来确定是否属于保险责任，同时也可以有力地说服保户。

3. 发动机进水后的损坏分析

四冲程工作循环的发动机，包括进气行程、压缩行程、做功行程和排气行程。当处于进气行程时，进气门打开、排气门关闭，活塞在外力作用下下行，缸内形成真空，燃油和空气的混合气被吸入气缸，活塞位于下止点附近时，进气行程基本结束。当处于压缩行程时，进气门、排气门均关闭，活塞在外力作用下上行，压缩进入气缸的混合气，使其压力和温度均提高，做好点火燃烧的准备，当活塞位于上止点附近时，压缩行程基本结束。当混合气被点燃（汽油发动机）或压燃（柴油发动机）以后，做功行程开始，活塞被爆炸燃烧的燃气驱动着下行，对外输出功率，此时进气门、排气门仍关闭。当做功行程结束时，排气门打开，活塞上行，排出燃烧后产生的废气，当活塞到达上止点附近时，排气行程结束，进气门打开、排气门关闭，发动机的工作进入下一个循环。

如果汽车进了水，水就有可能通过进气门进入气缸。由于发动机气缸内已经进了水，在发动机的压缩冲程，活塞在上行压缩时，所遇到的不再只是混合气，还有水。由于水是不可压缩的，那么曲轴和连杆所承受的负荷就要极大地增加，有可能造成弯曲，在随后的持续运转过程中就有可能导致进一步的弯曲、断裂，甚至捣坏气缸。

需要说明的是，同样是动态条件下的损坏，由于发动机的结构不同、转速高低不同、车速快慢不等、发动机进气管口安装位置不一、吸入水量多少不一样等，所造成的损坏程度自然也就有所不同。例如，对于柴油发动机来说，由于其压缩比大，发动机在压缩冲程结束时的气缸压力要比汽油发动机高，一旦进了水，所造成的危害也要比汽油发动机大得多。

如果发动机在较高转速条件下直接吸入了水，完全有可能导致连杆折断、活塞破碎、气门弯曲及缸体被严重捣坏等故障。有时发动机因进水导致自然熄火，机件经清洗后可以继续使用，但个别汽车经一段时间的使用后，造成连杆折断捣坏缸体，这是因为当时的进水导致了连杆的轻微弯曲，为日后的故障留下了隐患。

6.2.2 底盘定损分析

1. 机械零部件的定损

1）铸造基础件

变速器、主减速器和差速器的壳体往往用球墨铸铁或铝合金铸造，受到冲击载荷时，常常会造成固定支脚的断裂，而球墨铸铁或铝合金铸件都是可以焊接的。

变速器、主减速和差速器的壳体断裂可以焊接，但焊接会造成壳体的变形。这种变形虽然用肉眼看不出来，但会影响尺寸精度，若在变速器、主减速器和差速器等的轴承座附近产生断裂，用焊接的方法修复常常是行不通的，一般应考虑更换。

2）悬架系统和转向系统零件

对于非承载式车身来说，车轮定位正确与否的前提是正确的车架形状和尺寸。对于承载式车身来说，正确的车轮定位前提是正确的车身定位尺寸。车身定位尺寸的允许偏差一般为 1～3 mm。

悬架系统中的任何零件都不允许用校正法修理，当车轮定位仪检测出车轮定位不合格时，用肉眼和一般量具无法判断出具体损伤和变形的零部件，因此不要轻易做出更换某个零件的决定。

车轮外倾、主销内倾和主销后倾等都与车身定位尺寸密切相关。如果数据不对，应首先分析是否是由碰撞造成的，由于碰撞不可能造成轮胎不均匀磨损，可通过检查轮胎磨损是否均匀，初步判断事故前的车轮定位情况。

检查车身定位尺寸，在消除了诸如摆臂橡胶套的磨损等原因校正好车身，使相关定位尺寸正确后，再做车轮定位检测。如果此时车轮定位检测仍不合格，再根据其结构、维修手册等判断具体损伤部件，逐一更换、检测，直至损伤部件得到确认为止。上述过程复杂而烦琐，且技术含量较高，由于悬架系统中的零件都属于价格较高的安全部件，定损时切不可轻率马虎。

转向机构中的零件也同样存在类似问题。

3）车轮

轮辋遭撞击后以变形损伤为主，应更换。轮胎遭撞击后会出现爆胎，应更换。轮罩遭撞击后常会产生破损，应更换。

4）前悬架零件

（1）前纵梁及悬架座。承载式车身的汽车前纵梁及悬架座属于结构件，按结构件方法处理。

（2）前悬架系统及相关部件。制动盘、悬架臂、转向节、稳定杆和发动机托架均为安全部件，变形后均应更换。对于减振器，主要鉴定是否在碰撞前已损坏。减振器是易损件，正常使用到一定程度后会漏油，如果外表已有油泥，说明在碰撞前已损坏；如果外表无油迹，碰撞造成了弯曲变形，应更换。

5）制动系统的定损

车辆制动性能下降会导致交通事故，造成车辆损失。车辆发生碰撞事故时，同样会造成制动系统部件的损坏。

对于普通制动系统，在碰撞事故中，由于撞击力的波及和诱发作用，往往会造成车轮制动器的元器件及制动管路损坏。这些元器件的损伤程度需要进一步的拆解检验。

对于装用 ABS 的制动系统，在进行车辆损失鉴定时，应对有些元件进行性能检验，如 ABS 轮速传感器、ABS 制动压力调节器。管路及连接部分的损伤可以直观检查。

6）安全气囊定损

安装有安全气囊的汽车，驾驶员气囊都安装在转向盘上，当气囊因碰撞引爆后，了解气囊爆炸原因，核对副气囊与前挡风玻璃的损伤痕迹；核实气囊安装螺丝是否有拆装痕迹；查看气囊的新旧程度；查看仪表台是否松动；了解气囊线头烧熔情况；气囊不能重复使用，只能更换，要更换气囊，通常还要更换气囊传感器与控制模块等。需要注意的是，有些车型的碰撞传感器是与 SRS／ECU 装在一体的，要避免维修厂重复报价。

7）后桥及悬架

（1）后桥及后悬架。后桥按副梁方法处理；后悬架按前悬架方法处理。

（2）后部地板、后纵梁及附件。后纵梁损坏时按前纵梁方法处理，其他与车身底板处理方法相似。备胎盖在严重的追尾碰撞中会破损，以更换为主。

8）变速器及传动轴

（1）变速器。变速器损坏后，内部机件基本都可独立更换，对齿轮、同步器、轴承等的鉴定，碰撞后只有断裂、掉牙才属于保险责任，正常磨损不属于保险责任，在定损中要注意界定和区分。从保险角度来看，变速器的损失主要是托底，其他类型的损失极小。

变速操纵系统遭撞击变形后，轻度的常以整修修复为主，中度以上的以更换为主。

（2）传动轴及附件。中低档轿车多为前轮驱动，碰撞常会造成外侧等角速万向节破损，需更换。有时还会造成半轴弯曲，也以更换为主。

2. 自动变速器托底后的处理流程

1）报案

接到自动变速器托底碰撞的报案后，立即通知受损车辆驾驶员，就地熄火停放，并请现场人员观察自动变速器下面是否有红色的液压油漏出（大部分自动变速器液压油为红色）。不允许现场人员移动车辆，更不允许任何人擅自起动发动机。

2）根据查勘结果救援

根据现场查勘结果，分别采取不同的救援处理方案。

假如自动变速器油底壳只有变形而没有漏油，可将受损车辆拖到附近修理厂。进行受损汽车的牵引时，原则上距离不要超出 3 km，变速器应置于空挡，车速不得大于 10 km/h。假如认定自动变速器油底壳已经漏油或虽然没有漏油但离汽车修理厂路途较远时，不允许直接牵引，要采用可以将受损车辆拖走的拖车，将其拖运到汽车修理厂。

3）修复处理

将属于保险责任的受损车辆运到汽车修理厂修复。

自动变速器壳体损坏后，一般只需更换壳体就可以了，但有时汽车配件市场上可能只有自动变速器总成而没有单独的壳体。

特别提示

损坏零件修复与更换原则

损坏零件的修复或更换，一般应按照"损坏件能否修复，安全件是否允许修复，工艺上是否可以修复，是否有修复价值"的原则来确定。

材料更换依照保险的基本原理"补偿原则"确定，具体情况如下：

（1）一般情况下，应更换正厂配件。

（2）如损坏件本身不是正厂配件，则以配套零件进行更换。

（3）稀有、老旧、高档车型的配件，更换标准应从严掌握；部分老旧车型，可与客户和修理厂协商，以拆车件进行更换。

✳ 6.3 汽车火灾、水灾、盗抢定损与评估

6.3.1 汽车火灾定损

1. 汽车起火的分类

汽车起火分自燃、引燃、碰撞起火、爆炸起火和雷击起火五类。

1）自燃

根据保险条款的解释，所谓自燃，是指机动车在没有外界火源的情况下，由于本车电器、线路和供油系统等车辆自身原因发生故障或所载货物自身原因起火燃烧的现象。

2）引燃

引燃是指机动车在停放或者行驶过程中，因为外部物体起火燃烧，使车体乃至全车被火引着，导致部分或全面燃烧。

3）碰撞起火

碰撞起火是指机动车在行驶过程中，因为发生意外事故而与固定物体或者移动物体相碰撞，假如机动车采用汽油发动机，碰撞程度又较为严重，引起部分机件的位移，挤裂了汽油管，喷射而出的汽油遇到了运转着的发动机所发出的电火花，导致起火燃烧。

4）爆炸起火

爆炸起火就是因为车内、车外的爆炸物起爆所引发的机动车起火燃烧，包括车内安置的爆炸物爆炸引爆，车外爆炸物爆炸引爆，车内放置的打火机、香水、摩丝等被晒爆引爆，车载易爆物爆炸引爆等多种形式。

5）雷击起火

雷击起火就是机动车在雷雨天气被雷击中而起火燃烧的现象。

2. 汽车自燃的原因

汽车起火尽管原因复杂，但就其实质而言，不外乎火源（着火点）、可燃物和氧气（或空气）这三大因素。围绕这几点，结合汽车结构，基本可以分析出汽车起火的真实原因。

在汽车起火原因的分析中，碰撞、引燃、爆炸和雷击等不难识别，理赔处理基本包含在车损险的范围之内。但是，自燃的理赔单独列出，其识别也存在着一定的难度。

据消防部门和车险理赔专家的统计分析，在汽车自燃事故中，存在着"五多"现象：小轿车多；私家车多；行驶状态发生火灾者多（约占70%）；使用5年（或10万千米）以上者多（约占70%）；火灾原因以漏油和导线短路居多（占60%以上）。汽车自燃的主要原因有以下几个。

1）漏油

油箱中泄漏出来的汽油是汽车上最可怕的助燃物，漏油点大多集中在管件接头处。无论是行进还是停驶，汽车上都可能存在火源，如点火系统产生的高压电火花、蓄电池外部短路时产生的高温电弧、排气管排出的高温废气或喷出的积炭火星等，当泄漏的燃油遇到火花时，就会造成起火。

在化油器式汽车上，汽油滤清器多安装于发动机室内，距缸体及分电器很近，一旦因燃油泄漏而使混合气达到一定浓度，只要有明火出现，自燃事故将不可避免。

例如，长途大客车发生自燃事故居高不下，这是因为在运行10多万千米后，汽车很容易出现高压线漏电现象，瞬间电压可达10 000 V以上，足以引燃一定浓度的汽油蒸气。而长途大客车一直在高速运转，检修时间很少甚至没有。

2）漏电

发动机工作时，点火线圈自身温度很高，有可能使高压线绝缘层软化、老化、龟裂，导致高压漏电。另外，高压线脱落引起跳火也是高压漏电的一种表现形式。由于高压漏电是对准某一特定部位持续进行的，必然引发漏电处温度升高，引燃泄漏的汽油。

低压线路搭铁是引发汽车自燃事故的另一主要原因。由于搭铁处会产生大量热能，如果与易燃物接触，会导致自燃。

造成低压线搭铁的原因有：导线老化；导线断路直接搭铁；触电式控制开关因触点烧结而发生熔焊，使导线长时间通电而过载。某些私家车用户对刚刚购置的车疼爱有加，会添加防盗器，换装高档音响，增加通信设备，开设电动天窗，添加空调等，如果因为价格等原因未在专业化的汽车维修店改装，未对整车线路布置进行分析及功率复核，难免导致个别线路用电负荷加大；在对整车进行线路维修或加接控制元件时，如果在导线易松动处未进行有效固定，有可能使导线绝缘层磨损。

3）接触电阻过大

线路接点不牢或触电式控制开关触点接触电阻过大等，会使局部电阻过大，长时间通电时发热引燃可燃物。

4）人工直接供油

对于采用化油器的汽车来说，有时会出现供油系统工作不良的现象。个别驾驶员为了省事，向化油器直接供油。此时一旦发生化油器回火，就将引起汽车起火。

5）明火烘烤柴油油箱

冬季，有时柴油机会出现供油不畅，某些驾驶员在油箱外用明火烘烤，极易引起火灾。

6）车载易燃物引发火灾

当车上装载的易燃物因泄漏、松动摩擦而起火时，将导致汽车起火。

7）超载

汽车超载，会导致三种可能：第一，发动机处于过度疲劳和过热状态，一旦超过疲劳极限，就有可能发生自燃；第二，车载货物较多，相互间的摩擦作用较大，货物间若捆扎不牢，有可能摩擦起火；第三，弯曲的钢板弹簧有可能与货厢相接触，导致摩擦起火。

8）停车位置不当

现代汽车一般装有三元催化转化器，该装置因位于排气管上而温度很高，且在大多数轿车上位置较低，如果停车时恰巧将其停在麦秆等易燃物附近，会引燃可燃物。

如果驾驶员夏季将汽车长时间停放在太阳下曝晒，会将习惯性放置在前窗玻璃下的一次性打火机晒爆，如果车内恰巧有火花（如吸烟、正在工作的电气设备产生的电火花等），就会引燃车内饰品及其他物品。

3. 汽车火险的查勘与定损

1）火险查勘的基本要求

在查勘汽车火险现场分析起火原因时，需掌握构成燃烧的三大基本要素：

（1）导致汽车起火的火源（火花或电火花）在哪儿？

（2）周围是否存在易燃物品（如汽油、柴油、润滑油和易燃物等）？

（3）火源与易燃物品的接触渠道中是否有足够的空气可供燃烧？

只要牢牢把握以上三点，再通过查勘车身不同位置的烧损程度，首先找出起火点位置，再分析起火原因，判断出汽车起火的自燃、引燃属性，就可以为下一步的准确理赔奠定基础。

2）与汽车自燃相关的几个问题

（1）发动机熄火后的自燃。发动机熄火后，有时汽车反而会自行起火燃烧，这种现象有些令人费解。其实，当发动机熄火以后，由于失去了风冷条件，车体温度反而会有所上升，有可能导致临近燃点的汽车上的某些物品起火燃烧。

（2）汽车上的主要易燃物。汽车上的主要易燃物品有燃料、润滑油、导线、车身漆面、内饰、塑料制品和轮胎等，这些物品一旦遇火，就会起到明显的助燃作用。一旦火势不可控制，就有可能将全车烧毁。

（3）晒爆的打火机与自燃。有时，驾驶员会将一次性的气体打火机放置在仪表板处，如果汽车在烈日下暴晒，很有可能晒爆气体打火机。爆炸的打火机完全有可能打坏仪表板，如果恰巧将仪表板上的火线打断了，所产生的电火花就有可能将弥漫在驾驶室内的可燃气体引燃。

（4）车厢内部是否会自行起火。车厢内部自行起火这种现象在理论上是存在的，但在实际中几乎不可能发生。原因是：车内没有明显的火源，加之车的内饰品大多带有一定的阻燃功能，因此一般不会自车内起火燃烧。

（5）防盗报警器与自燃。在汽车上擅自安装的防盗报警器，一方面可能未对线路进行功率复核，另一方面防盗报警器是始终通电的，如果导线偶然断开或因电流过大而烧焦，就容易成为汽车上的一个自燃火源点。

（6）拆卸油管可能引起自燃。对于装有电喷式发动机的汽车来说，当发动机熄火后，油管中仍然会有一定的残余汽油压力，如果维修人员此时马上动手拆卸相关油管，则会导致汽油喷射而出，引发火灾。

（7）自燃后的轮胎。汽车起火后，由于风向的缘故，车身两侧以及前后安装的轮胎燃烧程度并不一致，一般来说，顺风向的轮胎会烧得严重，逆风向的轮胎则一般不会燃烧。另外，由于地面的散热条件较好，而且地面与轮胎之间没有空气流通，所以，轮胎的接地点也不会燃烧。

（8）自燃与油箱爆炸。在影视作品中，汽车燃烧往往会伴随油箱爆炸，这种场景是导演为了追求艺术方面的视觉冲击效果而设计出来的。在实际的汽车火灾现场，极少发生油箱爆炸。伴随着汽车的燃烧，油箱中的汽油往往只会被烧光。这是因为在汽车起火燃烧的过程中，油箱内并无空气，燃烧着的火焰无法被引入油箱内部。但是，车体燃烧所产生的高温会对油箱及其内部的汽油产生强烈的烘烤，导致油箱中的汽油挥发，从而产生较高的气压，将油箱盖顶开，汽油挥发而出，快速燃烧，直至烧光。

3）保险责任

根据保险条款的解释，当发生"在时间或空间上失去控制的燃烧所造成的灾害，主要是指外界火源以及其他保险事故造成的火灾导致保险车辆的损失"时，保险公司可以在车辆损失险范围内承担保险责任。

对于因本车电器、线路和供油系统等发生问题产生自身起火，造成保险车辆损失以及违反车辆安全操作原则，用有火焰的火，如喷灯、火把烘烤车辆造成保险车辆损失的均属车辆损失险的除外责任。在对因火灾造成保险车辆损失的查勘定损处理中，应严格掌握保险责任与除外责任的区分，研究、分析着火原因。

4）火损汽车的定损

（1）火灾对车辆损坏情况的分析。

①整体燃烧。整体燃烧是指发动机室内线路、电器、发动机附件、仪表板、座椅烧损，机械件壳体烧融变形，车体金属（钣金件）件脱炭（材质内部结构发生变化），表面漆层大面积烧损等现象。

②局部烧毁。

a. 发动机室着火，造成发动机前部线路、发动机附件、部分电器、塑料件烧损。

b. 轿车的外壳或客车、货车驾驶室着火，造成仪表板、部分电器、装饰件烧损。

c. 货运车辆货厢内着火，造成货厢、运载货物的烧损。

（2）火灾车辆的定损处理方法。

①对明显烧损的零部件进行分类登记。

②对机械类零部件进行测试、分解检查，特别注意转向、制动、传动部分的密封橡胶件。

③对金属件（特别是车架，前、后桥，壳体类等）考虑是否因燃烧而退火、变形。

④对于因火灾使保险车辆遭受损害的，分解检查工作量很大，且检查、维修工期较长，一般很难在短时期内拿出准确估价单，只能是边检查、边定损，反复进行。

（3）火灾汽车的定损。

汽车起火燃烧以后，其损失评估的难度相对大些。

如果汽车的自燃没有蔓延开来，只是涉及线路、管路被烧坏，根据条款，无须理赔。

如果汽车的起火燃烧被及时扑灭了，可能只会导致一些局部的损失，损失范围仅限于过火部分的车体油漆、相关导线及非金属管路、过火部分的汽车内饰。只要参照相关部件的市场价格，并考虑相应工时费，即可确定出损失金额。

如果燃烧持续一段时间之后才被扑灭，虽然没有对整车造成毁灭性破坏，但也可能造成比较严重的损失。凡被火"光顾"过的车身外壳、汽车轮胎、导线线束、相关管路、汽车内饰、仪器仪表、塑料制品、外露件的美化装饰等可能都会报废，定损时需考虑相关更换件的市场价格、工时费用等。

如果燃烧程度严重，轿车外壳、客货车驾驶室、轮胎、线束、相关管路、汽车内饰、仪器仪表、塑料制品、外露件的美化装饰等肯定会被完全烧毁。部分零部件，如控制电脑、传感器、铝合金铸造件等可能会被烧化，失去使用价值。一些看似"坚固"的基础件，如发动机、变速器、离合器、车架、悬架、车轮轮毂、前桥、后桥等，在长时间的高温烘烤下，也会因"退火"而失去应有精度，无法继续使用，此时，汽车就离完全报废不远了。

6.3.2　汽车水灾定损

对于因水损坏汽车的理赔，现在实行的保险条款基本都将发动机内部的损失列为免责范围。因此，对于没有购买发动机进水损失险的标的车来说，处理进水损失时，相对简单。但是，对于已经购买了发动机进水损失险的标的车来说，界定因水灾造成的发动机损坏时，需要准确区分哪些属于由进水造成的损失，哪些属于机械故障造成的损失，这一点十分重要。如果判定为非保险责任而证据又不够充足，常常会造成保险索赔时的纠纷。

对于仓储式的停车被淹，由于所造成的损失通常是众多标的同时受损，在短时间内要对众多车型、不同受损程度的车进行较科学的损失评估，往往会使车险评估人员感觉非常棘手。

对于海水造成的损失，要考虑到海水的强腐蚀性对汽车有可能造成毁灭性的损失。

从大量的水灾案例实践中分析得出，做好汽车水灾理赔工作必须从以下几个方面入手：第一，迅速到达出险现场，认真、细致地进行现场查勘；第二，详细了解汽车在水中浸泡时间的长短；第三，区分车型对不同受损程度的标的车进行抽样，评定损失；第四，对同一地区、同一车型、受损程度相似的标的车辆制定相对一致的损失评定标准。

1. 水灾损失的施救与保养

在遇到暴雨或洪水时，一些经验不够丰富的驾驶员，一些处理水灾受损汽车经验不多的查勘人员、维修人员，往往不知所措或采取措施不当，扩大汽车损失。例如，在发动机被水淹熄火以后，绝大多数驾驶员会条件反射般地进行重新起动发动机的尝试，希望尽快脱离被困险境，结果加重了汽车损坏；个别救援人员因所采用的施救措施不当，扩大了汽车损坏；个别查勘定损人员无法界定水淹损失与人为扩大损失的区别；个别维修人员采取的处置措施不当，扩大了损失。

如果查勘人员到达现场时，汽车仍在水中，则必须对其进行施救。施救时一定要遵循"及时、科学"的原则，既要保证进水汽车能够得到及时救援，又要避免汽车损失进一步扩大。施救进水汽车时，应该注意以下事项：

1）严禁水中起动汽车

汽车进水熄火后，驾驶员绝对不能抱着侥幸心理贸然起动，否则会造成发动机进水，导致损坏。汽车被水淹的程度较大时，驾驶员最好马上熄火，及时拨打保险公司的报案电话，或者同时拨打救援电话，等待施救。

实践证明，暴雨中受损的汽车，大多数是因为汽车在水中熄火后，驾驶员再次起动而造成发动机损坏的。据统计，大约有90%的驾驶员，当发现自己的汽车在水中熄火后，会再次起动，这是导致发动机损失扩大的主要原因。

2）科学拖车

在对水淹汽车进行施救时，一般应采用硬牵引方式拖车，或将汽车前轮托起后牵引，不要采用软牵引方式。如果采用软牵引方式拖车，一旦前车减速，被拖汽车只有选择挂挡，利用发动机制动力方式减速，这就会导致被拖汽车发动机的转动，最终导致发动机损坏。如能将前轮托起后牵引，可避免因误挂挡而引起的发动机损坏。另外，拖车时一定要将变速器置于空挡，以免车轮转动时反拖发动机运转，导致活塞、连杆、气缸等的损坏。对于采用自动变速器的汽车，不能长距离拖曳（通常不宜超过 20～30 km），以免损伤变速器。

在将整车拖出水域后，应尽快把蓄电池负极线拆下，以免各种电器因进水而短路。

3）及时告知车主和承修厂商

在将受淹汽车拖出水域后，应及时告知车主和承修厂商，下列措施是被保险人应尽的施救义务（最好印制格式化的告知书，交被保险人或当事人签收，以最大限度防止损失扩大）：

容易受损的电器（如各类电脑模块、音响、仪表、继电器、电动机、开关、电气设备等）应尽快从车上卸下，进行排水清洁，电子元件用无水酒精清洗（不要长时间用无水酒精清洗，以免腐蚀电子元件）晾干，避免因进水引起电器短路。某些价值昂贵的电气设备，如果清洗晾干及时，完全可以避免损失；如果清洗晾干不及时，就有可能导致报废。

4）及时检修电气元器件

汽车电脑最严重的损坏是芯片损坏。前风窗处通常设有流水槽及排水孔，可及时排掉积水，汽车被水泡过以后，流水槽下往往沉积了许多泥土及树叶，极易堵住排水孔，应及时疏通，以免排水不畅造成积水。当积水过多时，水会进入车内，可能危及汽车电脑，导致电控系统发生故障，甚至损坏。一些线路因为沾水，其表皮会过早老化，出现裂纹，导致金属外露，最终使电路产生故障。装有电喷发动机的汽车，其控制电脑更怕受潮。车主应随时注意电脑的密封情况，避免因电脑进水，使控制紊乱而导致全车瘫痪。

安全气囊的保护传感器有时与电脑做成一体，如果电脑装于车的中部，一般为此种结构，维修时只要更换了安全气囊电脑，就无须再换保护传感器。部分高档车（3.0 L以上）的安全气囊传感器一般用硅胶密封，其插头为镀银，水淹后无须更换；低档车插头为镀铜，水侵后发绿，可用无水酒精擦洗，并用刷子刷，再用高压空气吹干。

一般而言，如果电脑仅仅是不导电，还可进行修理；如果是芯片出现问题，就需更换了。根据车型不同，电脑价格在1 000 ~ 8 000元不等。

各类电动机进水后，对于可拆解的，可采用"拆解—清洗—烘干—润滑—装配"的流程处理，如电动机、发电机、天线电动机、步进电动机、风扇电动机、座位调节电动机、门锁电动机、ABS电动机、油泵电动机等；对于无法拆卸的，如刮水器电动机、喷水电动机、玻璃升降电动机、后视镜电动机、鼓风机电动机、隐藏式前照灯电动机等，一般应考虑一定的损失补偿率，一般为20% ~ 40%。

5）及时检查相关机械零部件

（1）检查发动机。汽车从水中施救出来后，要对发动机进行检查：

①检查气缸是否进水，气缸进水会导致连杆被顶弯，损坏发动机。

②检查润滑油是否进水。润滑油进水会导致其变质，失去润滑作用，使发动机过度磨损。检查时，将润滑油尺抽出，查看油尺上润滑油的颜色。如果油尺上的油呈乳白色或有水珠，就要将润滑油全部放掉，清洗发动机后，更换新油。

③将火花塞全部拆下，用手转动曲轴，如果气缸进水，则从火花塞螺孔处会有水流出。如感觉有阻力，说明发动机内可能有损坏，不要借助工具强行转动，要查明原因，排除故障，以免引起扩大损坏。

④如果通过检查未发现润滑油异常，可从火花塞螺孔处加入少许润滑油，用手转动曲轴数次，使整个气缸壁都涂上一层油膜，以防锈、密封，同时也有利于发动机起动。

（2）检查变速器。如果主减速器及差速器进水，会使其内的齿轮油变质，造成齿轮磨损加剧。对于采用自动变速器的汽车，还要检查控制电脑是否进水。

（3）检查制动系统。对于水位超过制动油泵的被淹汽车，应更换全车制动液。因为当制动液里混入水时，会使制动液变质，致使制动效能下降，甚至失灵。

（4）检查排气管。如果排气管进了水，要尽快排除，以免水中杂质堵塞三元催化转化器和损坏氧传感器。

6）清洗、脱水、晾晒、消毒及美容内饰

如果车内因潮湿而有霉味，除了在阴凉处打开车门，让车内水气充分散发，消除车内潮气和异味外，还需对车内进行大扫除，更换新的或晾晒后的地毯及座套。查看车门铰链部分、行李厢地毯下、座位下的金属部分以及备用胎固定锁部位有没有生锈痕迹。

车内清洁不能只使用一种清洁剂和保护品，而应根据各部位的材质选用不同的清洁剂。多数美容装饰店会选用碱性较大的清洁剂，这种清洁剂虽然有增白、去污功效，但也有一定后患，碱性过强的清洁剂会浸透绒布、皮椅、顶棚，最终出现板结、龟裂等。应选择pH值不超过10的清洗液，配合专用抽洗机，在清洁的同时用循环水将脏东西和

汽车 保险与理赔

清洗剂带走，并将此部位内的水汽抽出。还有一种方法是采用高温蒸汽对车内真皮座椅、车门内饰、仪表板、空调风口和地毯等进行消毒，同时清除车内烟味、油味、霉味等各种异味。

7）保养汽车

如果汽车整体被水浸泡，除按以上方法排水外，还要及时擦洗外表，防止酸性雨水腐蚀车体。最好对全车进行一次二级维护，全面检查、清理进水部位，通过清洁、除水、除锈、润滑等，恢复汽车性能。

8）谨慎起动

在未对汽车进行排水处理前，严禁采用起动机、人工推车或拖车方式起动被淹汽车。只有进行了彻底的排水处理，并进行了相应润滑后，才能进行起动的尝试。

2. 水淹基本情况

1）水的种类

评估汽车水淹损失时，通常将水分为淡水和海水。本书只对淡水造成的损失进行评估。

在对淡水水淹汽车的损失评估中，应充分注意淡水的混浊情况。多数水淹损失中的水为雨水和山洪形成的泥水，但也有下水道倒灌形成的浊水，这种城市下水道溢出的浊水中含有油、酸性物质和各种有机物质。油、酸性物质和其他有机物质对汽车的损伤各不相同，现场查勘时需充分注意，并作出明确记录。

2）汽车的配置

定损汽车的水淹损失时，要对被淹汽车的配置进行认真详细的记录，特别注意电子器件，如 ABS、ASR、SRS、AT、CVT、CCS、CD、GPS 和 TEMS 等。对水灾可能造成的受损部件，一定要做到心中有数。另外，要对真皮座椅、高档音响、车载 DVD 及影视设备等配置是否为原车配置进行确认，如果不是原车配置，应核实车主是否投保"新增设备险"。区分受损配置是否属于"保险标的"，对于理赔结果差别悬殊。

3）水淹高度

水对汽车的淹没高度是确定水损程度非常重要的一个参数。一般来说，针对不同的车型，"水淹高度"通常不是以具体的高度值作为计量单位，而是以汽车上某个重要的位置作为参数。轿车的水淹高度可分为6级：

（1）制动盘和制动毂下沿以上，车身地板以下，乘员舱未进水。

（2）车身地板以上，乘员舱进水，而水面在驾驶员座椅座垫面以下。

（3）乘员舱进水，水面在驾驶员座椅座垫面以上，仪表工作台以下。

（4）乘员舱进水，水面在仪表工作台中部。

（5）乘员舱进水，水面在仪表工作台面以上，顶篷以下。

（6）水面超过车顶，汽车被淹没顶部。

4）水淹时间

汽车被水淹的时间长短，是评价水淹损失程度的另外一个重要参数。水淹时间长短对汽车所造成的损伤差异很大。现场查勘时，在第一时间通过询问来确定水淹时间是一项重要的工作。水淹时间的计量一般以小时（h）为单位，通常分为6级，如表6.1所示。

表 6.1　水淹级别与时间对应关系

水淹级别	水淹时间/h	水淹级别	水淹时间/h
1	$t \leqslant 1$	4	$12 < t \leqslant 24$
2	$1 < t \leqslant 4$	5	$24 < t \leqslant 48$
3	$4 < t \leqslant 12$	6	$t > 48$

每一级所对应的损失程度差异较大，在后面的损失评估时将进行定性和定量分析。

3. 水灾损失评估

汽车种类繁多，各类别之间略有差异。本书以社会保有量较大的乘用车为例，阐述汽车的水灾损失评估。

1）水淹汽车的损坏形式

（1）静态进水损坏。汽车在停放过程中被暴雨或洪水侵入甚至淹没属于静态进水。图6.4 所示为停车场被淹，属于典型的静态进水。

图 6.4　汽车静态进水

汽车在静态条件下进水，会造成内饰、电路、空气滤清器和排气管等部位受损，有时气缸也会进水。在这种情况下，即使发动机不起动，也可能造成内饰浸水，电路短路，电脑芯片损坏，空气滤清器、排气管和发动机泡水生锈等；对于采用电喷发动机的汽车来说，一旦电路遇水，极有可能导致线路短路，造成无法着火；如果强行起动发动机，极有可能导致严重损坏。就机械部分而言，汽车被水泡过之后，进入发动机的水分在高温作用下，会使内部运动机件锈蚀加剧，当进气行程吸水过多时，容易造成连杆变形，严重时导致发动机报废。

汽车进水后，内饰容易发霉、变质，如不及时清理，天气炎热时，会出现各种异味。

（3）动态进水损坏。动态进水是指，汽车行驶过程中，发动机气缸因吸入水而熄火，或在强行涉水未果、发动机熄火后被水淹没。动态条件下，由于发动机仍在运转，气缸内因吸入了水迫使发动机熄火。在这种情况下，除了静态条件下可能造成的全部损失外，还可能导致发动机直接损坏。

2）汽车水险的理赔分类

从保险公司的业务划分来看，因暴雨造成的汽车损失，主要分为以下5种：

（1）由于暴雨淹及车身而进水，导致金属零部件生锈、电子元器件及内饰损坏。

（2）发动机进水后，驾驶员未经排水处理，甚至直接就在水中起动发动机，导致内部机件损坏。

（3）水中漂浮物或其他原因对车身、玻璃等造成擦撞、碰伤等损失。

（4）落水后，为抢救汽车，或者为了将受损汽车拖到修理厂而支付的施救、拖车等费用。

（5）汽车被水冲失所造成的全车损失。

3）水淹后的损失评估

不同水淹高度对应的损失如表6.2所示。

表6.2　水淹高度对应损失率

水淹高度	特征	可能造成的损失	损失率/%
1	水淹高度在制动盘和制动毂下沿以上，车身地板以下，乘员舱未进水	可能造成的损失部位为制动盘和制动毂。损坏形式主要是生锈，生锈的程度主要取决于水淹时间的长短以及水质。通常情况下，无论制动盘和制动毂的生锈程度如何，所采取的补救措施主要是四轮的保养	约为0.1
2	水淹高度在地板以上，乘员舱进水，但水面在驾驶员坐垫以下	四轮轴承进水；全车悬架下部连接处因进水而生锈；配有ABS的汽车轮速传感器磁通量传感失准；地板进水后车身地板如果防腐层和油漆层本身有损伤就会造成锈蚀	0.5～2.5
3	水淹高度在驾驶员座椅垫面以上，仪表工作台以下	座椅、部分内饰潮湿和污染；真皮座椅、真皮内饰损伤严重，若水淹时间超过24 h，还会造成桃木内饰板分层开裂，车门电动机进水，变速器、主减速器及差速器可能进水，部分控制模块、起动机、音响被水淹	1～5
4	水淹高度在仪表工作台中部	发动机进水；仪表板中部音响控制设备、CD机、空调控制面板受损；蓄电池放电、进水；大部分座椅及内饰被水淹；音响的扬声器全损；各种继电器、熔丝盒可能进水；所有控制模块被水淹	3～15
5	乘员舱进水，水淹高度在仪表工作台面以上，顶篷以下	全部电气装置被水泡；发动机严重进水；离合器、变速器、后桥也可能进水；绝大部分内饰被水泡；车架大部分被水泡	10～30
6	水淹高度超过车顶，汽车被淹没顶部	汽车所有零部件都受到损伤	25～60

4）水灾损失现场查勘报告

事先准备格式化的现场查勘报告，这是查勘定损人员实施快捷、准确查勘的前提。汽车水灾损失的现场查勘报告单参照图6.5。

PICC 中国人民财产保险股份有限公司
PICC Property and Casualty Company Limited

机动车辆保险车辆损失情况确认书

承保公司：

报案编号：   条款类别：

被保险人：	出险时间：	
保险单号：	出险地点：	
保险金额： 号牌号码：	事故责任：□全部 □主要 □同等 □次要 □无责 □单方	
厂牌型号：		
制造年份： 发动机号：	定损时间：	
车架号（VIN码）：	定损地点：	
发动机型号：	变速箱型式：□手动挡 □自动挡	
送修时间： 修复竣工时间：	报价公司：□总公司 □省公司 □地市公司	

损失部位及程度概述：

换件项目共计   项，总计金额：（人民币大写）   （￥：   元）

修理费总计金额：（人民币大写）   （￥：   元）

残值作价金额：（人民币大写）   （￥：   元）

    保险合同当事人各方经协商，同意按本确认书及所附《修理项目清单》及《零部件更换项目清单》载明的修理及更换项目为确定本次事故损失范围的依据，并达成如下协议：

    1．本确认书所列修理费总计金额均已包含各项税费，其为保险公司认定的损失最高赔付金额，超过此金额部分，保险公司不予赔付。

    2．修理项目、修理工时费及修理材料费以所附《修理项目清单》为准。

    3．更换项目及换件工时费以所附《零部件更换项目清单》为准。

    4．更换项目需要报价的，本确认书只确认更换项目的数量，金额及换件工时费以所附《零部件更换项目清单》中的保险公司报价为准。

保险公司
 	
签章：
 	
    年   月   日
	被保险人
	
	签章：
	
	    年 月 日
		
		    年 月 日

图6.5 机动车辆保险车辆损失情况确认书

4. 某保险公司水灾定损过程

1）现场查勘

接到报案的第一时间告知客户不要二次起动。

确定是否属于保险责任。确定造成"水淹车"的原因，如果是由暴雨、洪水造成，必要情况下需要提供相关证明（气象部门或新闻媒体等）。

除确实无法去现场案件外，均要求查勘车辆"水淹"后的第一状态，第一时间查勘车辆损失情况，防范道德风险的发生。

做好调查笔录，请保户详细描写车辆的出险及救援经过，确认保险责任及除外责任。

大部分水淹车都需要施救，不恰当的施救方法会造成保险车辆的损失扩大。所以，正确的施救方法至关重要，查勘员要在第一时间内告知客户相关的注意事项，因为大部分客户在出险后往往只想尽快将车辆施救出来，而忽略了不恰当的施救会造成不必要的损失。对于自动挡的车辆施救更应该注意，一旦变速箱进水而施救后平拖到修理地点的话，可能会造成变速箱内部损坏，建议使用背车或架起驱动轮拖车。

2）拆检定损

水淹车的处理关键在于及时，快速清洗、快速拆检、快速定损、快速烘干修理。

水淹之后的车拖到修理地点要马上进行处理，一定不能拖时间，否则会造成保险车辆扩大损失。可以要求修理厂分成几组同时对该车进行处理。

3）处理方式

外观部件和悬挂部件：用清水清洗，特别要注意悬挂连接位置的泥沙和污物，有的话，则要清洗，重新润滑。轴承方面容易生锈的部位建议修理厂优先处理，对所有的轴承进行必要的保养处理。

电气部件：线路比较粗的，擦干净烘干即可；有电路板的，如仪表，一定要及时分解，用酒精清洗，然后晾干或用风扇吹干，防止印刷电路发生腐蚀。经此处理，会发现电器有很多是没有问题的。而电脑板是不能用酒精擦拭的（因为含水），必须用无水乙醇来擦拭，否则板子上的元件可能会生锈，影响使用。

内饰件：要及时清洗，然后风干。最好放到烤房里面让它风干，太阳直接照射的话会导致一些老化的皮质颜色变淡。

变速箱：变速箱进水，建议到专业的变速箱修理点或维修站清洗，如果水分清洗不干净而试车，一般会造成变速箱内部的烧蚀，这部分损失费用保险公司是不承担的。（定损单上一定要写清楚，防止后期被动。）

灯具：要注意是否因灯具本身质量问题造成损坏，一些灯具进水后及时烘干处理后是可以使用的。对于价值较高的电气元件，要注意收回，避免道德风险。

一定要及时详细列明定损内容（包括各种部件的清洗），并让客户和修理厂签字确认，这一点非常重要。

4）沟通

（1）与客户的沟通。对于除外责任的损失要注意耐心细致地解释；对于可以恢复正常使用的部件不予更换时要做出必要解释。

（2）与修理厂的沟通。与修理厂做好协调，及时处理，避免损失的扩大。

特别提示

车辆进水后查勘检查重点

1. 发动机检查要点

（1）进气系统损坏情况：包含空气滤清器、进气歧管、进气平衡箱、进气压力传感器、活性炭罐、炭罐电磁阀。

（2）发动机本体损坏情况：包含进排气门、配气正时机构、活塞连杆机构、润滑机构。

（3）燃油系统损坏情况：包含燃油管路、燃油滤清器、燃油泵滤网、调压阀。

（4）排气系统损坏情况：包含前氧、后氧、三元催化转化器、排气罐消声器。

2. 底盘系统损坏情况

（1）变速箱：包含变速箱油、变速箱通风孔、油封密封状态。

（2）后轮制动器：包含后轮轴承、轮速传感器、后轮制动自调系统、手制动器钢索系统。

（3）转向系统：包含电动助力扭矩传感器、助力电动机。

3. 车辆电气系统损坏情况

（1）发动机主线束：包含水蚀、损坏情况。

（2）车辆底盘线束：包含水蚀、损坏情况。

（3）发电机、起动机：包含水蚀、损坏情况。

（4）音响喇叭：包含水蚀、损坏情况。

（5）发动机 ECU：包含水蚀、损坏情况。

（6）安全气囊 ECU：包含水蚀、损坏情况。

（7）EPS ECU：包含水蚀、损坏情况。

（8）车辆防盗器：包含电控元件水蚀、损坏情况。

（9）车门玻璃升降器：包含电控、电机元件水蚀、损坏情况。

（10）安全带预紧线路：包含座椅传感器、安全带预紧系统电气元件水蚀、损坏情况。

6.3.3　汽车盗抢损失评估

盗抢汽车是一种全球性的犯罪行为。据统计，2004 年，全国立案盗抢汽车 87 249 起，直接财物损失 80 多亿元，占全部刑事案件直接财物损失的 24%。美国 2002 年失窃汽车 120 万辆，总价值 82 亿美元。汽车被盗会给保险公司和车主造成巨大的经济损失和心理创伤。以一辆售价 20 万元的轿车为例，如果失窃，保险公司会给车主赔付车价款的 80%，即 16 万元，其余 20% 的车价款及车辆购置税、上牌费、装饰费等费用则由车主自己来承担，需要 6 万~8 万元。

1. 汽车盗抢险条款解读

1）保险责任

（1）保险车辆（含投保的挂车）全车被盗窃、被抢劫、被抢夺，经县级以上公安刑侦部门立案证实，满 3 个月未查明下落。

（2）保险车辆全车被抢劫、被抢夺过程中发生事故造成保险车辆损失需要修复的合理费用。

（3）保险车辆在被盗窃、抢劫、抢夺后受到损坏或车上零部件、附属设备丢失需要修复的合理费用。

2）责任免除

（1）非全车遭盗抢，仅车上零部件或附属设备被盗窃、被抢劫、被抢夺。

（2）保险车辆被盗窃未遂，造成保险车辆的损失。

（3）保险车辆被诈骗、罚没、扣押造成的全车或部分损失。

（4）全车被盗窃、被抢劫、被抢夺后，保险车辆肇事导致第三者人员伤亡或财产损失。

（5）保险车辆与驾驶员同时失踪。

（6）被保险人因民事、经济纠纷而导致保险车辆被抢劫、抢夺。

（7）被保险人及其家庭成员、被保险人允许的驾驶人员的故意行为或违法行为造成的损失。

（8）被保险人未能向保险人提供出险地县级以上公安刑侦部门出具的盗抢案件证明、车辆已报停手续及机动车辆登记证书。

3）保险金额

保险金额一般由投保人与保险人在保险车辆的实际价值内协商确定。当保险车辆的实际价值高于购车发票金额时，大多以购车发票金额确定保险金额。

在汽车盗抢案高发地区，针对容易失窃的车型，部分保险公司在核定盗抢险基准费率基础上，可根据车辆的风险高低在50%~300%浮动，承保高风险汽车时，会增加保费，但还要根据该车使用人情况、车辆自身防盗装置、停放情况等条件而定。例如，一辆装有电子防盗装置，并有固定停车位的富康车，其盗抢险费率能下浮30%左右；而一辆无防盗装置，又经常停放在马路边的桑塔纳轿车，其盗抢险费率则可能上浮100%。

4）赔偿处理

（1）赔付的基本前提。除另有约定外，投保机动车盗抢险的机动车必须拥有国家规定的车辆管理部门核发的正式号牌。

（2）出险通知。被保险人得知或应当得知车辆被盗窃、被抢劫或被抢夺后，应在24 h内（不可抗力因素除外）向当地公安部门报案，同时通知保险人，并在保险人指定的报纸上登报声明。

（3）提供单证。被保险人索赔时，需提供保险单、机动车行驶证、购车原始发票、车辆购置税凭证和原车钥匙，以及出险地县级以上公安刑侦部门出具的盗抢案件证明、车辆已报停手续和机动车辆登记证书。

（4）全车损失。在保险金额内计算赔偿，并实行20%的绝对免赔率。但保险车辆被盗窃，被保险人在索赔时未能提供机动车行驶证、机动车辆登记证书、购车原始发票、车辆购置税凭证，每缺少一项，增加1%的免赔率；缺少原车钥匙（任何一把）增加3%的免赔率；未能提供车辆停驶手续或出险地县级以上公安刑侦部门出具的盗抢立案证明的，保险人不承担赔偿责任。

（5）部分损失。当保险车辆全车被盗窃、被抢劫、被抢夺过程中及其以后发生事故造成保险车辆、附属设备丢失或损失需要修复的合理费用，在保险金额内按实际修复费用计算赔偿。

（6）失窃车找回。如保险车辆全车被盗窃、抢劫、抢夺后被找回的，若在 3 个月之内，尚未支付赔款的，归还车辆；若超过 3 个月，已支付赔款的，应将该车辆归还被保险人，同时收回相应赔款。如果被保险人不愿意收回原车，则保险人在实际赔偿金额内取得保险车辆的权益，车主协助保险公司办理有关手续。

2. 汽车被盗抢后的理赔

如果投保了盗抢险，汽车被盗后，可以在经济方面获得保险公司的部分赔付。无论是作为车主还是保险公司的查勘理赔人员，都需要在熟知盗抢险条款的基础上，了解保险公司关于盗抢险的理赔流程，以便有的放矢地去索赔、查勘和赔付。

1）车主的索赔流程

保险车辆被盗窃、被抢劫或被抢夺后，车主应如实向公安部门和保险公司告知丢车日期、时间、地点、车内财物和行驶里程，保险公司还会了解车主是在汽车丢失多久后向公安部门报的案。

如果被盗汽车在 3 个月内未追回，保户即可向保险公司索赔。索赔时需提供保险单、公安部门出具的立案证明、机动车行驶证、购车原始发票、购置费凭证、机动车辆停驶凭证收据等必要单证。

保户获得赔偿后，若被盗抢的车被找回，保险公司可将车辆归还给保户，并收回相应赔款。如保户不愿收回原车，则车辆所有权归保险公司所有。

如保户自公安部门出具被盗抢证明之日起，3 个月内不提交上述单证，视为自愿放弃。

2）索赔时必带物件

（1）出险通知书：由保险公司提供，保户填写。公车需盖章，私车需签字。

（2）保险单原件。

（3）机动车行驶证原件。

（4）购车发票原件。

（5）购置费缴费凭证和收据原件。

（6）权益转让书：保险公司提供。公车需盖章，私车需签字。

（7）机动车丢失证明原件：由公安部门提供。

（8）汽车钥匙。

（9）机动车停驶证明原件：交通管理部门提供。

（10）车主证件：车主是单位的需营业执照或介绍信，是个人的需身份证。

（11）养路费收据原件。

（12）赔款结算单：保险公司提供。公车需盖章，私车需签字。

其中，机动车丢失证明、机动车停驶证明两项必须提供，否则保险公司不予赔偿。机动车行驶证、购置费缴费凭证、购车发票和车钥匙，每少一项保险公司可能会增加 1% ～ 3% 的免赔率。如果车主是贷款买的车，还得"光顾"银行。

6.4 其他定损

6.4.1 电气设备与空调系统的定损

1. 电气设备的定损

汽车电气设备包括电源部分和用电部分。电源部分有蓄电池、发电机和调节器；用电部分有起动机、点火系统、照明装置和辅助设备等。

车辆碰撞直接撞击电气设备零件，造成电气零件壳体变形、断裂等直接损坏。正确判定电气部件的事故损坏范围，并确定可修复和报废的界限是理赔定损的关键。

1）蓄电池

汽车蓄电池一般安装在发动机盖里、驾驶员座位下或车架纵梁外侧。当蓄电池直接受撞击时有可能造成如下损坏：

（1）蓄电池外壳产生裂纹或破裂，致使电解液溢出。定损时，根据裂缝的部位和程度，确定对壳体进行修补或单独更换外壳。

（2）连接板断裂，可进行焊接。

（3）极柱折断，可将折断处清洁干净，重新焊修。

（4）极板组因碰撞而变形，活性物质脱落，可更换单格极板组。蓄电池所损坏的各部件均可单独更换零件予以修复处理，在定损中轻易不得更换总成。只有当外壳破碎，极板组栅架弯曲、变形，活性物质脱落无法修复时方可更换总成。

2）发电机

发电机一般安装在发动机机体前部的侧面，当车辆发生碰撞时，容易造成发电机如下损坏：

（1）发电机皮带盘破裂或变形。皮带盘破裂，一般应予以更换。

（2）发电机外壳破裂。凡发生壳体破裂的一般应予以更换。

（3）电枢轴因碰撞弯曲。对电枢轴弯曲的可进行校正处理。

（4）前、后端盖支臂螺孔处断裂。发生断裂的可进行修焊处理。

3）起动机

起动机安装在发动机后侧飞轮壳上，一般事故不会使其受损，只有当车辆严重碰撞造成飞轮壳受损或起动机本身遭直接撞击时，才可能使起动机部分零件造成如下损坏：

（1）驱动机构的驱动齿轮变形、牙齿断裂，应更换驱动齿轮。

（2）后端盖因碰撞断裂，应更换。

（3）电枢轴弯曲，可进行校正处理。

（4）起动开关变形损坏。可根据损坏程度确定是否需要更换总成，电磁式起动机开关若碰撞凹陷，可导致内部线圈短路，一般应更换开关总成。

（5）推动离合机构的传动叉因碰撞变形，可拆下校正，但校正后应摆动灵活，工作可靠。

5）照明装置

照明装置（灯具）在碰撞中极易损坏。对灯罩破裂的，如有灯罩配件可更换灯罩，无灯罩但有半总成的可更换半总成。对于灯具底座（或称后壳）破裂的，可采取塑焊修补方法处理。

6）仪表板（仪表台）

仪表板由仪表台面、仪表及各类开关组成。仪表台面大多数为塑料件，其表面处理、造型都对汽车驾驶室起到装饰作用，尤其是轿车类。有些汽车的仪表台面为一整体，而有些汽车的仪表台面由几部分组合而成。

在碰撞事故中，极易造成仪表台面挤压弯折或破裂。对于台面轻微弯折或破裂的可采取塑工处理；台面内支架破裂的可进行塑焊处理；对于有组合部件的可更换部分组件，对于仪表损坏的可单独更换仪表；对于仪表未损坏，而仪表台面严重损坏的可单独更换仪表台面。仪表台总成一般价格较高（尤其是高档轿车类），轻易不得更换仪表台总成。

2. 空调系统的定损

汽车空调系统包括冷凝器、制冷压缩机、蒸发器、储液罐（俗称干燥瓶）、暖气水箱、鼓风机等。

1）冷凝器

空调冷凝器采用铝合金制成，中低档车的冷凝器一般价格较低，中度以上损伤可更换；高档车的冷凝器价格较高，中度以下损伤常可采用氩弧焊修复。储液罐因碰撞变形一般以更换为主。如果系统在碰撞中以开口状态暴露于潮湿的空气中时间较长，则应更换干燥器，否则会造成空调系统工作时的"冰堵"。压缩机因碰撞造成的损伤有壳体破裂、带轮、离合器变形等，壳体破裂一般应更换，带轮变形、离合器变形一般也应更换。空调管有多根，损伤的空调管一定要注明是哪一根。汽车空调管有铝管和胶管两种，铝管常见的碰撞损伤有变形、折弯和断裂等，变形后一般校正即可；价格较低的空调管折弯、断裂时一般更换；价格较高的空调管折弯、断裂时一般采取截去折弯、断裂处，再接一节用氩弧焊接的方法修复。胶管的破损一般更换。

2）制冷压缩机

制冷压缩机的损坏一般表现为皮带盘变形、压缩机轴弯曲变形、压缩机壳体破裂、压缩机空压管接头损坏等。皮带盘的轻微变形可采取校正方法处理，严重变形的可更换皮带盘；压缩机轴弯曲变形的可校正处理；壳体破裂的一般应予以更换；空压管接头损坏的可设法更换接头。制冷压缩机技术要求高、价格高，一般不得轻易更换，但维修技术确实无法达到技术要求或配件市场无配件可供更换时，也可采取更换总成处理，但所更换的压缩机旧总成件必须收回。

3）干燥器

干燥器遭受碰撞损坏时一般采取更换处理。但干燥器连接管道损坏时，只需更换连接管，不必更换干燥器总成。

4）其他

空调蒸发器及鼓风机大多用热塑性塑料制成，常见损伤多为箱体破损。局部破损可用塑料焊修复，严重破损一般需更换，决定更换时一定要考虑有无壳体单独更换。蒸发器更换或者维修基本与冷凝器相同。膨胀阀因碰撞损坏的可能性极小。

6.4.2 市政设施、道路设施、建筑物及农田庄稼定损

1. 市政设施

对于市政设施的损坏，市政部门对肇事者索要的损失赔偿往往有一部分属处罚性质以及间接损失方面的赔偿，但保险公司依据条款规定只能承担因事故造成的直接损失。因此定损人员在定损过程中应该掌握和区分在索要赔偿部分中，哪些属于间接费用，哪些属于罚款性质。同时，为使定损合理，定损人员还要准确掌握和收集当地损坏物体的制造成本、安装费用及赔偿标准。一般情况下，各地市内绿化树木及草坪都有规定的赔偿标准及处罚标准。在定损过程中，只能按损坏物体的制造成本、安装费用及赔偿标准进行定损。

2. 道路设施

车辆倾覆后很容易造成对道路路面的擦痕以及燃油对道路的污染，很多情况下路政管理部门都要求对路面进行赔偿，尤其是高速公路路段，道路两旁的设施（护栏等）也可能因车辆碰撞而损坏。对于以上两方面所造成的损失，保险公司有责任与被保险人一起与路政管理部门商定损失。因道路及设施的修复施工一般由路政管理部门组织，很难以招标的形式进行定损。大部分损失核定都以路政管理部门为主，但在核损时定损人员必须掌握道路维修及设施修复费用标准，定损范围只限于直接造成损坏的部分。对于路基路面塌陷，应视情况确定是否属于保险责任。若在允许的载重吨位下，车辆通过所造成的路基路面塌陷，不在赔偿范围之内；若车辆严重超载，在超过允许吨位的情况下通过所造成的路基路面损失，应由被保险人自行赔偿，也不在保险公司的赔偿范围之内。

3. 房屋建筑物

碰撞事故可能造成路旁房屋建筑物的损坏，在对房屋建筑物的损失进行核定时，除要求定损人员掌握有关建筑方面的知识之外（建筑材料费用、人工费用），在定损方面最好采取招标形式进行，即请当地建筑施工单位进行修复费用预算招标。这样一方面便于准确定损，另一方面也比较容易说服第三者（受害者）接受维修方案。

4. 道旁农田庄稼

车辆倾覆可能造成道旁农田庄稼（青苗）的损坏，此部分损失的核定可参照当地同类农作物亩产量进行测算定损。

在对第三者损失定损的过程中，实际确定的损失费用往往与第三者向被保险人索要的赔偿费用有一定的差距。保险公司定损人员应当向被保险人解释清楚，即保险公司只能对造成第三者的实际损坏部分的直接损失费用进行赔偿，超出部分（如间接损失费用、处罚性质费用以及第三者无理索要的部分费用）应由被保险人与第三者进行协商处理。

✱ 6.5 维修费评估

维修计划包括的内容一般有需要维修或更换的项目、维修工位、需要采购或外协加工的

项目、维修时间等。无论是保险公司的定损还是承修厂家的费用估价，都应该根据当地和厂家的实际情况进行统筹安排，尽量缩短维修的时间，充分利用人员和设备等资源，最大限度地完成维修工作。一般的碰撞损伤维修工作如图 6.6 表示。制订出维修计划后，应根据计划做出维修工时的估算。

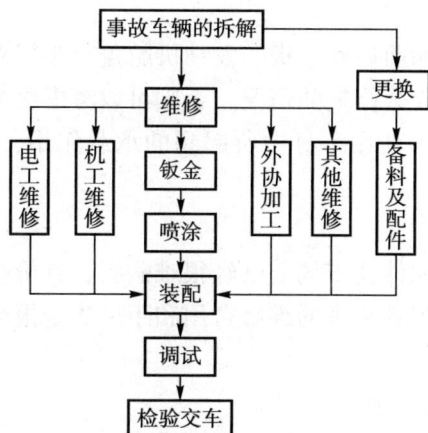

图 6.6 损伤修理流程

6.5.1 零部件更换与维修的原则和方法

1. 判断零部件更换与维修的技术标准

GB 7258—2004《机动车安全运行技术条件》规定了机动车辆（含挂车）的整车及其发动机、转向系统、传动系统、行驶系统、照明和信号装置等有关运行安全的技术要求。其中大部分要求与汽车修理（尤其是事故车辆修理）并无直接的规定关系，但间接地规定了车辆正常行驶所必需的技术条件，是事故车修复应重点参照的标准。

事故车辆由于碰撞、翻车等导致转向、制动等部件的机件受损，修复后转向系统、制动系统的机件必须达到"技术条件"的要求。但是，由于未受损机件在正常使用时磨损严重，往往使转向、制动等系统达不到技术要求，这时就需要按规定更换这些零部件，更换零部件的费用应当计入维修费用之中。但如果保险公司的定损超出了费用评估，那么这一部分的维修费用理应由车主承担。

2. 确定换件与维修的一般原则与方法

1）质量 – 寿命有保证

修理后零部件的使用寿命应能达到新件使用寿命的 80% 以上，且应能与整车的使用寿命匹配。

2）修理零部件的费用与新件价格的关系

（1）价格较低的，一般修理费用应不高于新件价格的 30%。

（2）中等价值的，一般修理费用应不高于新件价格的 50%。

（3）总成的修理费用，一般不应超过新件价格的 80%。

3）确保行车的安全

有关安全和车辆性能的部件变形后，如没有探伤条件，无法确定其受损具体状况时，应予以更换以确保行车的安全；如没有有效的校正设备或检验设备来保证维修质量，受伤变形的部件也应当予以更换。例如，车辆的侧梁、整体承载式车身的翼子板内板（在整体承载式车身中，这个部件一般为悬架系统的支撑）、发动机副梁、传动轴等，均属于重要部件。若无确定的维修把握，一定要用更换的方法修复。

4）板件的损伤程度

对于非结构性的板件，如前后翼子板、发动机舱盖、车门外皮等，如无撕裂、死褶或裂伤部位非常小，均属于可以钣金修复的情况，否则可以考虑更换。

对于结构性的板件，由于其在车身中所起到的承载作用，需要仔细考虑整体更换板件总成。

5）老旧车型

对于一些老旧车型，其配件在市场上已经很难购买，且价格昂贵，虽然采用更换的方法维修可以保证质量，但考虑到其昂贵的维修费用和距离法定报废时限的时间很短，还是应采用修理的方法更好些。

6）特殊零部件的维修与更换

（1）仪表类。对于车辆碰撞损伤，其仪表损坏由于没有有效的检测手段，并且仪表也不易检查，所以，凡有明显碰伤、破损的都需要更换。有些车型的仪表可以进行单独的更换，而多数轿车采用组合仪表，需要整体进行更换。

（2）电气元件。现代汽车的电气元件和部件应用非常广泛，对于各种传感器、继电器等元器件，尤其是ECU等部件，由于无法进行修理，只能采用更换的方法。

对于车内的音响系统，在大的碰撞事故中可能会有不同程度的损伤，这类设备的修理价格应有一定的控制。一般维修价格以不超过原机价格的30%为宜。

（3）电镀装饰件。该类零件属于装饰品，在碰撞损伤后失去作用，应予以更换。

（4）橡胶、塑料和玻璃制品。车上的橡胶制品，如软管、油封、防尘套、缓冲垫等属于低值易耗品，一般应予以更换，但轮胎除外。轮胎在行驶过程中被扎坏，属于正常损坏，不在车损保险之内。但由于车胎爆裂或碰撞引起的轮胎损坏，则属于保险赔偿范围。在确定轮胎更换时，还要考虑轮胎的实际磨损状况，确定实际价值。

车身塑料制品在现代汽车上的应用也很广泛，有些车身上还使用玻璃钢型材等复合材料作为非结构件（如保险杠、翼子板等）。这些制品通常可以用粘接或塑料焊接的方法进行修复，但如果损伤严重或已经残损，则应当更换。

车身玻璃属于不可修复件，必须更换。

（5）车身附加设备的损坏。有些车主在购买车辆之后进行装修，新增了不少设备，如音响、车身外观饰件和一些车辆改装等。这些车辆在碰撞损伤后，由于新增设备的价格通常较高，在进行维修费用估算，尤其是涉及需要更换时，价格往往会很高。此时保险公司的定损，就要看该车主是否投保车辆新增设备险。因为按照保险公司的有关条款，车损险的赔偿范围应限定于该车型的原厂配置。如果车主未投保新增设备险，则损伤的定价应以原厂配置为标准定价。

3. 关于外协加工和专项修理

在车辆定损时也要考虑到外协加工和专项修理等因素。在汽车维修市场上有许多专项维修业户，他们对某些专项修理非常好，维修质量有保证且价格合理。对于某些修理厂，因本厂没有相应的设备和技术人才，某些可以维修的项目需要采取更换的方法来修复，因此价格会较高。但如果将这些项目送到专项维修厂家进行修理，则可大大降低维修的实际发生费用，对厂家或保险公司都是非常有帮助的。

例如，铝合金件的修理，铝合金件在车上的应用非常广泛，发动机的缸体、缸盖、变速器壳和车身许多板件、结构件等使用铝合金的越来越多。铝合金件在发生撞击后极容易损坏，而现在的修理厂很少有能够焊接铝合金的人员和设备，所以只能采取更换措施。但实际上，对于可修理的铝合金件进行修理后，不但其质量可以保证，价格也会下降很多。所以，充分利用市场上的专项修理业户是开发利用有效资源、降低维修成本的一条好渠道。无论是维修厂家还是保险公司，都应该充分考虑。

6.5.2 维修费用的确定

1. 车辆维修费用的组成

车辆的维修费用主要包括工时费、材料费、外协加工费和税费等。

1）工时费

$$工时费 = 工时费率 \times 工时定额$$

工时费率即维修工作中每工时所需的费用价格，一般因维修作业项目和工种的不同而有所差异。工时定额即完成单项修理所需的工时数，一般业界有相应的规定。具体的工时费计算将在下面介绍。因为工时费中含有利润，所以按照该公式计算出的费用即维修所需的实际工费，不应再加利润。

2）材料费

材料费是维修工作中所需要更换的零件费用和使用的材料，如涂料及其配套固化剂、稀释剂等以及需要添加的运行材料费用。一般汽车修理所需的消耗（如零件清洗用品，钣金维修所需的氧气、乙炔气、普通砂纸和水、电消耗等）不应包含其中，这部分费用在工时费率中已经包含。但是，如果一辆事故车需要更换多种配件，会有一些小件和塑料件、橡胶件、螺栓、垫圈、电线及插头等损坏或丢失，这些零件价格不高，但数量众多，计算起来比较麻烦，此时可凭经验适当增加辅料费用，计算到工时费中。

3）外协加工费

外协加工费是维修过程中因厂家条件所限或某些必须专项修理的项目（也包含为降低修理成本而需要的专项修理），需要外协加工和专项修理的实际费用。这部分费用应按实际进行估算，不得再行加价。

4）税费

税费应按照国家规定执行。税费是维修厂家进行结算收费时必须收取的，因此在进行维修费用估算时应考虑在内，尤其是在维修费用很大时更不能忽略。

2. 确定维修费用需要的资料

做好车辆的定损工作，准确地判定所需维修费用，除必需的专业技能外，还要借助很多资料，这些资料可以帮助定损人员更好地把握维修的费用。定损常常要用到的资料，除车辆的维修手册外，还有零配件价格表和维修工时定额等。

1）零配件和喷涂材料的价格

作为优秀的定损人员，应该对市场上各种车辆的零配件价格和涂料价格有深入的了解。在现在汽车销售市场整车价格风云变幻的情况下，零配件市场也有较大波动。随时掌握最新的零配件价格无疑对维修费用的评估具有不可估量的作用。

在国外，维修费用的估算是有一定时间性的，主要的一点就是配件的价格变化。在国内也同样如此，对于修理厂家来讲，配件的使用和销售是利润的一大来源。按有关规定，厂家按出厂价进货的零配件可以加价30%；按照批发价进货的零配件可以加价15%；按照零售价进货的零配件不准加价销售，但可以收取3%的代购手续费。厂家的零配件渠道和来源不同，使得零配件的差价很大，给厂家带来的利润也是有差异的。根据配件市场的价格对维修材料费用进行估算是最为准确的。

在碰撞修复预算中，喷涂工作所需要的原子灰、底漆、中涂漆、面漆、清漆和相应的固化剂、稀释剂等喷涂材料和抛光蜡、美容用品等的消耗量及其价格占有的比例相当大。有多大的面积需要涂装修理，需要何种方法涂装修理，每升涂料可涂布的面积等都需要有比较精确的计算。车辆使用不同的涂装材料，其价格相差很大。因此，定损人员不但需要有一定的实际工作经验，还要根据实际情况进行仔细的分析，适当掌握材料的价格以控制维修费用。

2）维修工时定额和工时费率

工时定额是指完成单项维修作业需要的工作时间。作为一个衡量维修作业工作量的单位，通常并不以工人工作一个小时的实际工作时间来确定，而是比较笼统地规定了该项维修所需的工作量。

工时费率是指完成一个工时所需的费用，即每工时收费的标准。工时费率根据工作项目、工作环境和工种等有所差异。

维修工时定额和工时费率是由地方政府物价部门和地方汽车维修管理部门等政府机关，根据本地区汽车维修业平均工时和本地多数保有车型联合制定的指导性价格标准。它有利于平衡和统一本地区的车辆维修价格。近年来，由于汽车技术的发展，新车型新技术不断涌现，汽车修理技术明显有了高低之分。因此，某些地区在维修收费标准上也按车型划分了档次，执行"汽车维修车型系数"。在计算维修费用时要将基本工时定额乘以车型系数，使不同档次的汽车修理的收费标准拉开了较大距离。

各维修厂家由于其本身条件不同，可以根据本身的实际情况在政府指导工时定额和工时费率的基础上适当上浮和下浮，报当地车辆维修管理机关批准后可以按本厂规定实行。

一些汽车生产厂家和其4S店也根据本地区的政府指导性工时定额和工时费率，自行制定了专一车型维修工时定额和工时费率。因其4S店在本地区该种车型维修中的权威和垄断地位，在对该种车型进行损伤维修估算时应该重点参考执行。

定损人员在做费用估算时，要把握估算的标准，才能准确定出所需维修价格。如果是厂家的定损人员进行费用估算，则应根据本厂的工时定额和工时费率进行计算。如果是保险公司进行定损工作，则定损人员需根据当地的政府指导价（或本保险公司的定损指南）来进行估算，这样才会比较准确地把握平均价格。

3. 维修工时的确定

根据车损情况做出维修计划，按照每个维修项目估计确定维修工时，再根据工时定额可以计算出维修工时费，确定维修工时是计算维修工时费的关键。车辆碰撞损伤维修中主要包含以下几种工时。

1）拆装工时

事故车辆的修理和正常的汽车维修不同，事故车辆修理中拆装工时常占有很大的比例。例如，一辆轿车的侧面与另一辆车发生碰撞后，其两车门受损，B柱和部分车顶损坏。要修理顶部就要拆除内顶饰板和B柱内饰板等部分，修理后要按照原样装好。往往拆装所需要的工时比整形修理所需的工时还要多。拆装特定零部件的工时在工时定额中有明确规定，只要按照维修要求计算即可。

为碰撞修复而产生的拆装工时有三种形式，即显性拆装工时、隐性拆装工时和整车拆装工时。在核算工时时，要根据实际情况分别计算。

（1）显性拆装工时，即修理某些零部件时，拆装该零部件所需的工时。在上例中，两车门需要整形，那么拆装这两个车门所需的工时即显性工时。

（2）隐性拆装工时，维修某些零部件时需要首先拆除不需要修理的完好部件，在修复装配时也是如此，这部分工时即隐性工时。在上例中，为校正车顶而进行的内顶饰板和B柱内饰板等的拆装操作即隐性工时。轿车前部正面或前角碰撞后，会造成纵梁和前翼子板内板的损坏。而要校正或更换纵梁或翼子板内板，除要先拆除水箱支架、水箱、冷凝器、风扇、翼子板等（这些部件已经损坏，它们的拆装工时是显性的，亦包含在该单项修理的工时中）外，还要拆除发动机才能进行，发动机的拆装作业即隐性工时。隐性工时在轿车的碰撞修理中是经常有的，定损人员应充分注意。

（3）整车拆装工时，非承载式车身车辆在发生翻车和重大撞击事故时，会造成车架的严重变形。为校正或更换车架，就要拆下车体、吊下发动机、变速器、前后桥、悬架等几乎所有的车身零部件。在修复后则按照拆卸的相反顺序逐一装复，这就是整车的拆装。

2）换件工时

事故车修理中，某些零部件经鉴定已经损坏，更换这些零部件所需要的工时称为换件工时。例如，轿车前部碰撞，前保险杠及保险杠衬板、散热器格栅、水箱框架、灯具、翼子板等需要更换，更换这些零部件所需的工时，计为换件工时。

3）整形工时

事故车辆的钣金件因碰撞而变形，对其整形修理所需的工时称为整形工时（钣金工时）。整形工时的定额根据车辆的钣金件部位和损伤程度等有很大的区别，一般按照钣金件的损伤程度将其分为轻度、中度和重度损伤三类。

轻度损伤：局部的、小范围的，不影响整体安装的轻度变形。其钣金修理的工时费用为新件价格的10%～20%，如轿车的前翼子板、车门的轻微碰撞变形等。

中度损伤：局部框架的变形或板件中等程度的损伤。中度损伤的校正需要局部拆开进行整形操作，其钣金修理的工时费用为新件价格的20%～35%，如轿车的前门立柱、中柱等钣金修理。

重度损伤：板件或结构件已经整体变形，需要全部拆开进行整形校正操作，其钣金整形工时费用为新件价值的35%～50%，如平头货车的前门立柱、前围板、车门和驾驶室总成等。

损伤部位不同，其钣金整形的工时费用也有所差异。比较重要的结构性部件和外观要求比较高的外观板件，其工时定额要高一些。表6.3所示为某省轿车车身金属构件整形工时的参考定额。

表 6.3 某省轿车车身金属构件整形工时的参考定额（节选）

序号	变形程度 作业项目	轻度	中度	重度	需更换
1	前围框架	6	9	12	16
2	发动机罩	10	15	20	
3	前翼子板	8	10	12	
4	前纵梁挡泥板总成	12	16	20	28
5	前风挡框架	8	12	16	
6	前门前立柱	10	15	20	25
7	车门中柱	12	16	20	20
8	车门	10	16	22	
9	后备厢盖	10	15	20	
10	后翼子板	10	15	20	24

4）机修工时

事故车辆维修中，对机械部分进行的检查、调整和修理所需要的工时称为机修工时。例如，变速器在碰撞中发生损坏，更换变速器壳体（即变速器总成大修）所需要的工时即机修工时。

在事故车损伤维修中，机修工时与总成大修或维修作业是相同的，可参考汽车修理工时定额进行计算，但有时应相应增加拆装工时。

5）电工工时

电工工时包括对电气设备的修理和配合其他工种作业进行的灯具拆装，线路的更换或修整，仪表台及仪表的拆装，蓄电池的电解液补充和充电，仪表传感器等拆装，发动机和起动机的检修等，可参照工时定额确定。

6）调整工时

调整工时包括总成机件检修后的调试、磨合及制动、转向、离合器、四轮定位等修正后的路试检验，以及所有修理部位的检查等所需要的工时。

7）喷涂维修费用

按喷、烤漆工时定额和收费标准，其费用为：工时费＋喷、烤漆材料费。

以某省"轿车喷、烤漆成本核算参考定额"为例，一辆普通桑塔纳轿车喷、烤普通漆：

（1）铲底30%以下，全车喷、烤漆为120工时。

（2）铲底30%～60%，全车喷、烤漆为160工时。

（3）铲底60%以上，全车喷、烤漆为200工时。

铲底即底材处理。全车喷涂应包括原子灰、底漆、中涂漆、面漆和打磨等处理的费用和材料费。一般事故车辆全车喷漆，轿车内部不喷涂，其铲底面积可按30%～60%计算，如按每工时收费7元的参考价格，喷、烤漆工时的费用约为1 200元，材料费约900元，喷、烤漆房使用费400元，加利润和税费（按成本的18%计）后，该车全部喷涂所需的费用总计约为2 800元，如表6.4所示。

表 6.4　某省轿车喷、烤漆成本核算参考定额（节选）

序号	项　目 \\ 车　型	夏利 7100		普通桑塔纳	
		用量	金额/元	用量	金额/元
1	原子灰	2 桶	120	3 桶	180
2	面漆	1.2 L	450	1.5 L	550
3	固化剂	0.6 L		0.75 L	
4	稀释剂	0.7 L		0.8 L	
5	底漆	1.3 kg	45	2 kg	80
6	稀释剂	1.3 kg		2 kg	
7	砂布	10 张	30	15 张	50
8	砂纸	15 张		20 张	
9	胶带	7 盘		10 盘	
10	贴护纸	—		—	
11	材料费合计		654		860
12	普通漆内、外喷	增加 250 元	895	增加 300 元	1 160
13	喷金属漆	增加 300 元		增加 300 元	
14	烤漆房使用费		400		400
15	外表全喷工时费	5×120	600	5×160×1.4	1 120
16	内、外喷工时费	5×150	750	5×200×1.4	1 400
17	普通漆外表喷、烤成本		1 645		2 380
18	增加 18% 利润、税费		约 1 900		约 2 800
19	普通漆内、外喷、烤成本		约 1 900		2 680
20	金属漆外表喷、烤成本		1 945		2 680
21	增加 18% 利润、税费		约 2 300		约 3 160

　　桑塔纳轿车车身（地板除外）共由 15 块板组成，各部分的单件喷、烤漆费用如表 6.5 所示。单件的喷、烤漆费用之和要高于整车的喷、烤漆费用，这是因为单件喷涂时涂料及消耗要高于整车喷涂的使用量和底材处理的比例。

表 6.5　桑塔纳轿车车身各部件喷、烤漆费用

序号	车身部件名称	喷、烤漆费用/元
1	前围框架	100
2	发动机罩（内、外）	450
3	前纵梁挡泥板总成	100×2＝200
4	车顶	400
5	前翼子板	200×2＝400
6	后翼子板	250×2＝500
7	车门	250×4＝1 000
8	后备厢盖（内、外）	300
9	后舱后围	100

项目 6

汽车事故车辆损伤评定

187

金属漆的费用要高于普通漆，因为金属漆的价格要高于普通漆。同时，金属漆要喷清漆，而普通漆则不必喷清漆。因此，金属漆的整车喷、烤价格比普通漆的整车价格高300元左右；珍珠漆的费用比金属漆还要高，整车喷涂费用比使用金属漆高200~300元。

8）其他工时

汽车维修中还有外协加工工时和辅助工时等。一般的修理企业在安装玻璃，修焊水箱、玻璃钢或铝合金制品等时，需要到专门的专业加工厂完成。此外，外协加工工时的费用应根据实际发生费用估算。另外，有些大型修理厂，其专业分工细致，如缝工、轮胎工等，如果有这些工种参与，也应当将其工时计算在内。

9）特种车辆的维修工时

在定损工作中有时会遇到特种车辆的费用估算问题，因为特种车辆的维修是比较专业的，有的车种还需要到专门指定的维修企业进行维修，所以在特种车定损时需要多方了解。特种车辆类型繁多，批量较小，发生事故的概率也比较低。这类车型一般附加有其他的机械设备，且价格很高，如消防车、冷藏车、大型吊车、重型自卸车、豪华大型轿车等。这些车一旦发生事故，损失都会比较大，而且有的还需要到原制造厂或专业厂维修。修理工时没有可以参照的资料，确定起来有一定的困难，在定损时需要参考制造厂家或专业修理厂的标价进行。

特别提示

补漆原则

补漆的原则是不能有接头，一个面不是指前后左右的一个面，而是一个段，如果在同一个零件上那就是一个面，比如说在车身左侧，破漆在一个门上就补一个整门，在两个门上的话就要补两个整门了，补整个一面是不现实的，两个面接合的地方也是不能有补漆接头的。

6.6 碰撞损伤评估报告

在对车辆的损伤状况做完必要的检查与费用估算工作后，需要以书面的形式对车辆的损伤情况进行记录。这份记录将对制订车辆的修复计划起到决定性作用。

碰撞损伤的评估报告可以是单独的损伤情况记录，也可以与车辆损伤的费用估算合二为一。对于保险公司或修理厂家，对车辆损伤及其修复费用做出的定损单或维修费用评估单，通常都以二者合一的形式对被保险人或托修客户进行报告，其所报告的费用和修理方案及修理时间等多为估算。而作为承修厂家的接车业务人员对车辆损伤情况进行的检验单，则多以损伤报告的形式与托修单（也称《托修任务委托书》）一同下达到修理车间，作为下一步修理工作的依据。具体的修理费用和维修时间等需待进一步确定后，再与客户进行协商和统一结算。

6.6.1 损伤评估报告的编制

对事故车辆的损伤报告和维修预算表格，不同的单位各不相同，但主要内容是一样的。主要内容应包括托修单位或车主的信息、车辆的信息、车辆损伤的情况、预计的修理方式、预计的维修费用和待定项目等。下面就损伤报告的主要内容做简单介绍。

1. 托修单位或车主的信息

托修单位或车主的信息主要有托修单位或车主的名称、地址、邮编、联系电话等。保留这些信息可以通知托修方提车结算，或能就维修方面临时发生的问题（如维修项目、维修费用、维修时间等的变化）及时与托修方取得联系，便于双方协商解决。

2. 车辆的信息

（1）车辆的信息主要包括车辆的厂牌型号、VIN码和发动机号、生产年份、登记日期和车牌号等。记录这些内容可以为维修中配件的购买和查阅维修手册等信息提供很大的帮助。

（2）记录车身颜色（如果有车身颜色代码，也要记录）、有无改色等信息，对于车身的涂装修复有很大帮助。车身涂装修复要尽量做到无痕迹修补，即让人们看不出车辆是经过车身涂装修复的。

（3）记录车辆的行驶里程和车身的类型（承载式或非承载式）等信息，有助于车身维修技师对车辆的修复做出正确的计划。

（4）交通部门的证明文件。如果是事故车辆，或需要全车改色的车辆，还应有交管部门或相关部门出具的事故证明和车管部门出具的改色证明文件。但如果承修的是经保险公司定损后的车辆，这一项则不必提供。

3. 车辆损伤的情况和预计的修理方式

经过对车辆的损伤检验，仔细记录车辆的损伤情况，并提出维修方案。对车身或其他机修、电器修理中的零部件或结构件是修理还是更换，在经过损伤检查之后应该明确。对于车辆的损伤情况，首先要对碰撞进行简单的描述，记载当时的车速、碰撞物体、碰撞角度、驾驶员采取的措施情况、车辆的载重等，便于维修技术人员对车辆进行进一步检查和分析。

4. 待定项目

无论是保险公司的定损还是承修厂方的接车人员，在经过损伤鉴定而确定了维修和更换项目之后，都应在维修中加以执行。因此，在定损中要严肃认真，尽量不留死角。但再仔细的工作也难免会有疏漏，因此在鉴定书中应保留待定一项，以免造成不良后果。

6.6.2 评估报告的撰写

针对事故车辆，应查阅碰撞定损手册，列出所需更换的零部件名称，查阅各种部件价格，并且应用科学计算方法合理确定修理工时、油漆工时（根据当地核价、当地工时费率），对该车做出全面、合理、科学的交通事故车辆损伤评估报告。某保险公司的事故车辆简易案件损伤评估报告单如表6.6所示。

表 6.6 某保险公司的事故车辆简易案件评估报告单

案件号：

驾驶员		是否指定驾驶员	□是□否	驾驶证是否有效	□是□否
车牌号码		厂牌车型		行驶证是否有效	□是□否
车架号（VIN码）			发动机号		
出险原因	□碰撞 □倾覆 □盗抢 □火灾 □爆炸 □台风 □自燃 □暴雨 □其他				
查勘地点	□第一现场 □保险公司 □交警扣车场 □特约服务站 □非特约修理厂□其他				
委托状态	□查勘 □核损 □立案 □缮制 □核赔 □结案 □支付				

查勘意见：

查勘员（签字）：　　　　　　　　查勘时间：　　　年　　月　　日

项目	金额	项目	金额

工时费合计：　　　　　　　　　　材料费合计：

双方同意受损车辆修理工料费合计为：人民币　　　　仟 佰 拾 元 角 分（　　　　　）

定损员（签章）：　　　　保险人（签章）：　　　　被保险人（签章）：

发生交通事故的正确做法及骗保后果

1. 发生交通事故的正确做法

1）停车熄火

原因很简单，就是避免第二次事故。

2）开双闪，摆三角

熄火停车，开双闪灯（危险紧急灯），摆三角，提示后面的车辆。根据《中华人民共和国道路交通安全法》的规定，在常规道路上，发生故障或者发生交通事故时，应将三角警示牌设置在车后50～100 m处；而在高速公路上，则要在车后150 m外的地方设置警示标志，若遇上雨雾天气，还得将距离提升到200 m。提醒过往车辆驾驶员，让他们有足够的时间调整方向和减速。

3）仔细查看事故状况

下车检查事故严重程度，这是初次判断的需要，大部分驾驶员都需要有一个大体的了解，才能够清楚下一步的动作。假如出现了人员伤亡，应立即优先转移伤亡人员。当然，剐蹭的话，一般不会出现太大的问题。

4）报案

如果经过磋商，双方不同意私了，就拨打122报警，由交警进行责任认定。保护好事故现场，同时及时给自己投保的保险公司报案，争取赔偿金，降低风险系数，保险公司的报案时限一般不超过48小时。

2. 交通事故骗保的后果

1）投保人骗保，解除保险合同，并不退还保费

《保险法》规定，如果投保人故意隐瞒事实，不履行如实告知义务的，或者因过失未履行如实告知义务，足以影响保险人决定是否同意承保或者提高保险费率的，保险人有权解除保险合同。投保人故意不履行如实告知义务的，保险人对于保险合同解除前发生的保险事故，不承担赔偿或者给付保险金的责任，并不退还保费。

2）投保人骗保，或构成保险诈骗罪

根据《中华人民共和国刑法》第一百九十八条规定，有下列情形之一，进行保险诈骗活动，数额较大的，处五年以下有期徒刑或者拘役，并处一万元以上十万元以下罚金；数额巨大或者有其他严重情节的，处五年以上十年以下有期徒刑，并处二万元以上二十万元以下罚金；数额特别巨大或者有其他特别严重情节的，处十年以上有期徒刑，并处二万元以上二十万元以下罚金或者没收财产：

（一）投保人故意虚构保险标的，骗取保险金的；

（二）投保人、被保险人或者受益人对发生的保险事故编造虚假的原因或者夸大损失的程度，骗取保险金的；

（三）投保人、被保险人或者受益人编造未曾发生的保险事故，骗取保险金的。

应用案例 6 – 1

雨天进水晴天坏，应该如何理赔

【案例概况】

一辆轿车在行驶过程中，因发生轻度的正面碰撞而向保险公司报案，要求查勘。将车拖至修理厂，拆解发动机后发现，第三缸的活塞连杆折断，缸体损坏。

根据损坏机理的分析，汽车正面的轻度碰撞，不应该导致连杆折断，更不会导致缸体损坏，原因何在呢？经对车主详细了解得知，该车曾在三天前强行涉水，导致当场熄火，车主在将积水进行简单清理并更换空气滤清器后，继续使用。

思考题：(1) 为什么该车的正面碰撞会引起连杆折断？

(2) 车主涉水、更换空气滤清器后继续使用，是否影响进水损失赔付？

(3) 本案例是否应该赔付损失？应赔付哪些损失？

【案例解析】

(1) 为什么该车的正面碰撞会引起连杆折断？

正常情况下，汽车的正面碰撞不可能造成连杆折断。在本案中，这属于一个巧合。正是因为三天前车主"强行涉水，导致当场熄火，在将积水进行简单清理并更换空气滤清器后，继续使用"的行为，导致连杆的轻微弯曲，本次发生正面碰撞后，发动机尚未熄火，但汽车已经不再前进，发动机瞬间发出的巨大扭矩将连杆折断，并捣坏了缸体。

(2) 车主涉水、更换空气滤清器后继续使用，是否影响进水损失赔付？

由于车主在三天前强行涉水，这应该理解为故意行为，而保险公司是不会为故意行为所造成的车辆损失予以赔付的。换句话说，假如车主不是故意强行涉水，属于自己的过失导致的车辆进水，他在"将积水进行简单清理并更换空气滤清器后，继续使用"的行为，应该属于保险责任免除条款中规定的"遭受保险责任范围内的损失后，未经必要修理继续使用被保险机动车，致使损失扩大的部分"，保险公司也不会承担保险赔偿责任。

(3) 本案例是否应该赔付损失？应赔付哪些损失？

在本案中，车辆造成的损失包括因发生碰撞而造成的车辆前部损失以及发动机内部损失两部分。对于第一部分损失，应该属于车辆损失险赔偿的范围；而对于第二部分损失，保险公司则不承担赔偿责任。

❀ 本章小结

本章内容主要介绍车身定损，分别从车身的结构、车身修复作业的主要内容、车身定损分析等方面做了详细介绍；特别是对发动机和底盘受损情况进行了分析，并对汽车火灾、水灾、盗抢定损与评估做了详细的阐述；对汽车盗抢损失的评估、电气空调系统定损、市政设施、道路设施、建筑物及农田庄稼定损也做了相应的表述。在讲到维修时，对车辆配件修或者换也给出了一定的建议，并指出损伤评估报告的填写注意事项。

习题

一、选择题

1. 下列属于不合理的施救表现的是（　　　）。

    A. 对倾覆车辆在吊装过程中未合理固定，造成二次倾覆的

    B. 在使用吊车起吊中未对车身合理保护，致使车身大面积损伤的

    C. 对拖移车辆未进行检查，造成车辆机械损坏的（如制动、传动部分），轮胎缺气或转向失灵硬拖硬磨造成轮胎损坏的

    D. 以上答案都正确

2. 钣金中修换基本原则：损坏以弯曲变形为主就进行修复，损坏以（　　　）为主就进行更换。

    A. 断裂变形　　　　B. 弯曲变形　　　　C. 折曲变形　　　　D. 凹凸变形

3. 主车和挂车连接使用时视为一体，发生保险事故时，由主车保险人和挂车保险人按照保险单上载明的机动车第三者责任险责任限额的比例，在各自的责任限额内承担赔偿责任，但赔偿金额总和以（　　　）的责任限额为限。

    A. 主车＋挂车　　　　B. 主车　　　　C. 挂车　　　　D. 以上均不正确

4. VIN 码 1GNDM15Z8RB122003 代表的汽车生产国为（　　　）。

    A. 中国　　　　B. 日本　　　　C. 美国　　　　D. 德国

二、案例题

一辆桑塔纳轿车，在行驶过程中被后面的车追尾，造成保险杠骨架变形，后挡板、后备厢盖和右后翼子板严重变形，右后尾灯损坏，如图 6.7 所示。

思考题：

（1）如何制定该车的维修方案？

（2）该车的更换件有哪些？

（3）该车的拆装项目有哪些？

（4）该车的喷漆项目有哪些？

图 6.7　被追尾的桑塔纳轿车

项目 7

人伤定损实务

☑ 学习目标

1. 了解人伤理赔管理规定的目的和宗旨。
2. 了解人身损害案件的特点。
3. 掌握人伤的赔偿规定和处理流程。

☑ 学习要求

能力目标	知识要点	权重
了解人伤案件勘查的目的、人伤勘查工作的内容、信息的采集及步骤	人伤案件勘查的目的；人伤理赔的工作内容；人伤理赔规定及处理流程	30%
人伤案件从接报案开始就要对案件进行全过程服务跟踪，按照相关规定和标准进行指导和赔付	人伤定损流程、人伤核赔流程	40%
清楚人伤案件中的单证材料	人伤案件中的单证材料	30%

引 例

2013 年 5 月 4 日，一名男童李某在过斑马线时与靳某驾驶的一辆城际公交车相撞，之后王某驾驶的一辆公交车和靳某驾驶的城际公交车将李某夹在两辆车中间，造成李某重伤。经司法鉴定，李某脑部受伤，已经构成一级伤残。请问如何进行赔付？

❋ 7.1 人伤费用赔偿

1. 人伤理赔管理规定的目的和宗旨

1）目的

加强保险车辆人伤案件医疗核损的专业化管理要求，提升医疗核损人员的专业技术水平，指导医疗核损人员的操作技巧，提升客户服务质量，有效控制不合理的人伤赔付费用，提高结案率、降低赔付率、增加续保率，以达到控制公司经营风险的目的。

2）宗旨

实现保险车辆事故中涉及人伤处理的标准化、精细化管理，明确医疗、伤残、死亡等各项费用赔付标准，加强与医院、交警队、司法鉴定机构、卫生行政主管部门、医疗保险部门、法院等的合作及监督，使客户得到及时、有效、合理的救治，控制医疗抢救费用，合理控制人伤案件后续费用等各项赔偿，为客户提供更优质、便捷的服务，真正实现高水平的管控和服务。

2. 开展人伤理赔的工作内容

（1）向被保险人提供咨询服务，指导其处理涉及人伤案件的相关事宜，提高车险服务品质，提升品牌信誉。

（2）按照"提前介入，过程跟踪，突出重点环节"的原则，加强对交通事故定点医院、法医及交警部门的协调和监督，防止人伤案件中虚假水分和不合理费用的产生。

（3）加强人身伤亡案件的介入与管控，防范人伤案件的道德风险，提高车险的理赔质量，提高客户满意度，降低人伤赔付率，提高车险的经营效益。

（4）协调与交警、法医、医院、社会保险等相关部门的关系，提升车险的社会效益。

3. 开展车险人伤理赔的方法和途径

（1）事先告知，主动预防。在案件处理过程中，及时告知被保险人有关人伤案件处理的注意事宜，预防其因有保险而产生的放任态度；同时，通过事先告知，与被保险人或其他当事人进行有效沟通，也可以减少理赔处理中的纠纷。

（2）提前介入，过程跟踪。人伤事故的特点是治疗周期长，赔偿项目确定复杂，所需单证较多。因此，保险公司在接到报案后，应立即指派核损人员与被保险人及伤者接触，了解其治疗医院、伤者个人情况及伤情，必要时应与经治医师见面，了解治疗方案，预估治疗费用，对每一治疗阶段的用药及治疗手段等费用进行跟踪记载，并指导被保险人收集相关索赔单证，避免在结案后产生纠纷。同时，提前介入的方式也体现保险公司为伤者排忧解难、为客户着想的服务意识，能够得到被保险人的支持和配合。

（3）积极联络外部单位。人伤事故涉及公安交警部门、医疗单位、司法部门和相关鉴定机构，对于伤亡者赔偿往往是多方面调查取证和沟通协商的结果，因此，保险公司应主动与相关部门加强联系，了解事故处理的全过程，尽量取得事故认定及费用核定的证据，保证在理赔时处于主动地位。

（4）联系实际，合理赔付。虽然国家已经制定了相对完善的法律法规作为处理人伤事故的依据，但各省市还有相应的规定和办法，各级保险公司应认真研究本地政府及公安部门在处理此类事故的地方法规，了解当地实际情况，结合具体案情，合理处理赔案。

4. 人身损害案件的特点

（1）案件涉及面广。交通事故的损害赔偿通常涉及保险人、被保险人、受害方（伤者）、致害方（肇事司机）、医疗机构、伤残评定机构和公安交通管理部门、司法机关等，在确定事故责任、赔偿标准以及费用标准等方面，涉及的范围较广，纠纷也比较多。

（2）处理案件需要多方面的知识和能力。人身损害赔偿案件中，主要围绕人员伤亡展开理赔处理，其中除要求理赔人员具有比较专业的医疗知识外，还需要懂得与人身损害赔偿相关的专业知识，同时需要具备洞察力和沟通能力，能够妥善处理理赔纠纷。

（3）相关法律法规关于人伤处理的规定存在"边缘地带"。目前有关人伤案件处理方面的法律法规还存在一些不明确的地方，有些方面只是做出了原则性规定，且各地的公安及司法部门在处理事故时的政策尺度不一，因此在处理人身损害事故时往往会产生纠纷。

（4）处理人伤案件涉及两个不同的法律关系。一是被保险人（即肇事方）与第三者（即受害人）之间的民事损害侵权关系，受民事相关法律法规约束；二是被保险人与保险人之间的合同关系，受合同法、保险法的约束。法律关系的不同，导致被保险人需要支付给受害人的赔偿与其可以从保险合同中获得的赔偿之间存在一定的出入，从而产生纠纷。

（5）案件处理周期普遍较长。由于人身损害案件中涉及受害人的治疗和身体恢复过程，以及与受害方的损害赔偿协商过程，因此，相对于财产损失案件中对于财产损失鉴定的过程，人伤案件相对较长，一般会在3~6个月，有的会长达几年，甚至更长。

（6）同一损害事实，因相关赔偿因素不同而导致赔偿金额迥异。由于存在个体的体质差异性，导致医疗方案和医疗费用不同；不同的户籍身份导致残疾者生活补助费、死亡补偿费、被抚养人生活费的差异；不同的职业和收入造成误工费、护理费的差异；不同的出险地赔付标准也不一样等。这些因素决定人伤案件损失的确定不可能像车损、物损一样，通过一次或两次的查勘和跟踪就能明确下来。实际上，人伤案件损失的发生是一个动态过程，从事故发生到调解结案一直在不断变化。

特别提示

● 开展车险人伤理赔的方法和途径为：事先告知，主动预防；提前介入，过程跟踪；积极联络外部单位；联系实际，合理赔付。

7.2 人伤理赔规定及处理流程

人伤案件的处理是动态过程，从接报案开始就要严格按照操作规定和流程介入处理，严控每一环节的人伤赔付，对案件进行全过程服务跟踪，按照相关规定和标准进行指导和赔付，切实减少保户不必要的支出，同时做到保户明明白白赔付。

1. 人伤理赔制度

（1）提前介入、控制重点环节的查勘原则。提前介入是指发生交通事故后，对人伤案件可能涉及的赔偿项目，采取积极主动措施，剔除各种虚假水分，防止损失进一步扩大。通过提前介入，可以防止出现被保险人在调解中承担的不合理费用得不到保险人认可的现象，避免了双方在索赔时的纠纷，有利于提高客户满意度和保险公司形象。在伤者住院期间，提前介入的重点是医疗费用的审核，对于滥用药品、滥行检查、小伤大养、以伤养病、挂床住院的现象，要及时与院方或主治医师沟通，必要时要向有关部门（如当地卫生管理部门、当地医疗保险管理部门等）反映；在伤者出院后至调解结案期间，提前介入的重点是，伤残评定结论的合理性，出院证明中二次手术费、误工期限、护理人数的合理性，对不合理的结论，在调解以前要求重新认定。一般来说，以下案件必须进行提前介入：估计损失金额在3 000元以上的；伤者住院治疗的；一次事故造成3人以上受伤的；死亡的人伤案件。

控制重点环节是指根据人伤案件的特点，将医疗核损的工作流程分为三个不同阶段，即住院查勘阶段、调解结案阶段、赔案审核阶段，每个阶段重点不同。住院查勘阶段的重点是防止不合理医疗费的产生；调解结案阶段的重点是防止不合理误工费、护理费、残疾赔偿费、残疾辅助器具费、被抚养人生活费等的产生；赔案审核阶段的重点是按照车险赔案审核的一般原则，审核人伤案件中各种证明材料的真实有效性，防止虚假的人伤赔案产生。

（2）坚持过程跟踪、随访制度，提高人伤案件处理的准确度。过程跟踪是指发生交通事故后，从伤者住院到结案期间，所有涉及人伤赔付的环节，都必须追踪了解伤者病情和案件的进展，及时向被保险人反馈信息并提出指导意见，防范各环节中可能出现的漏洞。

具体来讲，在伤者住院期间，主要追踪了解伤者伤情并评估医疗方案、医疗费用是否合理，视具体情况与医院进行有效沟通，积极争取介入医疗方案；了解伤者和护理人员的工资收入情况；了解与抚养关系相关的家庭背景。伤者出院康复期间，追踪了解后续治疗费、二次手术费以及伤残评定的情况。在调解期间，将追踪获得的信息反馈给被保险人，并提出理赔指导意见。随访主要是对诊断治疗方案和已发生的医疗费用进行分析，了解伤者康复情况，对不合理部分及时向主管医师或主管部门反映；同时向主管医师了解以后的治疗方案，并提出合理建议；对病情轻微、"小伤大养"的伤者，应积极与医院沟通，在不影响伤情的前提下，争取早日出院或转入门诊治疗；对存在原发性或慢性疾病或"以伤养病"的伤者，应告知保险理赔知识和相关的法律法规，争取让医院分别治疗。人身损害与物品损害不同，人体受伤时由于突然受到外力侵害，会出现昏迷、休克、大量出血等症状，一般来说，伤者在入院急救时期，查勘工作只能对伤者初步情况了解，但随着急救处置的进行，伤情会稳定或缓解，因此，适时随访显得尤为重要。

随访一般可根据伤情适时进行，对于首次开始随访的一般时间要求是：对于处于突然休克或昏迷状态的伤者，在其苏醒后；对于进行手术的伤者，在其手术后；对一般住院伤者，要求48～72小时内随访。

2. 人伤报案流程

发生保险事故后，客户统一拨打95＊＊＊报案。

涉及人身伤害案件，由信息员给客户作简单的人伤案件理赔指引，同时将案件调度给人伤调查员进行查勘。

3. 人伤查勘/调查流程

1）报案及调度安排

接报案人员在接到报案后，按照要求完整填写理赔系统中规定的登记要素，并迅速完成出险信息查询工作。

在完成登记工作后，及时通知调度统一安排查勘人员查勘，视案情决定是否提前介入处理，对于有人员住院治疗的案件，均要求赴医院查勘。

对于属于强制三责险范围内需支付抢救费的，应缮制强制三责险抢救费用支付申请报告。

人伤调查员在接到调度后，赶赴事故现场或就诊医院进行查勘，并告知被保险人有关索赔事宜和处理依据。人伤调度强制三责险轻伤、重伤或群死、群伤的人伤调查员与保户联系，了解伤者伤情及医院名称、科室、床号等，并做好登记。接交警垫付通知，人伤调查员做好相关审查、登记，人伤调查员定期进行跟踪调查，并逐次做好人伤案件调查记录，经审定可确定一次性赔偿，人伤调查员审查被保险人交来的索赔材料，并结合人伤案件调查记录，对存在疑问的进一步核实，最终形成人伤定损清单，理赔内勤缮制赔案，人伤核损员对人伤定损进行审核，财务付款，赔付结案。人伤理赔流程如图 7.1 所示。

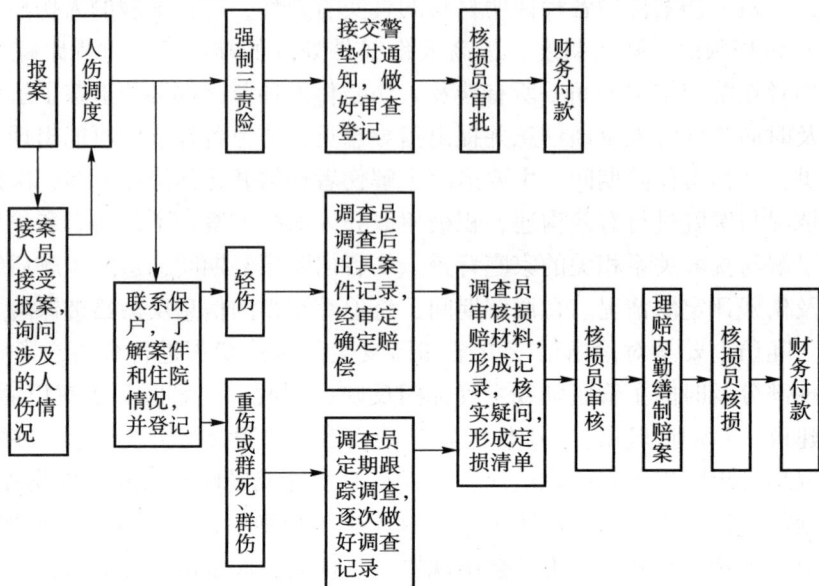

图 7.1　人伤理赔流程

2）查勘/调查工作流程

（1）查勘前准备工作流程。

人伤案件调查员接到人伤案件调度通知后，及时打电话与被保险人联系，了解伤者姓名、人数、所住医院、科室，并做相应的记录。根据伤者所住医院的区域分别归类，以便安排好案件查勘行程，提高工作效率。

核实出险情况，了解伤员受伤情况以及就诊医院、所属险种和相应的保险限额，以便进一步调查。认真审核出险车辆信息表及报案记录，了解事故类型、出险经过、伤亡情况，核对承保信息、投保要素，识别风险点，并在查勘过程中重点调查。

填写《车险人伤案件跟踪报告》及理赔系统中要求的其他单证资料。

准备好查勘用的相关资料，包括介绍信和数码相机等设备。

（2）展开查勘/调查流程。

对于伤情较轻未住院治疗的人员，通过打电话或面谈向当事人了解，并将了解情况记载在人伤案件跟踪报告中。

对于伤情较重、住院治疗的人员，应及时向当事人了解受伤人员情况，记录收治医院、科室。对于非急救伤者，在受理报案的两天内赴医院向当事人了解，包含伤者伤情、医疗用药、治疗项目、治疗进程等。对超出范围的医疗项目和费用，应及时与院方和经治医师沟通；对于处于急救状况的伤者，可在其急救结束后及时前往调查。通过与院方的沟通，全面了解伤情，包括创伤部位、程度以及并发或原有病症。向经治医师了解已经或即将进行的重大手术项目和贵重药品名称、医疗器材的产地和档次等，陈述保险理赔范围和标准，如有可能，与医院共同制定治疗方案和用药范围。向经治医师及院方管理部门了解伤者是否需要营养费、康复费及标准，并详细记载。向伤者及其陪护人员阐明保险理赔原则和理赔范围、标准，明确各自承担的费用部分，并以文字方式进行记录，尽可能由双方签字确认。对重大伤情随时跟踪，并与主治医师分阶段协商用药范围和标准，了解住院时间和后续治疗方案，对于需要再次手术或院外继续治疗的，共同商定后续治疗费用情况；根据首次查勘情况以及案件进展情况，及时安排复查，所有复查的结果均应及时告知被保险人。对于可能涉及以后评残的，应告知被保险人关于评残的注意事项，要求被保险人提前通知保险人关于伤者的评残日期、评残机构等情况，密切跟踪评残过程，并关注结果，及时采取下一步的处理措施。对于治疗结束需要评定伤残等级的，协同被保险人或伤者共同到具备资质的鉴定机构，关注评定结果。对于特殊案情一次性协商处理对公司较为有利的，可以根据掌握的情况酌情协商一次性赔付结案，但必须经首席核赔人审核同意，并按照权限规定上报审批。

对于案情严重、复杂的，向处理事故的交警部门了解出险、施救经过，必要时寻找目击者或相关知情者进行询问笔录。

查勘/调查工作必须分阶段持续进行，根据需要一般每5～7天对伤者进行一次探望了解，向主治医师了解伤者的治疗时间和恢复情况。

对于涉及补偿费用的部分，应进行深入调查，包括伤亡者的户籍所在地、工作及情况、家庭成员数量及劳动能力情况等，对涉及外地人员的，应及时委托总公司驻地机构代为调查。

了解伤者治疗期间的护理人数、护理级别及护理人员收入情况，并进行详细记录。

案件中可能出现的被抚养人生活费、误工费等均应及时查勘。人伤调查员在调查中应根据伤情提醒伤者或被保险人，合理确定费用。

每次跟踪了解情况及时记录在人伤案件跟踪表中。

根据查勘情况，预估伤情愈后及医疗费用，并及时记录在系统中的人伤案件估损单中。

4. 人伤定损流程

协助保户参与调解、结案工作，应首先取得被保险人的书面授权，并事先申明参与调解的结果并不构成保险公司的理赔承诺。

人伤定损员可协助被保险人参与事故处理过程，对一些复杂有争议的交通事故，与被保险人一起到交警部门协助调解。根据法律规定，协助被保险人确定赔偿项目及金额，尽可能减少保户不合理费用支出。

对于存在与保险赔偿有关的争议案件，还可视被保险人请求和涉案金额，协助被保险人参与第三者的诉讼，并提供必要的医疗知识和法律服务。

参与过程及结果应及时记录在系统中的人伤案件跟踪记录表中。

关于人伤案件索赔时需要的单证要求，应事先由人伤案件调查员或事故车辆查勘定损员，以书面形式告知被保险人。

被保险人在事故处理结案后，提交有关人身损害赔偿的票据、病历、证明文件、事故责任认定书及调解书、法院判决书及仲裁书等资料，由单证搜集人员进行初审，并打印单证收集表交给被保险人。

根据收集的各种医疗相关单证，如门急诊病历、出院小结、住院病历、医疗费凭证、医疗费用清单等，结合医保药品目录和治疗项目规定，仔细审核，在系统中缮制医疗核损意见书，对于住院的必须审阅住院病历和医嘱单。

对不合理部分提出质疑，要求合理评定，并把处理经过详细记录在人伤案件跟踪记录表中，或再补充资料或做相关调查，必要时也可借助司法程序进行重新认定。

5. 人伤核赔流程

（1）重新审核赔偿标准和索赔单证，对于不合理的费用应予以扣除。包括医疗费超范围用药的，误工费的时间控制及计算标准，伤残补助费用及残疾用具费用的计算标准等。

（2）对于涉及被抚养人补偿费用部分，应重点审核有关证明材料，如发现疑点应追究到底，要求人伤调查员再行核查，必要时可以通知保险调查人参与调查。

（3）及时了解各地公布的赔偿标准，根据调查情况，依照保险条款和相关法律法规进行审核，准确界定属于保险责任范围的赔偿金额。

（4）对于涉及一次性赔偿或协商赔偿的赔案，应与被保险人签订赔偿协议，避免出现"长尾巴"案件，或由于被保险人翻案引发的纠纷。

（5）对于涉及诉讼的案件，应及时向上级报告，并通知相关部门尽快进入法律程序，充分掌握诉讼证据，及时关注案件处理进展情况。

6. 抢救费担保函服务

对已经开展担保服务的公司，严格按照担保管理规定处理。担保函分交强险担保函和商业险担保函，交强险担保函根据国家法律规定处理，商业险担保具体见担保操作管理规定。追加担保时被保险人必须负主责以上，并且不得超过公司的最高担保额。

7. 查勘细则

（1）人伤调查人员接到调度后，应仔细审阅保单抄件，核实保单起止日期、出险时间、报案时间、出险所属险别、出险地点等要素，初步判断是否属于保险责任。

（2）工作时间在接到调度后30分钟内进行电话查勘，了解是门诊还是住院案件，将公司的赔偿标准和需要提交的索赔资料告知客户。

（3）对门诊案件，了解伤者姓名、性别、年龄、职业、就诊医院、诊断结果、目前已花费用及继续治疗费用估计。填写《机动车辆人伤查勘报告》，并将查勘结果录入系统。

（4）对住院案件，工作时间要求在48小时内、节假日在72小时内与被保险人一起到医院查勘，重大或特大交通事故需要第一时间到医院和交警队查勘，向被保险人、伤者、主管医生投递《告知书》，填写《受伤人员登记表》，并且尽量要伤者或伤者家属对所填资料签名且加盖手印；死亡案件到交警事故处理大队了解事故的真实性和死者基本情况，根据查勘结果编制《机动车辆人伤查勘报告》后，在医保系统内进行费用预估（根据跟踪的情况在7天内修改预估），查勘结果录入医保系统。对当时报损门诊案件，在调度后3天内电话跟踪1次，如果治疗结束则案件调查结束，如果住院则按住院案件查勘；住院案件在首次查勘后第7天、第14天进行电话跟踪查勘，如果病情恶化的要安排医院二次查勘；对有疑点的案件负责转交调查岗进行调查。跟踪调查情况写入理赔联系记录单。

（5）在查勘中需要确定伤者受伤部位和严重程度，向伤者了解事故经过、伤者的基本收入情况、护理人员人数和收入情况，向被保险人了解事故经过、告知赔偿标准和项目，了解已经产生的费用情况、费用明细（主要针对非医保费用，向主管医生交涉，避免再次产生）；就治疗方案和治疗周期等与医生确定，对符合出院条件拒不出院的伤者请医生协助办理出院，尽量将伤者的X光片和伤者受伤部位和全貌拍照并将相片上传系统。

（6）向被保险人强调伤者不应随意在同级医院中转院，确需转院的需要医院出具转院证明并且经保险公司医疗核损医生同意。死亡案件需要到交警队核实事故真实性和死者基本情况。

（7）费用预估参考《保险事故人伤医疗核损手册》和主管医生意见。

（8）指导被保险人提供索赔材料。所有索赔材料必须提供材料原件，如果是诉讼案件，提供的复印件需要受诉法院加盖与原件相符字样的公章，对户籍资料复印件加盖事故处理大队的公章。门诊案件提供病历本、收据、费用清单，涉及赔偿误工费的需提供医院的休假证明、受伤前三月工资证明以及收入减少证明。住院案件提供门诊病历或住院病历复印件（需要加盖医院公章）、出院证明或小结或诊断证明、收据、用药清单（含门诊、住院）。需要赔误工费、护理费、续医费的还要提供医院的休假证明、陪护证明、续医证明。同时告知保险公司联系方式和联系人，可随时咨询。死亡案件同样需要提供索赔材料，不再列举。

（9）指导客户如何索赔误工费、护理费、伤残补助费、被抚养人生活费等，并指导客户在交警部门进行损害赔偿调解时维护好自己的权益，拒绝不合理费用，必要时保险公司的人伤医疗核损员可协助客户参与损害赔偿调解。协助被保险人判断伤残鉴定结果是否合理，对不合理鉴定，应告知客户及时申请重新鉴定，维护被保险人的合法权利。

（10）如果案件有特殊需要，在收到客户申请协商处理案件的书面材料后，应该对伤者进行伤残等级、后续医疗费等技术评估，并且制作《人伤案件后续医疗康复费用预估及伤残评定意见书》《车险超权限呈报表》，现有费用资料上传系统，提交总公司公估中心批准后协助被保险人与伤者或伤者家属谈判，协商处理。调解结束后填写《道路交通事故损害赔偿调解协议书》；客户、伤者、保险公司必须在《道路交通路事故损害赔偿调解协议书》上签字、盖章或按手印后才生效。谈判金额一定是可以为保险公司实际减少损失的才可以进行协商处理，对所有提前协商处理的案件必须以书面形式报总公司审批后才可以处理，任何人不得私自协商谈判案件。

（11）疑点案件调查：在跟踪调查时如果发现疑点将进行重案调查，减少不合理赔偿。

❋ 7.3 人伤案件的调查取证要求

根据人伤事故处理的特点，人伤案件的调查取证工作在整个赔案处理中具有非常重要的作用。做好人伤案件的调查取证工作有利于提高赔案处理质量，及时防范和制止人伤案件道德风险，切实维护保险双方的合法权益。人伤案件的调查取证主要包括以下方面：

1. 对保单要素的调查、核实

调查的重点包括：

（1）投保险种与事故涉及的损失是否吻合。

（2）事故发生时间是否在保险有效期限内。

（3）是否有特别约定，特别约定的内容与本次事故的关系。

（4）保费优惠项目与实际情况是否吻合，是否涉及赔偿金额调整。

（5）保单缴费情况如存在承保问题，应由承保部门、核保部门核实，分管领导签字。如存在缴费问题应由计财部门说明。存在责任不明的，应由稽核部门给出稽核意见。

（6）被保险人与车辆实际使用人、出险驾驶人、报案人之间的关系。

（7）是否约定行驶区域，出险地点是否超出约定行驶区域。

2. 对事故经过的调查核实

人伤调查员应注意以下方面，如有疑点应重点核查：

（1）事故发生的现场情况，出险的确切时间，事故性质属单方事故还是双方事故。

（2）涉及伤亡人员人数，哪些属于第三者人员，哪些属于车上人员，哪些属于被保险人及驾驶员的亲属；是否选择座位投保及出险人员所处位置。

（3）出险驾驶员在出险时的状态，包括有无饮酒，是否经过酒精测试，对存在饮酒现象的应及时要求交警部门进行酒精测试；是否存在疲劳驾驶现象，对存在疲劳驾驶迹象的应及时要求交警部门进行调查和测试；是否存在服用违禁药物现象，对存在服用违禁药物迹象的应及时要求交警部门进行检验等。

（4）出险车辆有无超载重或超载客，及时要求相关部门进行超限装载的记录和核定；有无改变使用性质或从事非法营运等情况，及时进行调查询问和记录，注意保存有效证据；出险车辆有无移动现场或逃离现场，注意取得交警部门的事故认定。

（5）注意出险时间和报案时间的关系，出险48小时后报案的人伤案件，应作特别记录，查勘时应了解确切的出险时间和延迟报案的原因。

（6）注意出险时间与起保时间和保险终止时间的关系，对于起保后7天内出险和离保险终止时间7天内出险的人伤案件，应作特别记录，查勘时应了解伤者受伤的确切时间。

（7）对方车辆是否有保险、投保险别、限额及承保公司。

（8）事故中驾驶员所负责任、违章情况。

3. 对伤亡情况的调查核实

根据伤者的实际情况，对伤亡情况的调查核实要求分为三个部分：

对于涉及住院治疗的，每案均应进行调查核实；对涉及多人伤亡的，必须对每案相关人员进行逐一调查核实。

对于受伤人数在3人以上的，以及单个伤者需手术治疗的，除在接到报案后进行调查核实外，还应该进一步跟踪治疗过程。

对于涉及医疗费用自负费用、各种赔偿费用标准，以及提供相关单据等项目的，应及时告知被保险人，并由被保险人签字确认。

调查的重点包括：

（1）伤亡人数，分别了解各自姓名、年龄、性别、从事职业、户籍情况。

（2）了解伤者诊断病情、入住科别、经治医师、治疗方案、是否手术、用何手术方式及内固定器材，是否需二次手术取出内固定器材；医疗费用情况，是否合理治疗及用药。

（3）伤者既往病史、家族病史，是否合并有高血压、冠心病、肺心病、糖尿病等慢性或原发性疾病并进行相关治疗；是否存在与本次事故无关的其他伤病。

（4）是否可能评残，可能评残等级；对可能重度残疾（按 GB 18667—2002 标准五级伤残以上）或死亡伤者应调查家庭基本情况，包括：婚姻状况，子女、父母、兄弟姐妹的年龄、职业、身体状况、劳动能力情况；伤者肢体残损、颜面损伤、牙齿脱落、体表大面积疤痕等，必要时，征得伤者同意后，拍摄伤情相关照片，佐证以后伤残评定的合理性。

（5）护理人员人数、姓名、年龄、工作单位、每月收入情况。

（6）对住院医疗费估计超2万元的案件，应多次追踪调查，发现医疗费用或方案超出标准的应及时与主管医师或医院主管领导交涉，并向客户反馈。

（7）向客户反馈伤者不合理的治疗方案和超标准用药情况，以及与本次事故无关疾病的治疗情况，指导客户在调解中坚持原则；向客户反馈伤者工作单位及每月收入情况，以及护理人员每月收入情况，防止不合理误工费、护理费发生。

（8）告知客户相关赔付标准，如社保医疗范围、床位费用、误工费、护理费、伙食补助费、死亡赔偿费、伤残补助费等。

（9）告知客户人伤案件索赔时所需单证包括：交通事故责任认定书、交通事故调解书或法院判决书或调解书、医疗费发票或收据、医院收费清单、伤者收入证明、护理人员收入证明、法医伤残鉴定书，门急诊治疗者需提供详细的门急诊病历、住院病历，以及其他相关单据和证明。

（10）告知客户公司认为合理的误工时间及二次手术费，防止医师不负责地开具超标准误工时间及二次手术费用，造成客户不必要的损失。

（11）若涉及伤残的应及时通知公司，结合伤者病情决定是否向上一级法医鉴定部门申诉，在规定时限内申请重新评定伤残等级。

（12）对于需要支付营养费、康复费的伤者，与主治医师及时沟通，了解支付标准和支付时间，并及时告知被保险人。

（13）涉及整容费用的，与院方及时沟通，了解整容项目、费用，并及时告知被保险人。

（14）对伤者要求转院治疗的，向院方了解是否需要转院、是否按照社保规定程序办理转院、转院收治医院，了解陪护人员情况。

（15）对评定伤残等级的伤者，了解其存在"长尾巴"赔款的可能性，对存在可能的，与被保险人协商一次性赔付事宜。

4. 对单证资料调查核实审核的重点

（1）审核医疗发票及医院证明是否真实有效。

（2）审核是否存在不属于本次事故所致疾病的治疗情况。

（3）审核医疗费用是否合理，床位费是否超标，是否包含其他间接费用。

（4）审核伤者和护理人员的收入证明是否真实。

（5）审核误工费及护理费的赔偿时间、标准是否合理。

（6）审核续医费或二次手术费是否与医疗证明相符，标准是否合理。

（7）审核伤残评定与伤情及治疗情况是否吻合，是否合理。

（8）审核赡养、抚养关系是否真实，被抚养人人数、分担比例、赔偿标准、户籍情况、劳动能力状况是否真实；对被抚养人调查难度较大的，可合并重案或法务岗介入调查。

（9）审核所有赔偿标准是否按照当地政府公布的相关费用标准执行。

①是否需要营养费，标准是否合理。

②是否需要康复费，标准是否合理。

③整容费的确定，就治医院及标准。

（10）审查住宿费、交通费票据的真实性和有效性，与治疗及事故处理过程是否吻合。

（11）审查转院手续是否符合社保规定程序，是否事先通知交警部门和保险公司，审查转院陪护人员的人数、转院地点与交通费单据是否吻合，审查转院期间住宿费的真实性和合理性。

5. 调查取证的手段

实地勘查：根据事故的具体情况，划定勘查范围，确定勘查顺序，拍摄全景及具体部位照片。通过对现场残留物、现场痕迹和现场地理位置的观察，分析事故发生的可能性和损失的真实性。

访问笔录：赶赴现场走访现场目击者，寻访知情者，询问被保险人、驾驶员、伤者、伤亡者亲属等，做好寻访笔录，并由被询问人签字确认。

获取证据：通过对交通管理部门的走访，取得交警部门对事故现场的记录材料复印件和现场照片；通过对公安部门和当地政府部门的走访，取得关于伤亡者家庭、收入、供养等情况的证据；通过对伤亡者及亲属、陪护人员等单位的走访，取得误工情况及标准的证据。

提取残留物：提取现场遗留的衣物、毛发、血迹、物质碎片等与事故车上的残留痕迹、伤亡者进行检验，核对伤亡人员的真实性。

视听资料的运用，包括录音、录像资料以及其他科技设备取得的信息资料，有利于收集、保存和使用，对于存在欺诈可能的案件，可以将其作用扩展至法学过程，作为交涉、拒赔证据。但对相关当事人运用视听技术取证时应遵循法律规定，避免证据失效。

✿ 本章小结

理赔流程大致可分为：

1. 出险

发生事故。

2. 报案

一般保险公司要求在事发 48 小时内报案。

（1）出险后，客户向保险公司理赔部门报案。

（2）内勤接报案后，要求客户按出险情况填写《业务出险登记表》（电话、传真等报案由内勤代填）。

（3）内勤根据客户提供的保险凭证或保险单号立即查阅保单副本并抄单以及复印保单、保单副本和附表。查阅保费收费情况并由财务人员在保费收据（业务及统计联）复印件上确认签章（特约付款需附上协议书或约定）。

（4）确认保险标的在保险有效期限内或出险前特约交费，要求客户填写《出险立案查询表》，予以立案（如电话、传真等报案，由检验人员负责要求客户填写），并按报案顺序编写立案号。

（5）发放索赔单证。经立案后向被保险人发放有关索赔单证，并告知索赔手续和方法（电话、传真等报案，由检验人员负责）。

（6）通知检验人员，报告损失情况及出险地点。

以上工作在半个工作日内完成。

3. 查勘定损

（1）检验人员在接保险公司内勤通知后 1 个工作日内完成现场查勘和检验工作（受损标的在外地的检验，可委托当地保险公司在 3 个工作日内完成）。

（2）要求客户提供有关单证。

（3）指导客户填列有关索赔单证。

4. 签收审核索赔单证

（1）营业部、各保险支公司内勤人员审核客户交来的索赔单证，对手续不完备的向客户说明需补交的单证后退回客户，对单证齐全的赔案应在《出险报告（索赔）书》（一式二联）上签收，然后将黄色联交还被保险人。

（2）将索赔单证及备存的资料整理后，交产险部核赔科。

5. 理算复核

（1）核赔科经办人接到内勤交来的资料后审核，单证手续齐全的在交接本上签收。

（2）所有赔案必须在 3 个工作日内理算完毕，交核赔科负责人复核。

6. 审批

（1）产险部权限内的赔案交主管理赔的经理审批。

（2）超产险部权限的逐级上报。

7. 赔付结案

（1）核赔科经办人将已完成审批手续的赔案编号，将赔款收据和计算书交财务划款。

（2）财务对赔付确认后，除赔款收据和计算书红色联外，其余取回。

应用案例 7 - 1

【案例概况】

一辆东风 EQ4160W32D 牵引车，车牌号：冀 J××××。该车投保车险为 12 万元，第三者责任险限额为 50 万元，车上人员责任险每座 3 万元。保险期限自 2007 年 3 月 30 日至 2008 年 3 月 29 日。

2007 年 6 月 12 日，该车行驶至石家庄附近时因躲闪车辆，急转弯过程中车辆右侧车门突然打开，乘车人被甩出车外，经抢救无效死亡。该案件如何赔偿？

【案例解析】

对于车上人员在车下受伤的情况主要有以下几种情况：

第一种是保险车辆在行驶过程中，保险车辆发生意外事故如紧急刹车、碰撞等，致使乘车人被甩至车外造成死亡；第二种是乘车人在下车指挥保险车辆倒车时，因驾驶员操作失误致使该乘车人员被所乘车辆辗轧伤亡；第三种情况是保险车辆因在车下修车或排除故障时发生意外，被所乘车辆辗轧伤亡。

该案件经过协商按车上人员责任险赔偿 3 万元结案。

❈ 习题

1. 人身损害案件的特点是什么?
2. 人伤查勘的工作内容是什么?
3. 人伤查勘的目的是什么?
4. 人伤调查取证的手段包括哪些?

项目 8

汽车保险欺诈的识别与预防

1. 理解汽车保险欺诈的概念和特征，掌握一般汽车保险欺诈案件的基本调查方法。
2. 了解汽车撞损欺诈、汽车盗抢欺诈、汽车焚烧欺诈等的表现形式与预防措施。
3. 能够运用所学的知识，应用正确的车险欺诈调查方法，对汽车保险欺诈进行识别和预防。

能力目标	知识要点	权重
了解汽车撞损欺诈、汽车盗抢欺诈、汽车焚烧欺诈等的表现形式	汽车保险欺诈的概念和特征；常见汽车保险欺诈的分类和表现形式	50%
掌握一般汽车保险欺诈案件的基本调查方法	汽车保险欺诈的预防措施；道路交通事故司法鉴定	50%

引 例

    2014 年 3 月某一天，驾驶人何某驾驶的 A 轿车行驶在一处下坡道路的弯道处，与驾驶人崔某驾驶的 B 轿车发生追尾事故，造成两车不同程度受损，无人伤的交通事故。驾驶人何某向所投保的保险公司报案，保险公司怀疑案件有异，不予支付赔偿，驾驶人何某将保险公司诉至法院。法院为确定事故性质，遂委托道路交通事故司法鉴定部门对该起事故进行真伪性司法鉴定。

8.1 汽车保险欺诈的成因

8.1.1 汽车保险欺诈的定义与成因分析

1. 汽车保险欺诈的定义

所谓汽车保险欺诈，是指投保人、被保险人不遵守诚信原则，故意隐瞒有关保险车辆的真实情况，或歪曲、掩盖真实情况，夸大损失程度，或故意制造、捏造保险事故造成保险标的损害，以牟取保险赔偿金的行为。

2. 汽车保险欺诈的成因分析

汽车保险欺诈往往具有很大的隐蔽性，其形成原因也相当复杂，有社会的、个人道德方面的，也有保险条款、公司运作与监管方面的。

（1）有些投保人企图通过参加汽车保险，以支付保费的较小代价，获取高额赔偿，实现发财目的。这类投保人投保动机和欺诈动机一致，即从投保时起，蓄意欺诈，保险合同成立后，就积极谋划欺诈行为。

（2）有些投保人原来并没有利用汽车保险进行欺诈的念头，只是由于某种偶然因素的诱发，如他人提醒，才产生了欺诈念头，所以这类投保人若无偶然因素的干扰，保险欺诈行为就不会产生。

（3）有些投保人对汽车保险缺乏正确的认识，认为交付保费后，如果没有发生保险事故，就等于白白丢钱。必须想方设法从保险公司把保费要回来，于是，欺诈就成了他们最好的选择。

知识链接 8 - 1

1）社会原因

目前有些人对保险了解还不是太多，法治观念淡薄，根本不认为保险欺诈是一种犯罪行为，甚至认为是一种正常取回所交保费的手段，即使被保险公司识破，也是一种可以原谅的过错，对其社会声誉基本没有什么损害。因此，当同事、朋友和亲属请求他们帮忙欺骗保险公司时，他们往往自愿提供帮助，为欺诈行为提供伪证，从而导致欺诈现象的蔓延。

2）投保人原因

汽车保险之所以吸引欺诈分子，是因为合同规定：在不发生保险事故时，保险公司只收取保费而没有赔偿义务；当发生保险事故时，保险人需偿付比保费高得多的费用给投保人。这样，在高额赔偿的诱惑下，就导致某些缺乏道德以及因种种原因需要解脱困境的人把欺诈转移到汽车保险行业，铤而走险获取额外利益。

3）保险公司原因

（1）对有效防止保险欺诈行为，目前还没有几个公司专门成立反欺诈组织。

（2）承保程序不科学。承保时，几乎没有哪家公司实施"验车承保"，使得一些存在明显缺陷的汽车顺利实现高额投保。

（3）理赔程序不科学。如发生事故后，保险公司不派人员去现场查勘，而是等车辆修好后，凭发票记载的金额予以赔付。再如确定赔付金额时，保险公司往往以有关单位的证明作为唯一依据，而有些证明可能与事实不符。所以，不科学的理赔程序客观上为保险欺诈开了方便之门。

（4）保险公司对某些被识破的欺诈行为处理过于宽松，往往仅满足于追回被骗取的保险金或不承担赔偿责任，而不愿追究他们相关的法律责任，从而助长了保险欺诈行为的进一步发生。

（5）理赔人员素质偏低，把握不住理赔关，给欺诈者以可乘之机，甚至有些理赔人员经不住金钱诱惑，与欺诈者内外勾结，共同骗取保险金。

8.1.2 汽车保险欺诈的常见表现形式

汽车保险欺诈从欺诈主体来看，可划分为保险人欺诈、投保人欺诈和保险代理人欺诈三种。

1. 保险人欺诈

保险人欺诈的表现，包括保险公司的经营管理问题和保险公司从业人员的欺诈两个方面。

1）保险公司的经营管理问题

随着市场竞争主体的增多、保险市场的进一步开放和保险市场营销机制的广泛推行，竞争日益激烈，保险公司普遍存在着擅自提高手续费、恶性竞争、增加经营成本的现象。部分保险分支机构随意降低承保条件或扩大承保责任，又故意不履行说明义务，出险后为了控制赔付率而设置障碍，增加投保人的获赔条件，少赔、惜赔、拖赔及无理拒赔，往往又引起理赔纠纷；小额赔款解决，如遇大案则要求再补交保费，补报案、补赔等层出不穷，严重影响了保险公司的声誉。部分保险公司内部管理比较粗放，如收取保费，有的采用权责发生制，有的按收付实现制核算，有的在按收付实现制核算的同时还实行账外管理，出现了结算期大于保险期、截留保费等现象。有些保险公司公布的新车险条款还存在模糊、不合理的地方，甚至有些条款表述前后矛盾，容易使投保人踏入陷阱。

2）保险公司从业人员的欺诈

保险公司从业人员素质偏低也是保险欺诈蔓延的一个重要原因。保险工作专业性要求很强，不仅需要较高的政治思想素质，而且需要较强的专业素质。个别从业人员经不住金钱的诱惑，与其他欺诈者内外勾结，共同骗取保险金。一些保险公司的雇员或代理人为了促销，获取高额佣金或收入，不惜采取欺诈手段，恶意误导，诱使投保人上当，还有部分雇员利用保险公司内部管理上的漏洞收取保费后占为己用，损害公司和保户的利益。

究其主要原因，一是各保险公司大量聘用业务员，而人员素质参差不齐；二是保险公司的业务员所获报酬是根据所揽业务的多少按比例获取薪金，这样的报酬体系容易使一些品行不端的人铤而走险；三是虽然保险行业对其业务员制定了较为严格的规章制度，但各公司对其业务员没有相互通报和锁定不良行为记录的制度与措施，一旦某业务员在这家公司发生不良行为导致公司与保户利益受损，那么对其最重的处罚就是解雇，而在其被解雇的同时，他所办理的业务以及对保户所承诺的服务也就随之消失；四是由于被处理或"跳槽"的保险业务员对业务熟悉并有一定的业务能力，极容易被另一家不了解真相的公司聘用，从而导致不良保险纠纷一再发生。

2. 投保人欺诈

随着保险人服务水平的提升和理赔速度的加快，国家对交通事故处理的根本性改革，再加上目前相关法律、道德舆论对保险骗赔的现象缺乏有效的约束力，以及骗赔损失后可能受到的惩罚相对于骗赔成功所获得的经济利益不足以形成有效威慑，机动车辆出险率大幅上升，理赔人员工作繁忙，致使一部分别有用心的人乘机以各种手段进行骗赔，使车险骗赔案件呈上升趋势。

从各保险公司发生的车险骗赔案件来看，投保人骗赔主要有以下几种表现形式：

1）为欺诈而有预谋地购买保险单

这类保户购买保险并非为了获得一般的保险保障，而是企图通过廉价的保险以攫取不义之财。个别公司为扩大市场份额，疏于对承保质量的控制，放松了对保户逆选择的勘查，更有甚者为争取客户，不惜以赔促保，这些无疑为保险欺诈提供了机会，给保险公司的稳定经营埋下了隐患。

（1）超额投保。投保人以高于车辆实际价值的金额投保，以期在保险事故发生时获取高于保险车辆实际价值的赔款。投保时明知自己的车辆接近报废期或陈旧、破烂不堪，故意找借口使保险公司无法验车承保，使保险金额超过标的物实际价值，出险后再以投保时的保额从保险公司获得额外索赔。

（2）重复保险。重复保险是指投保人就同一保险标的、同一保险利益、同一保险责任分别向两个或两个以上保险公司订立保险合同的一种保险。重复保险欺诈，是指投保人违反保险法律有关规定，进行重复保险时不将保险金额和超过保险价值的情况通知各保险人，待保险事故发生后，又持各保险人签发的保险单分别索赔，以获取多重保险赔款的行为。因保险人内部横向信息沟通不畅，会导致投保人利用重复保险进行保险欺诈，向多个保险人同时索赔。例如同一辆车多处投保，一旦出险便同时向多个保险公司索赔，或有意制造险情向保险公司索赔。

（3）隐情投保。根据保险经营的最大诚信原则，如实告知是投保人必须履行的义务。这一范畴包括与保险标的有关的所有有利与不利的事实，以便保险人确定是否承保以及保费和保险金额的高低。很多保户出于某种目的或企图在较低的缴费水平上获得较高的保障程度，往往采取虚报、漏报或报错等手段提供假的证明资料欺骗保险人。

2）将非保险损失偷梁换柱变为保险损失

这是最为普遍的一种保险欺诈形式，主要是当未参加保险的车辆遭受损失后，欺诈者便想方设法将其转化为保险标的，并提供相应"证据"，向保险公司索赔。另外，当保险标的发生损失是由于除外责任引起时，被保险人往往提供虚假证据，将其转化为保险责任范围内的损失，以骗取保险金。

（1）普通伤亡者冒充保险事故伤亡者。此类现象以第三者人员伤亡案件居多，其手法是将伤亡病残的治疗费用一并记在第三者伤亡者名下，然后持医疗发票向保险人索赔。伤残鉴定时，被鉴定人故意伪装，骗取鉴定人的信任，或将被鉴定人移花接木、冒名顶替，致使

210

伤残等级鉴定结果偏高，以骗取更多的保险赔款。

（2）除外责任事故伪造成保险责任内的事故。车险条款规定了多项除外责任，当被保险车辆肇事是因除外责任引起时，投保人会不择手段将其"转化"为保险责任范围内的损失。例如车辆出险时存在酒后驾驶、无证驾驶等问题，但车主当时不报案，次日再索赔，使保险人无法掌握出险时的真实情况。有的被保险人本来有小问题需要维修，但不愿自掏腰包，因此故意制造事故破坏车辆，让保险公司一起买单支付其需要维修的所有费用。没有驾照的人员出了交通事故，找有驾照的人顶替，找保险公司索赔，主要有三种情况：一是车主未取得正式驾照便急于上路；二是车主驾照已过期或年审不合格；三是车主把车借给无驾照的熟人开。还有诸如投保自燃险的车辆发生火灾后伪造火灾起因；车辆撞伤家庭成员则虚报为非家庭成员；未过户车辆发生事故，原来的车主承担责任，车辆转卖后，新车主未取得驾照，故意拖延办理过户手续，发生事故后让卖主承担责任，骗取的赔款由两人平分。

3）虚构事实，故意作案，伪造损失

伪造是指投保人、被保险人或受益人在保险期限内以未发生的损失向保险公司提出索赔的行为，投保人伪造有关证明，利用假医疗发票、假诊断证明等向保险人索赔，投保人还常常试图通过伪造，从多个保险公司多次得到赔偿。例如将汽车未发生的修理项目加入修理清单等。投保人在保险车辆没有发生事故的情况下，有意编造或制造险情，然后向保险公司索赔，或者将保险车辆私下转卖或藏起来后谎称被盗，诈取保险赔款。还有一种情况是双边责任瞒报单方事故。投保车辆与其他机动车碰撞后，谎称是在别处碰到固定物要求保险公司索赔，其目的一是逃避交警处罚，二是在双方协议赔偿后又到保险公司报案补偿。这种情况多数是在外地出险已经处理完毕，回来后又以单方事故的名义向保险公司索赔。

4）事故发生后，扩大损失或者迅速追加保额

扩大损失是指保险事故发生后，有的保户为了获得高额的保险赔偿，故意扩大损失程度，导致一些本来可以制止的事件发生。还有些车主觉得事故重大、损失严重而且未足额投保，就先找熟人或营销人员到保险公司批改投保单追加保额，然后再报案。

投保人或被保险人对所发生的交通事故提供虚假证明、夸大损失程度，从而更多地得到保险赔偿金的途径有两种：一是事故车辆未经查勘定损擅自撤离现场或送去修理，等汽修厂修复后再以来不及报案或无通信信号等借口要求保险公司赔偿；二是机动车肇事后，入院观察治疗的伤残人员以此为借口要求开取与伤残无关的药品、补品，将伤者家属体检医药等费用一并划入伤残人员账户，而且涉及第三者死亡伤残案件的索赔金额一般都比较大。

还有的投保人平时不注重保养车辆，待车辆出事后一并修理，通过勾结定损人员或修理厂家，擅自扩大修理范围，将不属于保险事故的修理费用纳入保险损失。

5）出险在先，投保在后，伪造投保和出险时间

在机动车辆已经肇事或受到损失的情况下，隐瞒真相向保险公司投保，然后再报案索赔骗取赔偿金。这一欺诈手段比较简单，其典型特点是出险时间与保险起保日或终止日十分接近，且投保的险种一般都保全保足。其实现手段有两种：

（1）伪造出险日期。通过关系由有关单位出具假证明，伪造、编造事故证明。单车事故肇事后保留现场，暂不报案，待投保后才按正常程序向保险人报案索赔，保险人即使去现场查勘，若不深入调查了解则很难察觉。如果涉及人员伤亡，则通过涂改病历、发票及治疗证明的日期，以达到欺诈的目的。

（2）伪造保险日期。投保人串通保险签单人员，内外勾结，利用"倒签单"的手法，将起保日期提前，浑水摸鱼；有的车辆在到期脱保后要求保险人按上年保单终止日续保也属此类。此类现象多为本地车主驾车在外地发生车祸后，利用发达的通信设备迅速联系到保险公司营业部或业务员，利用营销人员多揽业务的心理，专门到营销人员处办理保险，第二天或当晚再向保险公司报案。这类欺诈虽然经常发生，但只要保险公司严格承保手续，及时进行查勘，是完全能够防止的。

特别提示

● 投保人骗赔主要有以下几种表现形式：为欺诈而有预谋地购买保险；将非保险损失偷梁换柱变为保险损失；虚构事实，故意作案，伪造损失；事故发生后，扩大损失或者迅速追加保额；出险在先，投保在后，伪造投保和出险时间。

3. 保险代理人欺诈

车辆保险的销售主要是通过代理方式。车险的代理人通常由汽车销售商和修理厂充当。车主在保险公司授权的汽车销售商代理公司处购买了保险后，通常就理解为该公司也有权为自己理赔，销售商往往也对此许下承诺，但在收到受损车辆后还是要送到修理厂。修理厂方面为招揽客户，经常承诺可以提供一条龙服务，其中包括汽车保险与理赔。

出于方便的考虑，车主通常选择由汽车销售商或修理厂代办保险服务。保险车辆出险之后，车主将保险索赔资料交给销售商或修理厂，留下自己的行驶证、驾照、身份证等重要证件，委托其代为向保险公司索赔，这就给别有用心的工作人员以可乘之机。同时，市场的不规范也使部分中介的骗赔行为成为可能。市场上假货泛滥，维修厂和驾驶人很容易买到价格与正品相差甚远的假冒伪劣汽车配件，在巨大利润的诱惑下，一些不法维修厂与个别保险公司工作人员或某些投保人勾结，骗取保险公司的保险金。

概括地说，保险代理人对保险公司的欺诈形式有编造事故和原因、制造事故、扩大损失、重复索赔四类。其中扩大损失和重复索赔两种形式较常见，主要有以下三种情况：

（1）在收到客户的受损车辆后，以较低档的材料为客户修理，却以高档材料的价格向保险公司索赔，这样不同档次材料的价格差就被修理厂占有了。

（2）故意加大险损。车主将车放在修理厂离开后，修理厂就将报修的车进行二次撞击，如本来只是磕磕碰碰的小问题，修理厂趁车主不在时故意砸坏车窗玻璃等，再拍下照片按严重损害程度向保险公司索赔。这样原本几百元的损失，修理厂可以向保险公司报到几千元甚至更高，而车主对此却一无所知，往往得到的是小额赔偿金，修理厂却向保险公司骗取了高额保险赔偿金。

（3）保险代理人多次将车主的车开到保险公司不同支公司进行定损理赔，非法赚取更多利润。一些保险公司指定的维修厂，由于与保险公司签订合作协议可以提成部分利润，于是对有合作关系的保险公司的受保车和别的车辆实行不同的维修价格，故意抬高保险公司受保车辆的维修费用。而更多非保险公司指定的维修厂为了赚取更多利润，在维修过程中常常偷工减料，或者以次充好，该换的零件不换，只是擦一下或喷点漆等。这样，在客户不知情的情况下，保险代理人采取多种手段在客户的车辆上做手脚，欺骗客户和保险公司并从中获利。这会带来以下两方面的危害：一方面修理厂使用劣质的产品进行维修，使车辆的安全性能受到影响，使车主驾车的安全程度大打折扣，严重者甚至会威胁到驾车者的生命安全；另一方面，如果一辆车经常高额向保险公司索赔，即代表该车发生过多起，或者是发生过较严重的交通事故，这将在保险公司留下该车主不良保险记录，到第二年投保人续保时，保险公司有权提高所投车险的保险费率，上升幅度最高可达30%。如果连续多年有不良记录，保险公司还有可能拒保，这样就会损害投保人的合法权益。

此外，保险代理公司或取得兼业资格的4S店、修理厂等保险中介机构在投保人购买机动车交通事故责任强制保险时，诱导、误导投保人在责任限额内重复投保，强制投保人购买其他保险产品，提出附加其他条件的要求，或与不具备机动车交强险经营资格的保险公司开展机动车交强险中介业务往来等行为，都会损害到投保人利益。

8.1.3 汽车保险欺诈的特点

1. 汽车保险欺诈与一般财产保险欺诈相比的特点

机动车辆保险业务是财产保险的一部分，是保险公司的一大骨干险种。与一般财产保险欺诈相比，机动车保险欺诈道德风险高，因为其最大的特点在于机动车辆是动产，并且作为交通工具，在交通运输环境等综合因素的影响下极易发生各种意外事故，不仅机动车辆车身受损，还会造成他人的人身和财产损害。因此，"碰撞"是机动车保险诸多险别中所列举的首项保险责任。其次，随着机动车辆保险业务的迅猛发展，相伴而来的机动车保险欺诈骗赔的数量也在与日俱增，并呈现持续上升态势；加之保险欺诈方式比一般财产欺诈方式要多，所以速度超过了其他财产保险欺诈。当面对一些涉嫌机动车撞损欺诈骗赔案件时，保险公司虽然有时掌握了一些外围线索和情况，但由于调查访问不及时，痕迹查勘检验、调查取证不到位，反欺诈体制不健全，所以在假象面前往往力不从心、束手无策，难以收集到确实充分的欺诈骗赔证据，致使一些理应拒赔的除外责任案件和蓄意欺诈案件骗赔得逞。

2. 汽车保险欺诈与其他民事欺诈相比的特点

与其他民事欺诈相比较，汽车保险欺诈具有以下特点：

（1）很强的隐蔽性。首先，保险欺诈者作为保险合同的一方当事人或关系人，用与保险人之间的保险合同作掩盖，难以引起社会公众和保险人的怀疑；其次，保险经营对象十分广泛，涉及社会经济生活的各个领域，保险人不可能对每一个投保人都进行详细的调查；最后，保险欺诈者实施欺诈行为的时间十分充裕，不仅在保险合同的有效期限内，而且在保险合同订立之前和订立时，均可实施欺诈行为。由于欺诈行为都是经过欺诈者周密安排和精心策划的，所以保险人即使怀疑也很难收集到有关欺诈的证据。

（2）很强的干扰性。合同欺诈行为人的欺诈行为是把要约或承诺的错误条件反映到相对人大脑中，使相对人在规避合同风险和实现预期利益的决策中做出与自己本来意愿不一致甚至错误意思的表示。相对人的"意思自治"由于行为人干扰而成为"意思他治"。

（3）非法性。欺诈行为危害了社会经济秩序，损害了他人的合法权益，在法律上属于应受禁止的非法行为。

（4）严重的社会危害性。保险欺诈不仅是对保险人合法权益的侵害，也是对整个社会财产的严重侵害，更主要的是对他人的人身安全构成了极大的威胁。涉及人身保险时，有的投保人、受益人为了谋取巨额保险金，不惜铤而走险，故意杀害被保险人，造成了极大的社会危害。正是为了有效打击这类恶性保险欺诈犯罪，以减少对社会的危害，各国法律除规定保险欺诈者的民事责任外，还规定了保险欺诈者的刑事责任。

签订《机动车保险合同》后，双方的保险法律关系就以保险合同方式确立了。一方为投保人、被保险人和受益人，享有保险事件发生后的保险金请求权，负有如约支付保费的义务；另一方为保险人即保险公司，享有依法合理使用保费的权利，承担赔偿或给付保险金的责任。但又有其特殊性：首先，投保方获取保险金以保险事件发生为条件，保险金可高于保费，甚至是保费的几百倍、上千倍，这极易诱发道德风险；其次，保险合同条款为格式条款，投保方难以对之做出全面正确的理解，保险公司可能利用投保方的这一弱点逃避保险责任。因此，保险法律关系必须建立在最大诚信的基础上，保险双方应严格遵循《合同法》和《保险法》的规定履行自身义务。

✽ 8.2 汽车保险欺诈的识别

在汽车保险欺诈中，欺诈行为人的欺诈手段和方法是多种多样的。为了向保险公司隐瞒事实真相从而骗取保险赔偿金，欺诈人可能编造各种谎言，提供伪造或涂改过的虚假单证、逾额保险、制造各种假象等使保险索赔从表面上看似合情合理，促使保险公司误以为所谓的"保险事故"造成的"损失"属于其保险责任范围，而错误地支付或准备支付保险赔偿金，因此造成汽车保险欺诈的表现形式也体现了多样性的特点。每一个具体的欺诈行为根据具体情况有不同的表现形式，同一种欺诈行为也表现出复杂性和多样性。但是在欺诈者纷繁多变的欺诈手段和方式中也体现出一定的规律，在分析了大量案例以后，可将汽车保险欺诈手段归纳为以下几种情况。

1. 利用汽车保险合同欺诈

保险欺诈是建立在合法保险合同基础上的，与其他合同欺诈或金融欺诈有所不同。汽车保险欺诈是建立在合法汽车保险合同基础上的，这类车险欺诈行为是直接利用合同的签订实现欺诈目的。主要表现为以下几个方面：

（1）投保人签订合同时故意虚构保险标的，拟骗取保险赔偿金。投保人为了骗取保险赔偿金而虚构了一个根本不存在的保险标的与保险人订立保险合同，并据此向保险人索要赔偿金。

（2）已签订合同，发生事故后冒充保险标的物，拟骗取保险赔偿金。这主要指一些不法分子利用与保险标的物相像的其他物品冒充标的物进行的保险欺诈行为，即通常所说的"冒名顶替"或"移花接木"等手段。对型号相同的几辆车，只投保一辆，哪辆车出险就报哪辆，实际上是用一份保险合同保了几辆车的风险。

（3）未签订合同，受损后再投保，拟骗取保险赔偿金。投保人在保险标的物已经灭失或受到损失的情况下，隐瞒真相向保险人进行投保，之后再通过索赔骗取保险赔偿金。这一欺诈行为一般发生在标的从未被保险的情况下，也可能发生在标的曾经被保险但有效期过后却未及时续保的情况下。在汽车保险业务中，最常见的就是出事后报案将发案时间提前，再投保而后索赔，或是过了保险期而又没有续保的车辆出事后马上续保，然后索赔。

（4）重复签订合同，拟骗取超额保险赔偿金。财产保险是一种补偿性的保险，保险人对被保险人的赔偿数额，仅以被保险人因保险标的遭受的实际损失为限。不法分子为了骗取额外保险赔偿金，往往故意向多个保险人进行保险，并隐瞒重复保险的情况，在保险事故发生后分别向不同的保险人提出保险金索赔的要求，以期同时获得多份赔偿；或是以超出保险标的实际价值的金额进行保险。

2. 利用汽车保险标的物的保险利益欺诈

（1）故意编造未曾发生的汽车保险事故，拟骗取保险赔偿金。投保人在没有保险事故发生的情况下，虚构事实，谎称发生了保险事故来骗取保险赔偿金。例如有的保户将车辆转让给他人，为了达到谋取非法利益的目的，伪造有关证据材料，向保险公司报称车辆"被盗"，要求取得赔偿。

（2）故意制造汽车保险事故，拟骗取保险赔偿金。行为人出于各种原因，在没有发生保险事故的情况下故意制造财产损失的保险事故，并借以向保险公司索赔。例如对已快报废的车辆装饰后投保高额保金，然后精心策划保险事故，再索求赔偿。

（3）发生了事故，但故意扩大财产损失程度，拟骗取保险赔偿金。保险事故发生时，被保险人本应有责任尽力采取必要的措施，防止或者减少损失。但投保人出于某种目的反而希望其标的物发生损失，因此不仅不采取补救措施，反而增大损失程度，从而向保险公司索取赔偿。

3. 利用汽车保险责任诈骗

（1）将免除责任变通为赔偿责任，拟骗取保险赔偿金。对于保险合同责任范围外的原因造成的事故，不法分子故意对造成事故的原因作虚假的陈述或者隐瞒事实真相，使保险公司误以为所发生的事故在保险合同约定的保险责任范围内，并承担本不应承担的责任。例如，有的驾驶人酒后驾车出事，根据《机动车保险条款》除外责任第五条的规定"驾驶人饮酒、吸食或注射毒品、被药物麻醉后使用被保险机动车"均属保险条款除外责任，损失是不能获得赔偿的，但被保险人为了达到骗赔目的，往往找关系出具证明为非饮酒出险，要求保险公司予以赔偿。

（2）将无责任或少部分责任变通为部分或全部责任，拟骗取保险赔偿金。驾驶人李某驾驶汽车倒车时，不慎撞上停放在小区内张某的汽车，造成自己汽车后保险杠及行李舱损坏，张某汽车后保险杠损坏。在这起交通事故中，李某负全部责任，张某无责任。因李某只投保了机动车交通事故责任强制保险，而未投保汽车损失保险，根据交强险赔付原则，对张某汽车造成的损失约1 000元由李某投保的保险公司负责赔偿，而李某自己汽车的损失约1 800元只能由自己承担。李某和张某是同一单位职工，私人关系很好，张某的汽车也投保了汽车损失保险。于是经过私下协商，张某谎称是自己倒车时撞上李某的汽车，将事故责任变通为张某负全部责任，由张某的保险公司对李某的汽车进行赔偿的同时，对自己汽车的损失也进行赔偿。

特别提示

● 汽车保险欺诈常用手段：利用汽车保险合同欺诈、利用汽车保险标的物的保险利益欺诈、利用汽车保险责任欺诈。

❀ 8.3 汽车保险欺诈的预防

8.3.1 汽车保险欺诈预防措施

面对汽车保险欺诈日益增多的客观现实，保险公司应该认真分析其产生原因，根据各类骗案的不同特点，采取一系列的综合预防治理方式，遏制汽车保险欺诈现象的蔓延。

1. 加强保险知识和法律知识的宣传普及

防止保险欺诈的决定因素是公众意识，因此，保险公司应该加大保险知识和相关法律法规的宣传，增强公民的保险意识和法制意识，让广大公民充分认识到保险业不是福利事业，减少对保险认识的误区，为保险业营造良好的经营环境。

2. 加强与有关部门的合作

首先，加强与政法部门的合作。一旦发现关于汽车保险的欺诈骗赔案件，保险公司应严格依法处理，绝不姑息迁就，充分发挥法律法规的作用。对应负行政责任的，应配合有关行政部门予以查办；对构成犯罪的，要积极配合政法部门将犯罪分子绳之以法。

其次，加强与司法鉴定部门的合作。保险公司应该加强与司法鉴定部门的联系，发挥各自的特长，以期从科学证据上充分揭露汽车保险欺诈犯罪活动。

再次，加强和公安部门的合作。一些可疑的索赔案件可借助警方的刑事侦查优势，达到有效识别汽车保险欺诈案的目的。

最后，加强行业间的合作。各保险公司应在不泄露商业秘密的前提下，进行反欺诈合作。通过建立全行业的数据库，实现信息共享，利用技术手段防止重复保险和多次索赔现象的出现。

3. 发挥公众监督作用

俗话说："要想人不知，除非己莫为。"尽管汽车保险欺诈骗赔行为具有隐蔽性，但是如果广泛地发挥社会力量，注重收集相关信息，对刻意的欺诈骗赔行为也是不难识破的。为此，应建立和完善相关制度，发挥社会公众的监督作用，如建立汽车保险欺诈举报制度，对揭发、检举欺诈行为的单位和个人按挽回保险损失数额的一定比例给予奖励。在社会公众的广泛监督下，使保险欺诈行为成为众矢之的。

4. 加强内部制度建设

（1）加大反汽车保险欺诈骗赔工作的投入。保险公司要提高对反保险欺诈骗赔工作的认识，加大对反保险欺诈骗赔工作的投入，为反保险欺诈骗赔工作配备必要的人力，注意培养反保险欺诈骗赔专门人才。从国外保险业的经验看，对反欺诈的初始投入最终可得到 3 ~ 6 倍的回报。

（2）加强风险评估，提高承保质量。风险防范需从承保抓起；在验标与核保工作上，当投保人提出投保申请后，保险公司应严格审查申请书中所填写的各项内容，与汽车有关的各种证明材料；必要时，应对汽车进行详细的调查，以避免保险欺诈的发生；在实务操作上，应严格按照承保业务操作规程，对投保车辆进行风险评估。

（3）建立高水平的理赔队伍。高素质的从业人员是做好理赔工作、识别保险欺诈的基本保障。目前汽车工业发展迅猛，新技术、新材料随着新款车型的不断推出而不断更新，这就要求理赔人员必须及时了解信息和掌握新技术、新工艺，加快新知识的学习与应用。对此，保险公司可以招聘一些车辆保险与理赔专业的高校毕业生从事车险理赔工作，同时经常对员工进行新知识培训，从而保证拥有一支高水平的理赔队伍。

（4）加强查勘定损工作。这主要是加强第一现场查勘率，加快对索赔案件的反应速度。经验表明，在很多汽车保险欺诈骗赔案件中，被保险人事先并未做特别充分的骗赔准备，保险公司理赔人员的迅速反应可以制止和揭穿一些欺诈案件。

（5）完善内部监控机制。首先，要对员工加强思想教育，增强风险意识，把防范和化解风险作为公司生存和发展的根本所在。其次，保险公司内部要建立承保核审制度，对承揽的业务要按程序对风险进行多次识别、评估和筛选，以便有效控制责任，确保承保质量。最后，要建立规范的理赔制度，实行接案人、定损人、理算人、审核人、审批人分离制度和现场查勘双人制，人人把关、各司其职、互相监督、严格防范，以确保理赔质量。对以赔谋私或内外勾结实施欺诈骗赔者，必须依法严惩。

5. 完善汽车保险欺诈的民事责任

当被保险人、投保人、受益人单独实施汽车保险欺诈时，违反了汽车保险合同的义务，应承担违约责任；当相关单位及其工作人员，如鉴定人、证明人、评估人、车辆修理厂等与被保险人、投保人、受益人共同实施车险欺诈行为时，被保险人、投保人、受益人承担违约责任，其他相关单位及其工作人员承担侵权责任；当相关单位及其工作人员或第三人单独实施汽车保险欺诈行为时，应承担侵权责任。由此可见，汽车保险活动中，凡实施欺诈行为、拟骗取保险金的自然人和法人都应视作汽车保险欺诈的责任主体，而并非仅仅指被保险人、投保人、受益人。把被保险人作为违约责任主体是恰当的，但要把被保险人作为汽车保险欺诈民事责任的唯一责任主体，必然会放纵相当部分的违法者，而且会误导更多人以身试法。

6. 明确汽车保险欺诈的认定标准

（1）明确骗取保险金（数额较大）是保险诈骗罪既遂、未遂的区别标准，而不是罪与非罪的标准。在保险诈骗罪中，骗取数额较大的保险金是行为人主观目的与客观行为的统一，对于以骗取数额较大甚至数额巨大的保险金为目的实施欺诈行为，而实际上只骗得数额较小的保险金或者因被揭穿而没有骗得保险金的，应当以犯罪未遂处罚。当然如果行为人一开始就以骗取数额较小的保险金为目的，则不构成本罪。

（2）明确汽车保险欺诈行为人向保险人提出申请索赔，是区别是否构成欺诈责任的标准。无论主体是谁，只要向保险人申请索赔，并骗取保险金的，都应认为对保险人构成侵权，但已经向保险人申请索赔、未骗取保险金的，应予以行政处罚。

另外，当汽车保险欺诈主体是被保险人时，则应当视为被保险人侵犯保险人财产权利的侵权责任和违反汽车保险合同义务的违约责任。

7. 借鉴外国经验，成立反汽车保险欺诈组织

建议借鉴美、英、德等国的先进经验，成立反汽车保险欺诈组织。反汽车保险欺诈组织首先要建立汽车保险案件索赔信息中心，对汽车保险案件的时间、损失和原因等统计分析，找出那些出险频率高、理赔次数多、精心策划的惯犯进行汽车保险欺诈的规律，加强各保险公司之间的信息交流，实现保险行业间、保险与交通事故处理部门之间的信息共享，让重复骗赔、连续骗赔，以骗赔为职业的信息自动预警提醒保险人，避免上当。该组织应该利用自己的专门技术知识与科技手段为打击汽车保险欺诈提供强有力的工具，为立法机构提供可靠的反汽车保险欺诈的立法建议。

我国汽车保险业的经营环境尚不尽如人意，需要强化监督管理和完善法规建设。面对层出不穷的欺诈骗赔手段，从经营的角度而言，保险公司要加强内外两个方面的工作以防止汽车保险欺诈骗赔现象的蔓延。对内，应重视反欺诈工作和重视员工素质的提高，以及加强承保与理赔工作的管理；对外，应加强保险知识和保险法规宣传普及工作，加强与相关部门的合作，充分发挥公众的监督作用等。同时，从自身做起，倡导诚实守信的社会道德准则。

8.3.2 道路交通事故司法鉴定

当保险人依靠自身技术、制度等不能解决保险骗赔案件时，可依靠第三方机构——司法鉴定机构，依靠其"公平公正、独立第三方"的特点和技术实力对保险案件的性质、损失与事故之间的关联关系做出客观公平的鉴定，达到减损目的。

1. 司法鉴定的定义

全国人民代表大会常务委员会关于司法鉴定管理问题的决定（2005年2月28日第十届全国人大常委会第十四次会议通过）中解释："一、司法鉴定是指在司法诉讼活动中鉴定人运用科学技术或者专门知识对诉讼活动涉及的专门问题进行鉴别和判断并提供鉴定意见的活动。"

2. 机动车辆事故司法鉴定的意义

机动车辆事故多为交通事故及意外事故，一旦发生机动车辆事故就会造成人身伤害或财产损失，涉及保险赔付，有些还会涉及刑事或民事诉讼。因此，对机动车辆事故进行科学公正的鉴定具有十分重要的意义。

致使机动车辆发生事故的原因包括：

（1）机动车的设计和结构缺陷。

（2）维修保养不及时或维修不当。

（3）驾驶操作不当。

（4）驾驶人违反道路交通安全法。

（5）道路设计及交通环境因素。

机动车辆在行驶过程中，不论上述哪个隐患存在，都可能引发机械事故和伤亡事故。机动车辆一旦发生事故，就会造成财产损失，甚至人员伤亡，就可能需要进行司法鉴定，来鉴别事故原因，确定事故责任，由责任方承担受害人的损失。

3. 道路交通事故鉴定业务事项

道路交通事故鉴定业务事项主要有：对道路交通事故痕迹检验鉴定、道路交通事故车辆速度鉴定、道路交通事故原因分析鉴定、道路交通事故车辆性能鉴定、交通事故车辆损失鉴定、交通事故人员伤亡原因鉴定。

具体鉴定事项简介如下:

(1) 事故车辆损失鉴定。对交通事故中发生的车辆损失或与交通事故有关的物品损失进行鉴定。

(2) 事故车辆安全技术性能鉴定。包含：车辆动力系统、控制系统、制动系统、灯光系统、转向系统、行驶系统是否符合国家机动车运行标准等的鉴定。

(3) 交通车辆痕迹检验鉴定。包含：车辆痕迹中的油漆比对、泥土比对、玻璃比对，指纹比对鉴定，车体痕迹，现场路面痕迹，人体血液 DNA 比对等相关的鉴定。

(4) 事故车辆速度鉴定。对交通事故中的车辆行驶速度进行鉴定，包括撞击时的速度及制动前的行驶速度鉴定。

(5) 机动车事故原因分析鉴定。此项鉴定涉及面较广，包含：机动车火灾原因，事故形成原因，机械事故、轮胎爆胎、道路原因、确定驾驶人、交通事故车辆碰撞的接触点确认，以及交通事故模拟再现等方面还原事故本来面目的鉴定。

(6) 车辆属性鉴定。

(7) 交通事故中人员伤亡原因鉴定。

(8) 交通违法因素分析鉴定。

应用案例 8 -1

【案例概况】

2014 年 3 月某一天，驾驶人何某驾驶的 A 轿车行驶在一处下坡道路的弯道处，与驾驶人崔某驾驶的 B 轿车发生追尾事故，造成两车不同程度受损，无人伤的交通事故。驾驶人何某向所投保的保险公司报案，保险公司怀疑案件有异，不予支付保费，驾驶人何某将保险公司诉至法院。法院为确定事故性质，遂委托道路交通事故司法鉴定部门对该起事故进行真伪性司法鉴定。

【案例解析】

1. 鉴定人对事故现场的勘验

事故现场位于一处下坡急转弯路段，道路两侧无遮挡视线的障碍物。事故车辆最终停止位置显示为：B 车停止于坡底的土坡前，车辆右前方与土坡发生接触，两前轮均停在道路右侧软土路基上，左前轮停止于路基与路面结合处路基一侧，右后轮停止于路基与路面结合处；A 车停止于被鉴定三者车后方，标的车左前轮停止于道路左侧路基与路面结合处路面一侧，左后轮停止于道路左侧软土路基上，前保险杠右前角位于道路中心线位置，A 车左后方有一巨形石块。

A 车右侧前后轮的轮胎后方路面均未见轮胎搓痕或制动痕迹；最大变形部位位于翼子板前角靠后。鉴定人注意到，A 车正后方路面未见轮胎搓痕和侧滑痕迹；左后轮轮胎前侧有一较大石块，轮胎后部软土路基上未见轮胎碾压痕迹，未见制动及碰撞减速形成的顿挫痕迹。

A 车前方路面、B 车后方路面未见轮胎滑转痕迹。A 车前轮呈现直线行驶方向，B 车前轮呈现小角度左转向方向，转向角不足 10°。鉴定人测量了道路坡度，坡度为 $i=7\%$。

2. 鉴定人勘验了委托人提供的被鉴定车辆的拆验照片

A 车前方右侧大部分发生碰撞接触，地面可见散落的车标及装饰条；地面散落有两片红色保险杠碎块，脱落面积明显与车辆前保险杠缺失数量不一致；发动机罩盖呈严重的拱曲状变形，前部可见明显的接触刮擦痕迹；右前照灯呈碎裂缺失状，地面未见前照灯玻璃碎片；前保险杠呈明显的下沉状。

B 车后保险杠左侧可见明显的接触痕迹，保险杠与行李舱盖、左后翼子板、左后尾灯之间的缝隙未见变化迹象；B 车行李舱盖后表面、左后尾灯表面均未见碰撞导致的刮擦、接触痕迹。

A 车正前方变形严重，前保险杠右侧呈撕裂状损伤；右侧纵梁前端防撞梁头严重溃缩变形；保险杠杠铁中部偏左部位可见严重弯折变形，保险杠杠铁与冷凝器挤压在一起；发动机罩盖拱曲变形，表面可见多处折皱变形和明显磕碰痕迹，前部可见一处横向表面油漆脱落。鉴定人注意到 A 车的冷凝器、散热器后移严重，与发动机挤压在一起，右侧纵梁端部溃缩折弯变形，未见碎裂的右前照灯；A 车发动机后移严重，发动机右侧机爪垫断裂，发动机呈后移下沉状。

B 车后保险杠左后侧有一处裂痕，其后部位未见损伤。鉴定人注意到，B 车前部的右前角雾灯下方呈破损特征，其上部大灯部位未见损伤痕迹；正前部中网未见接触痕迹。鉴定人注意到，B 车发动机传动皮带脱落，皮带轮与风扇可见干涉迹象。

3. 分析说明

1）事故车辆速度计算分析

现场勘验结果显示，A 车的右前部与 B 车的左后部位发生了偏心的追尾事故，第一碰撞点位于 A 车停止位置，现场路面未见碰撞后的滑移痕迹。现场测量结果显示，追尾事故发生后 A 车滑移距离为零，B 车后部未见塑性变形。

鉴定人根据 GA/T 643—2006《典型道路交通事故车辆行驶速度技术鉴定》，应用经验公式对被鉴定车辆行驶速度进行了计算分析。

（1）依据追尾事故现场路面痕迹确定事故车辆行驶速度。

A 车为 10 km/h、B 车为 0。

现场勘验结果显示，事故现场为下坡、急弯路段，坡度为 7%，综合考虑 B 车前部与护坡轻微接触情况，修正 A 车的碰撞速度不超过 10 km/h。

（2）依据 A 车最大变形计算行驶速度。

根据对 A 车参照车的测量结果显示，翼子板后边缘至车辆最前端的距离约为 120 cm。勘验结果显示，被鉴定车辆最大变形部位达到大灯后角处，估算 A 车最大变形约为 45 cm，计算 A 车最大变形有效碰撞速度为 47 km/h。

计算结果表明，A车的有效变形碰撞速度与现场痕迹碰撞速度相差悬殊，说明A车的碰撞损失与现场痕迹不符。

2）事故车辆变形痕迹分析

勘验结果显示，A车前保险杠最低处距地约20 cm，最高处距地约55 cm；被鉴定标的车右前部严重受损，右前纵梁防撞头溃缩变形，保险杠杠铁出现严重弯折变形，水箱框架、冷凝器、散热器严重后移变形，发动机罩盖严重拱曲变形，发动机罩盖变形处存在多处划痕和硬物磕碰痕迹；B车后保险杠最低距地高约32 cm，最高位置距地约60 cm，保险杠上部向内收缩约5 cm；B车后部为圆滑平面，未见凸出硬物，后保险杠下部未见擦痕，行李舱盖未见接触痕迹。上述情况表明，A车前保险杠与B车后保险杠高度一致，A车发动机罩盖变形特征与B车后部结构特征不符，A车前部变形特征与B车后部结构特征不符，说明B车的接触位置与A车的损伤不具备造型客体与承受客体的相互性。

根据车辆结构特征和相关理论可以得到，通常车身前部装有发动机等硬件设备，其刚性比较大；车身后部为空壳的行李舱，相比而言刚性比较小，又缺少弹性元件，其回弹系数比正面碰撞小得多。因此，追尾车前部塑性变形量远小于被撞车尾部的塑性变形量。现场勘验结果显示，A车前部发生了剧烈变形，B车尾部变形量轻微。上述情况表明，A车与三者车的碰撞塑性变形量与实际情况不符。

3）事故车辆行驶轨迹分析

（1）碰撞前行驶轨迹分析。勘验结果显示，事故现场为一急转弯陡坡路段，转弯方向为东北方向驶来向东南方向转弯，为一U字形弯路，事故碰撞点已进入弯道转弯处。鉴定人驾驶车辆通过该弯道时，转向角在大约20°时才能正常通过该弯道。事故发生时两车均已进入弯道，但A车前轮呈现直线行驶方向，并无转弯迹象；B车呈小角度左转向方向，前轮转向角不足10°，转向角度不足以转过现场弯路。上述情况表明，A车与B车行驶轨迹与事实不符。

（2）碰撞后滑行轨迹分析。根据车辆行驶状态、道路现场测量数据以及驾驶人笔录，鉴定人对该起碰撞事故发生后，被撞车的滑行轨迹进行了模拟实验和分析。笔录显示追尾车辆当时车速大概为60 km/h，事故发生后追尾车辆无滑行痕迹，因此可确定碰撞时追尾车辆位置与碰撞后停止位置相同。B车前轮转向角不足10°，但明显大于5°，按道路实际情况被撞车要正常通过该弯道应该以偏离追尾车辆20°角倾斜状态行驶。因此，最终设定追尾车辆以60 km/h的速度，被撞车以前轮转向角6°并与后车呈20°角倾斜的状态发生偏心追尾碰撞，碰撞后被撞车将按照轮胎的转向角进行旋转滑行，当被撞车向前滑行至6 m左右时，被追撞车与追尾车辆偏离角度在原有20°基础上进一步加大，偏离角度大致为46°。依照现场所示，B车最后停止位置与A车停止位置偏离角度仅为16°。上述情况表明，B车碰撞后滑行轨迹与实际滑行轨迹情况不符。

4. 鉴定结果

综上所述，A车与B车的碰撞事故现场不符合第一事故现场事实，属于伪造事故现场的保险欺诈案件。

应用案例8-2

【案例概况】

被保险人报案称：2014年某晚，驾驶人马某驾驶马自达牌轿车在行驶过程中，为躲避对方大车，导致车辆撞树翻入道路边沟，造成车辆损坏，人员未受伤的交通事故。驾驶人事后分别向交警以及所投保的保险公司报案。保险公司在对驾驶人进行笔录询问以及对事故现场查勘后怀疑案件有异，遂委托道路交通事故司法鉴定部门对事故痕迹进行司法鉴定。

鉴定人对委托人提供的现场照片的勘验情况如下：

事故现场位于G101国道××县××村路段，东北方向，道路右侧路肩的护坡树上可见较长距离的碾压痕迹；轮胎碾压痕迹的切入角很小，碾压痕迹与路牙石呈近似平行状态，路肩护坡树上的碾压痕迹约为事故痕迹全长的1/2。

被鉴定标的车侧翻在道路右侧边沟内，车身右侧着地，被鉴定车辆呈头西北、尾东南方向侧翻停止于事故位置，被鉴定车辆北侧为一道路护坡墙。被鉴定车辆右前侧损伤严重，右前大灯碎裂，前保险杠右侧大部分撕裂脱落，右前翼子板可见明显的弯折凹陷变形，右后门玻璃碎裂缺失，右侧车身可见明显凹陷变形。

被鉴定车辆右侧车身变形严重，右前门可见明显的凹陷弯折变形；右侧后门可见明显的刮擦痕迹，挤压凹陷痕迹明显重于前门；右侧A柱可见撞击凹陷变形痕迹。被鉴定车辆前保险杠整体向左侧位移明显，右侧残留部分可见明显的撞击痕迹；右前纵梁可见明显向内侧倾斜变形特征。被鉴定车辆前风窗玻璃左侧有网状放射性碎裂痕迹，呈明显的由内向外鼓起特征。

被鉴定车辆右前纵梁前部可见明显向内倾斜变形，前横梁右侧可见一处明显的向后折痕，下护板、护网呈严重撕裂损伤；前防撞下横梁左侧有一严重碰撞凹陷变形；拆下前附件及防撞横梁，可见冷凝器、干燥罐有明显的磕碰痕迹，冷凝器与散热器挤压在一起；下防撞横梁右前端部可见明显的碰撞变形痕迹。

委托人提供的驾驶人的照片显示马某头部未受到任何撞击，未显示有任何伤痕。

鉴定人对事故现场交通环境的勘验：

事故现场位于G101国道××县××村路段一处十字路口西侧，道路设有黄色中心线，道路略有弧度，视野视线良好，无障碍物遮挡，道路南侧护坡树仍可见轮胎碾压形成的倒伏状痕迹。鉴定人根据第一事故现场照片对相关数据进行了测量。

测量路面宽度为 $2 \times 410 \text{ cm} = 820 \text{ cm}$。

测量被鉴定车辆坠地点距驶离路面位置间的距离为27.3 m，车辆滑过路肩部分距离为10 m，离开路基路面到坠地点的距离约为17.3 m。

测量被鉴定车辆坠地点距离道路边缘的垂直距离为4.8 mm。

测量被鉴定车辆坠地点距离路牙石边缘的水平直线距离为2.7 m。

测量被鉴定车辆坠地点距离路牙石边缘的斜线距离为3.3 m；计算出被鉴定车辆坠地点距路面垂直高度为 $h = \sqrt{3.3^2 - 2.7^2} \text{ m} \approx 2 \text{ m}$。

【案例解析】

（1）被鉴定车辆事故行驶速度计算分析。根据 GA/T 643—2006《典型道路交通事故车辆行驶速度技术鉴定》附录 B 表 B.1，鉴定人根据现场勘验结果计算出被鉴定车辆行驶速度为 97 km/h。

勘验结果显示，被鉴定车辆在驶离道路时未见采取制动的痕迹，在冲下道路边沟的过程中与路牙石、树木发生了剧烈碰撞，导致被鉴定车辆前保险杠撕裂损伤、元宝梁变形、前纵梁倾斜、前杠铁弯折变形，车辆坠入道路边沟，最终与道路边沟墙接触停止。综合计算结果分析，被鉴定车辆发生事故时的行驶速度在 100~110 km/h 范围内。

（2）通过对事故现场的测量数据计算可得，被鉴定事故车辆驶离道路边缘，驶出道路的方向与汽车行驶方向的夹角 $\alpha = \arctan \dfrac{4.8}{27.3} \approx 10°$。由汽车运动学可知，汽车在行驶中偏离原行车道，则必然沿路方向或汽车行驶方向的切线方向驶出道路，当汽车从道路内侧驶离车道时，汽车滑下山坡的方向与汽车行驶方向的夹角约为 40°；当汽车从道路外侧驶离车道时，汽车滑下山坡的方向与汽车行驶方向的夹角为 18° 左右。即，汽车在该路段上肇事所占据的方位应在 20°~30° 角的扇形区域内。现场勘验结果显示，车辆是从道路外侧驶离车道，分析驾驶人笔录可知，车辆若为躲避对面来车，则驶出道路的夹角应更大。上述情况说明，报案人所述事故情形与事故现场痕迹不符。

（3）勘验结果显示，被鉴定车辆在驶出路面的过程中，右前纵梁发生了剧烈的正向碰撞，该碰撞会产生向右前方的惯性力，使驾驶人身体向右前方倾斜跃起，驾驶人的头部会与驾驶室内的后视镜发生二次碰撞，造成驾驶人头部右前额部位受伤；被鉴定车辆元宝梁左前部因剧烈碰撞严重凹陷变形、前风窗玻璃左前部碎裂，表明被鉴定车辆在行驶过程中，驾驶人未系扣安全带，碰撞事故发生时，驾驶人身体向前冲并跃起，头部与风窗玻璃发生二次碰撞，胸部会与转向盘碰撞接触，在前述计算的行驶速度下发生剧烈碰撞，驾驶人头部、胸部会形成伤害。勘验结果显示，事故车辆驾驶人未受到任何伤害。上述情况表明，报案驾驶人伤情与事故现场痕迹不符，报案驾驶人非事故发生时车辆驾驶人。

（4）勘验结果显示，被鉴定车辆发生了碰撞侧翻，被鉴定车辆右侧着地，被鉴定车辆右侧车身可见严重变形。上述情况表明，被鉴定车辆在侧翻过程中，以高速发生了侧向碰撞，碰撞产生的惯性力方向为右侧，在此惯性力作用下驾驶人身体会向右侧倾倒，由于驾驶人未系安全带，驾驶人的身体向右侧倾倒的过程中，身体右侧会与车内地板、通道、变速杆等发生碰撞接触，在驾驶人右侧身体相应部位形成损伤，驾驶人无法坐在座椅上固定。现场笔录显示，事故发生后驾驶人坐在车内等候，这表明驾驶人所述、驾驶人伤情与事故现场痕迹不符。

综上所述，鉴定意见如下：

（1）被鉴定标的车报案驾驶人所述以及驾驶人伤情与事故现场痕迹不符。

（2）被鉴定标的车报案驾驶人非事故发生时的车辆驾驶人。

该事故属于更换驾驶人的保险欺诈案件。

❋ 本章小结

保险欺诈不仅是保险行业的问题，而且早已泛滥成社会问题、道德问题、法律问题，影响涉及小到个人，大到社会和国家。

所谓汽车保险欺诈，是指投保人、保险人、被保险人不遵守诚信原则，故意隐瞒有关保险车辆的真实情况，或歪曲、掩盖真实情况，扩大损失程度，或故意制造、捏造保险事故造成保险标的损害，以牟取保险赔偿金的行为。

加强保险行业制度建设，建设信息平台共享，成立联合反欺诈组织，让骗保行为无立锥之地。

❋ 习题

一、选择题

1. 投保人欺诈表现形式为欺诈而又预谋地购买保单，常见的有超额投保、重复投保和（   ）。

    A. 隐情投保　　　　B. 多家投保　　　　　　C. 欺骗投保

2. 汽车保险从欺诈主体来看，可划分为保险人欺诈、投保人欺诈和（   ）。

    A. 经纪人欺诈　　B. 代理人欺诈　　　　C. 业务人欺诈　　　　D. 其他人欺诈

二、简答题

1. 汽车保险欺诈的原因有哪些？
2. 汽车保险欺诈的常见表现形式有哪些？
3. 如何预防汽车保险欺诈的发生？
4. 汽车保险欺诈有什么特点？
5. 汽车保险欺诈的常用手段有哪些？

附 录

······中国保险行业协会机动车综合商业保险示范条款······

总 则

第一条 本保险条款分为主险、附加险。

主险包括机动车损失保险、机动车第三者责任保险、机动车车上人员责任保险、机动车全车盗抢保险共四个独立的险种，投保人可以选择投保全部险种，也可以选择投保其中部分险种。保险人依照本保险合同的约定，按照承保险种分别承担保险责任。

附加险不能独立投保。附加险条款与主险条款相抵触之处，以附加险条款为准，附加险条款未尽之处，以主险条款为准。

第二条 本保险合同中的被保险机动车是指在中华人民共和国境内（不含港、澳、台地区）行驶，以动力装置驱动或者牵引，上道路行驶的供人员乘用或者用于运送物品以及进行专项作业的轮式车辆（含挂车）、履带式车辆和其他运载工具，但不包括摩托车、拖拉机、特种车。

第三条 本保险合同中的第三者是指因被保险机动车发生意外事故遭受人身伤亡或者财产损失的人，但不包括被保险机动车本车车上人员、被保险人。

第四条 本保险合同中的车上人员是指发生意外事故的瞬间，在被保险机动车车体内或车体上的人员，包括正在上下车的人员。

第五条 本保险合同中的各方权利和义务，由保险人、投保人遵循公平原则协商确定。保险人、投保人自愿订立本保险合同。

除本保险合同另有约定外，投保人应在保险合同成立时一次交清保险费。保险费未交清前，本保险合同不生效。

第一章 机动车损失保险

保险责任

第六条 保险期间内，被保险人或其允许的驾驶人在使用被保险机动车过程中，因下列原因造成被保险机动车的直接损失，且不属于免除保险人责任的范围，保险人依照本保险合同的约定负责赔偿：

（一）碰撞、倾覆、坠落；

（二）火灾、爆炸；

（三）外界物体坠落、倒塌；

（四）雷击、暴风、暴雨、洪水、龙卷风、冰雹、台风、热带风暴；

（五）地陷、崖崩、滑坡、泥石流、雪崩、冰陷、暴雪、冰凌、沙尘暴；

（六）受到被保险机动车所载货物、车上人员意外撞击；

（七）载运被保险机动车的渡船遭受自然灾害（只限于驾驶人随船的情形）。

第七条 发生保险事故时，被保险人或其允许的驾驶人为防止或者减少被保险机动车的损失所支付的必要的、合理的施救费用，由保险人承担；施救费用数额在被保险机动车损失赔偿金额以外另行计算，最高不超过保险金额的数额。

责任免除

第八条 在上述保险责任范围内，下列情况下，不论任何原因造成被保险机动车的任何损失和费用，保险人均不负责赔偿：

（一）事故发生后，被保险人或其允许的驾驶人故意破坏、伪造现场，毁灭证据；

（二）驾驶人有下列情形之一者：

1. 事故发生后，在未依法采取措施的情况下驾驶被保险机动车或者遗弃被保险机动车离开事故现场；

2. 饮酒、吸食或注射毒品、服用国家管制的精神药品或者麻醉药品；

3. 无驾驶证，驾驶证被依法扣留、暂扣、吊销、注销期间；

4. 驾驶与驾驶证载明的准驾车型不相符合的机动车；

5. 实习期内驾驶公共汽车、营运客车或者执行任务的警车、载有危险物品的机动车或牵引挂车的机动车；

6. 驾驶出租机动车或营业性机动车无交通运输管理部门核发的许可证书或其他必备证书；

7. 学习驾驶时无合法教练员随车指导；

8. 非被保险人允许的驾驶人；

（三）被保险机动车有下列情形之一者：

1. 发生保险事故时被保险机动车行驶证、号牌被注销的，或未按规定检验或检验不合格；

2. 被扣押、收缴、没收、政府征用期间；

3. 在竞赛、测试期间，在营业性场所维修、保养、改装期间；

4. 被保险人或其允许的驾驶人故意或重大过失，导致被保险机动车被利用从事犯罪行为。

第九条 下列原因导致的被保险机动车的损失和费用，保险人不负责赔偿：

（一）地震及其次生灾害；

（二）战争、军事冲突、恐怖活动、暴乱、污染（含放射性污染）、核反应、核辐射；

（三）人工直接供油、高温烘烤、自燃、不明原因火灾；

（四）违反安全装载规定；

（五）被保险机动车被转让、改装、加装或改变使用性质等，被保险人、受让人未及时通知保险人，且因转让、改装、加装或改变使用性质等导致被保险机动车危险程度显著增加；

（六）被保险人或其允许的驾驶人的故意行为。

第十条 下列损失和费用，保险人不负责赔偿：

（一）因市场价格变动造成的贬值、修理后因价值降低引起的减值损失；

（二）自然磨损、朽蚀、腐蚀、故障、本身质量缺陷；

（三）遭受保险责任范围内的损失后，未经必要修理并检验合格继续使用，致使损失扩大的部分；

（四）投保人、被保险人或其允许的驾驶人知道保险事故发生后，故意或者因重大过失未及时通知，致使保险事故的性质、原因、损失程度等难以确定的，保险人对无法确定的部分，不承担赔偿责任，但保险人通过其他途径已经及时知道或者应当及时知道保险事故发生的除外；

（五）因被保险人违反本条款第十六条约定，导致无法确定的损失；

（六）被保险机动车全车被盗窃、被抢劫、被抢夺、下落不明，以及在此期间受到的损坏，或被盗窃、被抢劫、被抢夺未遂受到的损坏，或车上零部件、附属设备丢失；

（七）车轮单独损坏，玻璃单独破碎，无明显碰撞痕迹的车身划痕，以及新增设备的损失；

（八）发动机进水后导致的发动机损坏。

免赔率与免赔额

第十一条 保险人在依据本保险合同约定计算赔款的基础上，按照下列方式免赔：

（一）被保险机动车一方负次要事故责任的，实行 5% 的事故责任免赔率；负同等事故责任的，实行 10% 的事故责任免赔率；负主要事故责任的，实行 15% 的事故责任免赔率；负全部事故责任或单方肇事事故的，实行 20% 的事故责任免赔率；

（二）被保险机动车的损失应当由第三方负责赔偿，无法找到第三方的，实行 30% 的绝对免赔率；

（三）违反安全装载规定，但不是事故发生的直接原因的，增加 10% 的绝对免赔率；

（四）对于投保人与保险人在投保时协商确定绝对免赔额的，本保险在实行免赔率的基础上增加每次事故绝对免赔额。

保险金额

第十二条 保险金额按投保时被保险机动车的实际价值确定。

投保时被保险机动车的实际价值由投保人与保险人根据投保时的新车购置价减去折旧金额后的价格协商确定或其他市场公允价值协商确定。

折旧金额可根据本保险合同列明的参考折旧系数表确定。

赔偿处理

第十三条 发生保险事故时，被保险人或其允许的驾驶人应当及时采取合理的、必要的施救和保护措施，防止或者减少损失，并在保险事故发生后 48 小时内通知保险人。被保险人或其允许的驾驶人根据有关法律法规规定选择自行协商方式处理交通事故的，应当立即通知保险人。

第十四条 被保险人或其允许的驾驶人根据有关法律法规规定选择自行协商方式处理交通事故的，应当协助保险人勘验事故各方车辆、核实事故责任，并依照《道路交通事故处理程序规定》签订记录交通事故情况的协议书。

第十五条 被保险人索赔时，应当向保险人提供与确认保险事故的性质、原因、损失程度等有关的证明和资料。

被保险人应当提供保险单、损失清单、有关费用单据、被保险机动车行驶证和发生事故时驾驶人的驾驶证。

属于道路交通事故的，被保险人应当提供公安机关交通管理部门或法院等机构出具的事故证明、有关的法律文书（判决书、调解书、裁定书、裁决书等）及其他证明。被保险人或其允许的驾驶人根据有关法律法规规定选择自行协商方式处理交通事故的，被保险人应当提供依照《道路交通事故处理程序规定》签订记录交通事故情况的协议书。

第十六条 因保险事故损坏的被保险机动车，应当尽量修复。修理前被保险人应当会同保险人检验，协商确定修理项目、方式和费用。对未协商确定的，保险人可以重新核定。

第十七条 被保险机动车遭受损失后的残余部分由保险人、被保险人协商处理。如折归被保险人的，由双方协商确定其价值并在赔款中扣除。

第十八条 因第三方对被保险机动车的损害而造成保险事故，被保险人向第三方索赔的，保险人应积极协助；被保险人也可以直接向本保险人索赔，保险人在保险金额内先行赔付被保险人，并在赔偿金额内代位行使被保险人对第三方请求赔偿的权利。

被保险人已经从第三方取得损害赔偿的，保险人进行赔偿时，相应扣减被保险人从第三方已取得的赔偿金额。

保险人未赔偿之前，被保险人放弃对第三方请求赔偿的权利的，保险人不承担赔偿责任。

被保险人故意或者因重大过失致使保险人不能行使代位请求赔偿的权利的，保险人可以扣减或者要求返还相应的赔款。

保险人向被保险人先行赔付的，保险人向第三方行使代位请求赔偿的权利时，被保险人应当向保险人提供必要的文件和所知道的有关情况。

第十九条 机动车损失赔款按以下方法计算：

（一）全部损失

赔款=（保险金额–被保险人已从第三方获得的赔偿金额）×（1–事故责任免赔率）×（1–绝对免赔率之和）–绝对免赔额

（二）部分损失

被保险机动车发生部分损失，保险人按实际修复费用在保险金额内计算赔偿：

赔款=（实际修复费用–被保险人已从第三方获得的赔偿金额）×（1–事故责任免赔率）×（1–绝对免赔率之和）–绝对免赔额

（三）施救费

施救的财产中，含有本保险合同未保险的财产，应按本保险合同保险财产的实际价值占总施救财产的实际价值比例分摊施救费用。

第二十条 保险人受理报案、现场查勘、核定损失、参与诉讼、进行抗辩、要求被保险人提供证明和资料、向被保险人提供专业建议等行为，均不构成保险人对赔偿责任的承诺。

第二十一条 被保险机动车发生本保险事故，导致全部损失，或一次赔款金额与免赔金额之和（不含施救费）达到保险金额，保险人按本保险合同约定支付赔款后，本保险责任终止，保险人不退还机动车损失保险及其附加险的保险费。

第二章　机动车第三者责任保险

保险责任

第二十二条　保险期间内，被保险人或其允许的驾驶人在使用被保险机动车过程中发生意外事故，致使第三者遭受人身伤亡或财产直接损毁，依法应当对第三者承担的损害赔偿责任，且不属于免除保险人责任的范围，保险人依照本保险合同的约定，对于超过机动车交通事故责任强制保险各分项赔偿限额的部分负责赔偿。

第二十三条　保险人依据被保险机动车一方在事故中所负的事故责任比例，承担相应的赔偿责任。

被保险人或被保险机动车一方根据有关法律法规规定选择自行协商或由公安机关交通管理部门处理事故未确定事故责任比例的，按照下列规定确定事故责任比例：

被保险机动车一方负主要事故责任的，事故责任比例为70%；

被保险机动车一方负同等事故责任的，事故责任比例为50%；

被保险机动车一方负次要事故责任的，事故责任比例为30%。

涉及司法或仲裁程序的，以法院或仲裁机构最终生效的法律文书为准。

责任免除

第二十四条　在上述保险责任范围内，下列情况下，不论任何原因造成的人身伤亡、财产损失和费用，保险人均不负责赔偿：

（一）事故发生后，被保险人或其允许的驾驶人故意破坏、伪造现场，毁灭证据；

（二）驾驶人有下列情形之一者：

1. 事故发生后，在未依法采取措施的情况下驾驶被保险机动车或者遗弃被保险机动车离开事故现场；

2. 饮酒、吸食或注射毒品、服用国家管制的精神药品或者麻醉药品；

3. 无驾驶证，驾驶证被依法扣留、暂扣、吊销、注销期间；

4. 驾驶与驾驶证载明的准驾车型不相符合的机动车；

5. 实习期内驾驶公共汽车、营运客车或者执行任务的警车、载有危险物品的机动车或牵引挂车的机动车；

6. 驾驶出租机动车或营业性机动车无交通运输管理部门核发的许可证书或其他必备证书；

7. 学习驾驶时无合法教练员随车指导；

8. 非被保险人允许的驾驶人；

（三）被保险机动车有下列情形之一者：

1. 发生保险事故时被保险机动车行驶证、号牌被注销的，或未按规定检验或检验不合格；

2. 被扣押、收缴、没收、政府征用期间；

3. 在竞赛、测试期间，在营业性场所维修、保养、改装期间；

4. 全车被盗窃、被抢劫、被抢夺、下落不明期间。

第二十五条　下列原因导致的人身伤亡、财产损失和费用，保险人不负责赔偿：

（一）地震及其次生灾害、战争、军事冲突、恐怖活动、暴乱、污染（含放射性污染）、核反应、核辐射；

（二）第三者、被保险人或其允许的驾驶人的故意行为、犯罪行为，第三者与被保险人或其他致害人恶意串通的行为；

（三）被保险机动车被转让、改装、加装或改变使用性质等，被保险人、受让人未及时通知保险人，且因转让、改装、加装或改变使用性质等导致被保险机动车危险程度显著增加。

第二十六条 下列人身伤亡、财产损失和费用，保险人不负责赔偿：

（一）被保险机动车发生意外事故，致使任何单位或个人停业、停驶、停电、停水、停气、停产、通讯或网络中断、电压变化、数据丢失造成的损失以及其他各种间接损失；

（二）第三者财产因市场价格变动造成的贬值，修理后因价值降低引起的减值损失；

（三）被保险人及其家庭成员、被保险人允许的驾驶人及其家庭成员所有、承租、使用、管理、运输或代管的财产的损失，以及本车上财产的损失；

（四）被保险人、被保险人允许的驾驶人、本车车上人员的人身伤亡；

（五）停车费、保管费、扣车费、罚款、罚金或惩罚性赔款；

（六）超出《道路交通事故受伤人员临床诊疗指南》和国家基本医疗保险同类医疗费用标准的费用部分；

（七）律师费，未经保险人事先书面同意的诉讼费、仲裁费；

（八）投保人、被保险人或其允许的驾驶人知道保险事故发生后，故意或者因重大过失未及时通知，致使保险事故的性质、原因、损失程度等难以确定的，保险人对无法确定的部分，不承担赔偿责任，但保险人通过其他途径已经及时知道或者应当及时知道保险事故发生的除外；

（九）因被保险人违反本条款第三十四条约定，导致无法确定的损失；

（十）精神损害抚慰金；

（十一）应当由机动车交通事故责任强制保险赔偿的损失和费用。

保险事故发生时，被保险机动车未投保机动车交通事故责任强制保险或机动车交通事故责任强制保险合同已经失效的，对于机动车交通事故责任强制保险责任限额以内的损失和费用，保险人不负责赔偿。

免赔率

第二十七条 保险人在依据本保险合同约定计算赔款的基础上，在保险单载明的责任限额内，按照下列方式免赔：

（一）被保险机动车一方负次要事故责任的，实行 5% 的事故责任免赔率；负同等事故责任的，实行 10% 的事故责任免赔率；负主要事故责任的，实行 15% 的事故责任免赔率；负全部事故责任的，实行 20% 的事故责任免赔率；

（二）违反安全装载规定的，实行 10% 的绝对免赔率。

责任限额

第二十八条 每次事故的责任限额，由投保人和保险人在签订本保险合同时协商确定。

第二十九条 主车和挂车连接使用时视为一体，发生保险事故时，由主车保险人和挂车保险人按照保险单上载明的机动车第三者责任保险责任限额的比例，在各自的责任限额内承担赔偿责任，但赔偿金额总和以主车的责任限额为限。

赔偿处理

第三十条 发生保险事故时，被保险人或其允许的驾驶人应当及时采取合理的、必要的施救和保护措施，防止或者减少损失，并在保险事故发生后 48 小时内通知保险人。被保险人或其允许的驾驶人根据有关法律法规规定选择自行协商方式处理交通事故的，应当立即通知保险人。

第三十一条 被保险人或其允许的驾驶人根据有关法律法规规定选择自行协商方式处理交通事故的，应当协助保险人勘验事故各方车辆、核实事故责任，并依照《道路交通事故处理程序规定》签订记录交通事故情况的协议书。

第三十二条 被保险人索赔时，应当向保险人提供与确认保险事故的性质、原因、损失程度等有关的证明和资料。

被保险人应当提供保险单、损失清单、有关费用单据、被保险机动车行驶证和发生事故时驾驶人的驾驶证。

属于道路交通事故的，被保险人应当提供公安机关交通管理部门或法院等机构出具的事故证明、有关的法律文书（判决书、调解书、裁定书、裁决书等）及其他证明。被保险人或其允许的驾驶人根据有关法律法规规定选择自行协商方式处理交通事故的，被保险人应当提供依照《道路交通事故处理程序规定》签订记录交通事故情况的协议书。

第三十三条 保险人对被保险人给第三者造成的损害，可以直接向该第三者赔偿。

被保险人给第三者造成损害，被保险人对第三者应负的赔偿责任确定的，根据被保险人的请求，保险人应当直接向该第三者赔偿。被保险人怠于请求的，第三者有权就其应获赔偿部分直接向保险人请求赔偿。

被保险人给第三者造成损害，被保险人未向该第三者赔偿的，保险人不得向被保险人赔偿。

第三十四条 因保险事故损坏的第三者财产，应当尽量修复。修理前被保险人应当会同保险人检验，协商确定修理项目、方式和费用。对未协商确定的，保险人可以重新核定。

第三十五条 赔款计算

（一）当 ［（依合同约定核定的第三者损失金额 – 机动车交通事故责任强制保险的分项赔偿限额）×事故责任比例］ 等于或高于每次事故赔偿限额时：

赔款 = 每次事故赔偿限额×（1 – 事故责任免赔率）×（1 – 绝对免赔率之和）

（二）当 ［（依合同约定核定的第三者损失金额 – 机动车交通事故责任强制保险的分项赔偿限额）×事故责任比例］ 低于每次事故赔偿限额时：

赔款 = （依合同约定核定的第三者损失金额 – 机动车交通事故责任强制保险的分项赔偿限额）×事故责任比例×（1 – 事故责任免赔率）×（1 – 绝对免赔率之和）

第三十六条 保险人按照《道路交通事故受伤人员临床诊疗指南》和国家基本医疗保险的同类医疗费用标准核定医疗费用的赔偿金额。

未经保险人书面同意，被保险人自行承诺或支付的赔偿金额，保险人有权重新核定。不属于保险人赔偿范围或超出保险人应赔偿金额的，保险人不承担赔偿责任。

第三十七条 保险人受理报案、现场查勘、核定损失、参与诉讼、进行抗辩、要求被保险人提供证明和资料、向被保险人提供专业建议等行为，均不构成保险人对赔偿责任的承诺。

第三章　机动车车上人员责任保险

保险责任

第三十八条　保险期间内，被保险人或其允许的驾驶人在使用被保险机动车过程中发生意外事故，致使车上人员遭受人身伤亡，且不属于免除保险人责任的范围，依法应当对车上人员承担的损害赔偿责任，保险人依照本保险合同的约定负责赔偿。

第三十九条　保险人依据被保险机动车一方在事故中所负的事故责任比例，承担相应的赔偿责任。

被保险人或被保险机动车一方根据有关法律法规规定选择自行协商或由公安机关交通管理部门处理事故未确定事故责任比例的，按照下列规定确定事故责任比例：

被保险机动车一方负主要事故责任的，事故责任比例为70%；

被保险机动车一方负同等事故责任的，事故责任比例为50%；

被保险机动车一方负次要事故责任的，事故责任比例为30%。

涉及司法或仲裁程序的，以法院或仲裁机构最终生效的法律文书为准。

责任免除

第四十条　在上述保险责任范围内，下列情况下，不论任何原因造成的人身伤亡，保险人均不负责赔偿：

（一）事故发生后，被保险人或其允许的驾驶人故意破坏、伪造现场，毁灭证据；

（二）驾驶人有下列情形之一者：

1. 事故发生后，在未依法采取措施的情况下驾驶被保险机动车或者遗弃被保险机动车离开事故现场；

2. 饮酒、吸食或注射毒品、服用国家管制的精神药品或者麻醉药品；

3. 无驾驶证，驾驶证被依法扣留、暂扣、吊销、注销期间；

4. 驾驶与驾驶证载明的准驾车型不相符合的机动车；

5. 实习期内驾驶公共汽车、营运客车或者执行任务的警车、载有危险物品的机动车或牵引挂车的机动车；

6. 驾驶出租机动车或营业性机动车无交通运输管理部门核发的许可证书或其他必备证书；

7. 学习驾驶时无合法教练员随车指导；

8. 非被保险人允许的驾驶人；

（三）被保险机动车有下列情形之一者：

1. 发生保险事故时被保险机动车行驶证、号牌被注销的，或未按规定检验或检验不合格；

2. 被扣押、收缴、没收、政府征用期间；

3. 在竞赛、测试期间，在营业性场所维修、保养、改装期间；

4. 全车被盗窃、被抢劫、被抢夺、下落不明期间。

第四十一条　下列原因导致的人身伤亡，保险人不负责赔偿：

（一）地震及其次生灾害、战争、军事冲突、恐怖活动、暴乱、污染（含放射性污染）、核反应、核辐射；

（二）被保险机动车被转让、改装、加装或改变使用性质等，被保险人、受让人未及时通知保险人，且因转让、改装、加装或改变使用性质等导致被保险机动车危险程度显著增加；

（三）被保险人或驾驶人的故意行为。

第四十二条 下列人身伤亡、损失和费用，保险人不负责赔偿：

（一）被保险人及驾驶人以外的其他车上人员的故意行为造成的自身伤亡；

（二）车上人员因疾病、分娩、自残、斗殴、自杀、犯罪行为造成的自身伤亡；

（三）违法、违章搭乘人员的人身伤亡；

（四）罚款、罚金或惩罚性赔款；

（五）超出《道路交通事故受伤人员临床诊疗指南》和国家基本医疗保险同类医疗费用标准的费用部分；

（六）律师费，未经保险人事先书面同意的诉讼费、仲裁费；

（七）投保人、被保险人或其允许的驾驶人知道保险事故发生后，故意或者因重大过失未及时通知，致使保险事故的性质、原因、损失程度等难以确定的，保险人对无法确定的部分，不承担赔偿责任，但保险人通过其他途径已经及时知道或者应当及时知道保险事故发生的除外；

（八）精神损害抚慰金；

（九）应当由机动车交通事故责任强制保险赔付的损失和费用。

免赔率

第四十三条 保险人在依据本保险合同约定计算赔款的基础上，在保险单载明的责任限额内，按照下列方式免赔：

被保险机动车一方负次要事故责任的，实行5%的事故责任免赔率；负同等事故责任的，实行10%的事故责任免赔率；负主要事故责任的，实行15%的事故责任免赔率；负全部事故责任或单方肇事事故的，实行20%的事故责任免赔率。

责任限额

第四十四条 驾驶人每次事故责任限额和乘客每次事故每人责任限额由投保人和保险人在投保时协商确定。投保乘客座位数按照被保险机动车的核定载客数（驾驶人座位除外）确定。

赔偿处理

第四十五条 发生保险事故时，被保险人或其允许的驾驶人应当及时采取合理的、必要的施救和保护措施，防止或者减少损失，并在保险事故发生后48小时内通知保险人。被保险人或其允许的驾驶人根据有关法律法规规定选择自行协商方式处理交通事故的，应当立即通知保险人。

第四十六条 被保险人或其允许的驾驶人根据有关法律法规规定选择自行协商方式处理交通事故的，应当协助保险人勘验事故各方车辆、核实事故责任，并依照《道路交通事故处理程序规定》签订记录交通事故情况的协议书。

第四十七条 被保险人索赔时，应当向保险人提供与确认保险事故的性质、原因、损失程度等有关的证明和资料。

被保险人应当提供保险单、损失清单、有关费用单据、被保险机动车行驶证和发生事故时驾驶人的驾驶证。

属于道路交通事故的，被保险人应当提供公安机关交通管理部门或法院等机构出具的事故证明、有关的法律文书（判决书、调解书、裁定书、裁决书等）和通过机动车交通事故责任强制保险获得赔偿金额的证明材料。被保险人或其允许的驾驶人根据有关法律法规规定选择自行协商方式处理交通事故的，被保险人应当提供依照《道路交通事故处理程序规定》签订记录交通事故情况的协议书和通过机动车交通事故责任强制保险获得赔偿金额的证明材料。

第四十八条 赔款计算

（一）对每座的受害人，当[（依合同约定核定的每座车上人员人身伤亡损失金额－应由机动车交通事故责任强制保险赔偿的金额）×事故责任比例]高于或等于每次事故每座赔偿限额时：

赔款＝每次事故每座赔偿限额×（1－事故责任免赔率）

（二）对每座的受害人，当[（依合同约定核定的每座车上人员人身伤亡损失金额－应由机动车交通事故责任强制保险赔偿的金额）×事故责任比例]低于每次事故每座赔偿限额时：

赔款＝（依合同约定核定的每座车上人员人身伤亡损失金额－应由机动车交通事故责任强制保险赔偿的金额）×事故责任比例×（1－事故责任免赔率）

第四十九条 保险人按照《道路交通事故受伤人员临床诊疗指南》和国家基本医疗保险的同类医疗费用标准核定医疗费用的赔偿金额。

未经保险人书面同意，被保险人自行承诺或支付的赔偿金额，保险人有权重新核定。因被保险人原因导致损失金额无法确定的，保险人有权拒绝赔偿。

第五十条 保险人受理报案、现场查勘、核定损失、参与诉讼、进行抗辩、要求被保险人提供证明和资料、向被保险人提供专业建议等行为，均不构成保险人对赔偿责任的承诺。

第四章 机动车全车盗抢保险

保险责任

第五十一条 保险期间内，被保险机动车的下列损失和费用，且不属于免除保险人责任的范围，保险人依照本保险合同的约定负责赔偿：

（一）被保险机动车被盗窃、抢劫、抢夺，经出险当地县级以上公安刑侦部门立案证明，满60天未查明下落的全车损失；

（二）被保险机动车全车被盗窃、抢劫、抢夺后，受到损坏或车上零部件、附属设备丢失需要修复的合理费用；

（三）被保险机动车在被抢劫、抢夺过程中，受到损坏需要修复的合理费用。

责任免除

第五十二条 在上述保险责任范围内，下列情况下，不论任何原因造成被保险机动车的任何损失和费用，保险人均不负责赔偿：

（一）被保险人索赔时未能提供出险当地县级以上公安刑侦部门出具的盗抢立案证明；

（二）驾驶人、被保险人、投保人故意破坏现场、伪造现场，毁灭证据；

（三）被保险机动车被扣押、罚没、查封、政府征用期间；

（四）被保险机动车在竞赛、测试期间，在营业性场所维修、保养、改装期间，被运输期间。

第五十三条 下列损失和费用，保险人不负责赔偿：

（一）地震及其次生灾害导致的损失和费用；

（二）战争、军事冲突、恐怖活动、暴乱导致的损失和费用；

（三）因诈骗引起的任何损失；因投保人、被保险人与他人的民事、经济纠纷导致的任何损失；

（四）被保险人或其允许的驾驶人的故意行为、犯罪行为导致的损失和费用；

（五）非全车遭盗窃，仅车上零部件或附属设备被盗窃或损坏；

（六）新增设备的损失；

（七）遭受保险责任范围内的损失后，未经必要修理并检验合格继续使用，致使损失扩大的部分；

（八）被保险机动车被转让、改装、加装或改变使用性质等，被保险人、受让人未及时通知保险人，且因转让、改装、加装或改变使用性质等导致被保险机动车危险程度显著增加而发生保险事故；

（九）投保人、被保险人或其允许的驾驶人知道保险事故发生后，故意或者因重大过失未及时通知，致使保险事故的性质、原因、损失程度等难以确定的，保险人对无法确定的部分，不承担赔偿责任，但保险人通过其他途径已经及时知道或者应当及时知道保险事故发生的除外；

（十）因被保险人违反本条款第五十八条约定，导致无法确定的损失。

免赔率

第五十四条 保险人在依据本保险合同约定计算赔款的基础上，按照下列方式免赔：

（一）发生全车损失的，绝对免赔率为20%；

（二）发生全车损失，被保险人未能提供《机动车登记证书》、机动车来历凭证的，每缺少一项，增加1%的绝对免赔率。

保险金额

第五十五条 保险金额在投保时被保险机动车的实际价值内协商确定。

投保时被保险机动车的实际价值由投保人与保险人根据投保时的新车购置价减去折旧金额后的价格协商确定或其他市场公允价值协商确定。

折旧金额可根据本保险合同列明的参考折旧系数表确定。

赔偿处理

第五十六条 被保险机动车全车被盗抢的，被保险人知道保险事故发生后，应在24小时内向出险当地公安刑侦部门报案，并通知保险人。

第五十七条 被保险人索赔时，需提供保险单、损失清单、有关费用单据、《机动车登记证书》、机动车来历凭证以及出险当地县级以上公安刑侦部门出具的盗抢立案证明。

第五十八条 因保险事故损坏的被保险机动车，应当尽量修复。修理前被保险人应当会同保险人检验，协商确定修理项目、方式和费用。对未协商确定的，保险人可以重新核定。

第五十九条 保险人按下列方式赔偿：

（一）被保险机动车全车被盗抢的，按以下方法计算赔款：

赔款＝保险金额×（1－绝对免赔率之和）

（二）被保险机动车发生本条款第五十一条第（二）款、第（三）款列明的损失，保险人按实际修复费用在保险金额内计算赔偿。

第六十条　保险人确认索赔单证齐全、有效后，被保险人签具权益转让书，保险人赔付结案。

第六十一条　被保险机动车发生本保险事故，导致全部损失，或一次赔款金额与免赔金额之和达到保险金额，保险人按本保险合同约定支付赔款后，本保险责任终止，保险人不退还机动车全车盗抢保险及其附加险的保险费。

第五章　通用条款

保险期间

第六十二条　除另有约定外，保险期间为一年，以保险单载明的起讫时间为准。

其他事项

第六十三条　保险人按照本保险合同的约定，认为被保险人索赔提供的有关证明和资料不完整的，应当及时一次性通知被保险人补充提供。

第六十四条　保险人收到被保险人的赔偿请求后，应当及时作出核定；情形复杂的，应当在三十日内作出核定。保险人应当将核定结果通知被保险人；对属于保险责任的，在与被保险人达成赔偿协议后十日内，履行赔偿义务。保险合同对赔偿期限另有约定的，保险人应当按照约定履行赔偿义务。

保险人未及时履行前款约定义务的，除支付赔款外，应当赔偿被保险人因此受到的损失。

第六十五条　保险人依照本条款第六十四条的约定作出核定后，对不属于保险责任的，应当自作出核定之日起三日内向被保险人发出拒绝赔偿通知书，并说明理由。

第六十六条　保险人自收到赔偿请求和有关证明、资料之日起六十日内，对其赔偿数额不能确定的，应当根据已有证明和资料可以确定的数额先予支付；保险人最终确定赔偿数额后，应当支付相应的差额。

第六十七条　在保险期间内，被保险机动车转让他人的，受让人承继被保险人的权利和义务。被保险人或者受让人应当及时通知保险人，并及时办理保险合同变更手续。

因被保险机动车转让导致被保险机动车危险程度发生显著变化的，保险人自收到前款约定的通知之日起三十日内，可以相应调整保险费或者解除本保险合同。

第六十八条　保险责任开始前，投保人要求解除本保险合同的，应当向保险人支付应交保险费金额3%的退保手续费，保险人应当退还保险费。

保险责任开始后，投保人要求解除本保险合同的，自通知保险人之日起，本保险合同解除。保险人按日收取自保险责任开始之日起至合同解除之日止期间的保险费，并退还剩余部分保险费。

第六十九条　因履行本保险合同发生的争议，由当事人协商解决，协商不成的，由当事人从下列两种合同争议解决方式中选择一种，并在本保险合同中载明：

（一）提交保险单载明的仲裁委员会仲裁；

（二）依法向人民法院起诉。

本保险合同适用中华人民共和国（不含港、澳、台地区）法律。

附加险

附加险条款的法律效力优于主险条款。附加险条款未尽事宜，以主险条款为准。除附加险条款另有约定外，主险中的责任免除、免赔规则、双方义务同样适用于附加险。

1. 玻璃单独破碎险；
2. 自燃损失险；
3. 新增加设备损失险；
4. 车身划痕损失险；
5. 发动机涉水损失险；
6. 修理期间费用补偿险；
7. 车上货物责任险；
8. 精神损害抚慰金责任险；
9. 不计免赔率险；
10. 机动车损失保险无法找到第三方特约险；
11. 指定修理厂险。

玻璃单独破碎险

投保了机动车损失保险的机动车，可投保本附加险。

第一条　保险责任

保险期间内，被保险机动车风挡玻璃或车窗玻璃的单独破碎，保险人按实际损失金额赔偿。

第二条　投保方式

投保人与保险人可协商选择按进口或国产玻璃投保。保险人根据协商选择的投保方式承担相应的赔偿责任。

第三条　责任免除

安装、维修机动车过程中造成的玻璃单独破碎。

第四条　本附加险不适用主险中的各项免赔率、免赔额约定。

自燃损失险

投保了机动车损失保险的机动车，可投保本附加险。

第一条　保险责任

（一）保险期间内，指在没有外界火源的情况下，由于本车电器、线路、供油系统、供气系统等被保险机动车自身原因或所载货物自身原因起火燃烧造成本车的损失；

（二）发生保险事故时，被保险人为防止或者减少被保险机动车的损失所支付的必要的、合理的施救费用，由保险人承担；施救费用数额在被保险机动车损失赔偿金额以外另行计算，最高不超过本附加险保险金额的数额。

第二条　责任免除

（一）自燃仅造成电器、线路、油路、供油系统、供气系统的损失；

（二）由于擅自改装、加装电器及设备导致被保险机动车起火造成的损失；

（三）被保险人在使用被保险机动车过程中，因人工直接供油、高温烘烤等违反车辆安全操作规则造成的损失；

（四）本附加险每次赔偿实行 20% 的绝对免赔率，不适用主险中的各项免赔率、免赔额约定。

第三条　保险金额

保险金额由投保人和保险人在投保时被保险机动车的实际价值内协商确定。

第四条　赔偿处理

全部损失，在保险金额内计算赔偿；部分损失，在保险金额内按实际修理费用计算赔偿。

新增加设备损失险

投保了机动车损失保险的机动车，可投保本附加险。

第一条　保险责任

保险期间内，投保了本附加险的被保险机动车因发生机动车损失保险责任范围内的事故，造成车上新增加设备的直接损毁，保险人在保险单载明的本附加险的保险金额内，按照实际损失计算赔偿。

第二条　责任免除

本附加险每次赔偿的免赔约定以机动车损失保险条款约定为准。

第三条　保险金额

保险金额根据新增加设备投保时的实际价值确定。新增加设备的实际价值是指新增加设备的购置价减去折旧金额后的金额。

车身划痕损失险

投保了机动车损失保险的机动车，可投保本附加险。

第一条　保险责任

保险期间内，投保了本附加险的机动车在被保险人或其允许的驾驶人使用过程中，发生无明显碰撞痕迹的车身划痕损失，保险人按照保险合同约定负责赔偿。

第二条　责任免除

（一）被保险人及其家庭成员、驾驶人及其家庭成员的故意行为造成的损失；

（二）因投保人、被保险人与他人的民事、经济纠纷导致的任何损失；

（三）车身表面自然老化、损坏，腐蚀造成的任何损失；

（四）本附加险每次赔偿实行 15% 的绝对免赔率，不适用主险中的各项免赔率、免赔额约定。

第三条　保险金额

保险金额为 2 000 元、5 000 元、10 000 元或 20 000 元，由投保人和保险人在投保时协商确定。

第四条　赔偿处理

（一）在保险金额内按实际修理费用计算赔偿；

（二）在保险期间内，累计赔款金额达到保险金额，本附加险保险责任终止。

发动机涉水损失险

本附加险仅适用于家庭自用汽车、党政机关、事业团体用车、企业非营业用车，且只有在投保了机动车损失保险后，方可投保本附加险。

第一条　保险责任

保险期间内，投保了本附加险的被保险机动车在使用过程中，因发动机进水后导致的发动机的直接损毁，保险人负责赔偿；

发生保险事故时，被保险人为防止或者减少被保险机动车的损失所支付的必要的、合理的施救费用，由保险人承担；施救费用数额在被保险机动车损失赔偿金额以外另行计算，最高不超过保险金额的数额。

第二条　责任免除

本附加险每次赔偿均实行 15% 的绝对免赔率，不适用主险中的各项免赔率、免赔额约定。

第三条　赔偿处理

发生保险事故时，保险人在保险金额内计算赔偿。

修理期间费用补偿险

只有在投保了机动车损失保险的基础上方可投保本附加险，机动车损失保险责任终止时，本保险责任同时终止。

第一条　保险责任

保险期间内，投保了本条款的机动车在使用过程中，发生机动车损失保险责任范围内的事故，造成车身损毁，致使被保险机动车停驶，保险人按保险合同约定，在保险金额内向被保险人补偿修理期间费用，作为代步车费用或弥补停驶损失。

第二条　责任免除

下列情况下，保险人不承担修理期间费用补偿：

（一）因机动车损失保险责任范围以外的事故而致被保险机动车的损毁或修理；

（二）非在保险人认可的修理厂修理时，因车辆修理质量不合要求造成返修；

（三）被保险人或驾驶人拖延车辆送修期间；

（四）本附加险每次事故的绝对免赔额为 1 天的赔偿金额，不适用主险中的各项免赔率、免赔额约定。

第三条　保险金额

本附加险保险金额 = 补偿天数 × 日补偿金额。补偿天数及日补偿金额由投保人与保险人协商确定并在保险合同中载明，保险期间内约定的补偿天数最高不超过 90 天。

第四条　赔偿处理

全车损失，按保险单载明的保险金额计算赔偿；部分损失，在保险金额内按约定的日赔偿金额乘以从送修之日起至修复之日止的实际天数计算赔偿，实际天数超过双方约定修理天数的，以双方约定的修理天数为准。

保险期间内，累计赔款金额达到保险单载明的保险金额，本附加险保险责任终止。

车上货物责任险

投保了机动车第三者责任保险的机动车，可投保本附加险。

第一条　保险责任

保险期间内，发生意外事故致使被保险机动车所载货物遭受直接损毁，依法应由被保险人承担的损害赔偿责任，保险人负责赔偿。

第二条　责任免除

（一）偷盗、哄抢、自然损耗、本身缺陷、短少、死亡、腐烂、变质、串味、生锈，动物走失、飞失、货物自身起火燃烧或爆炸造成的货物损失；

（二）违法、违章载运造成的损失；

（三）因包装、紧固不善，装载、遮盖不当导致的任何损失；

（四）车上人员携带的私人物品的损失；

（五）保险事故导致的货物减值、运输延迟、营业损失及其他各种间接损失；

（六）法律、行政法规禁止运输的货物的损失；

（七）本附加险每次赔偿实行20%的绝对免赔率，不适用主险中的各项免赔率、免赔额约定。

第三条 责任限额

责任限额由投保人和保险人在投保时协商确定。

第四条 赔偿处理

被保险人索赔时，应提供运单、起运地货物价格证明等相关单据。保险人在责任限额内按起运地价格计算赔偿。

精神损害抚慰金责任险

只有在投保了机动车第三者责任保险或机动车车上人员责任保险的基础上方可投保本附加险。

在投保人仅投保机动车第三者责任保险的基础上附加本附加险时，保险人只负责赔偿第三者的精神损害抚慰金；在投保人仅投保机动车车上人员责任保险的基础上附加本附加险时，保险人只负责赔偿车上人员的精神损害抚慰金。

第一条 保险责任

保险期间内，被保险人或其允许的驾驶人在使用被保险机动车的过程中，发生投保的主险约定的保险责任内的事故，造成第三者或车上人员的人身伤亡，受害人据此提出精神损害赔偿请求，保险人依据法院判决及保险合同约定，对应由被保险人或被保险机动车驾驶人支付的精神损害抚慰金，在扣除机动车交通事故责任强制保险应当支付的赔款后，在本保险赔偿限额内负责赔偿。

第二条 责任免除

（一）根据被保险人与他人的合同协议，应由他人承担的精神损害抚慰金；

（二）未发生交通事故，仅因第三者或本车人员的惊恐而引起的损害；

（三）怀孕妇女的流产发生在交通事故发生之日起30天以外的；

（四）本附加险每次赔偿实行20%的绝对免赔率，不适用主险中的各项免赔率、免赔额约定。

第三条 赔偿限额

本保险每次事故赔偿限额由保险人和投保人在投保时协商确定。

第四条 赔偿处理

本附加险赔偿金额依据人民法院的判决在保险单所载明的赔偿限额内计算赔偿。

不计免赔率险

投保了任一主险及其他设置了免赔率的附加险后，均可投保本附加险。

第一条 保险责任

保险事故发生后，按照对应投保的险种约定的免赔率计算的、应当由被保险人自行承担的免赔金额部分，保险人负责赔偿。

第二条 责任免除

下列情况下，应当由被保险人自行承担的免赔金额，保险人不负责赔偿：

（一）机动车损失保险中应当由第三方负责赔偿而无法找到第三方的；

（二）因违反安全装载规定而增加的；

（三）发生机动车全车盗抢保险约定的全车损失保险事故时，被保险人未能提供《机动车登记证书》、机动车来历凭证的，每缺少一项而增加的；

（四）机动车损失保险中约定的每次事故绝对免赔额；

（五）可附加本条款但未选择附加本条款的险种约定的；

（六）不可附加本条款的险种约定的。

机动车损失保险无法找到第三方特约险

投保了机动车损失保险后，可投保本附加险。

投保了本附加险后，对于机动车损失保险第十一条第（二）款列明的，被保险机动车损失应当由第三方负责赔偿，但因无法找到第三方而增加的由被保险人自行承担的免赔金额，保险人负责赔偿。

指定修理厂险

投保了机动车损失保险的机动车，可投保本附加险。

投保了本附加险后，机动车损失保险事故发生后，被保险人可指定修理厂进行修理。

释义

【碰撞】指被保险机动车或其符合装载规定的货物与外界固态物体之间发生的、产生撞击痕迹的意外撞击。

【倾覆】指被保险机动车由于自然灾害或意外事故，造成本被保险机动车翻倒，车体触地，失去正常状态和行驶能力，不经施救不能恢复行驶。

【坠落】指被保险机动车在行驶中发生意外事故，整车腾空后下落，造成本车损失的情况。非整车腾空，仅由于颠簸造成被保险机动车损失的，不属于坠落。

【外界物体倒塌】指被保险机动车自身以外的物体倒下或陷下。

【自燃】指在没有外界火源的情况下，由于本车电器、线路、供油系统、供气系统等被保险机动车自身原因或所载货物自身原因起火燃烧。

【火灾】指被保险机动车本身以外的火源引起的、在时间或空间上失去控制的燃烧（即有热、有光、有火焰的剧烈的氧化反应）所造成的灾害。

【次生灾害】指地震造成工程结构、设施和自然环境破坏而引发的火灾、爆炸、瘟疫、有毒有害物质污染、海啸、水灾、泥石流、滑坡等灾害。

【暴风】指风速在 28.5 m/s（相当于 11 级大风）以上的大风。风速以气象部门公布的数据为准。

【暴雨】指每小时降雨量达 16 mm 以上，或连续 12 h 降雨量达 30 mm 以上，或连续 24 h 降雨量达 50 mm 以上。

【洪水】指山洪暴发、江河泛滥、潮水上岸及倒灌。但规律性的涨潮、自动灭火设施漏水以及在常年水位以下或地下渗水、水管爆裂不属于洪水责任。

【玻璃单独破碎】指未发生被保险机动车其他部位的损坏，仅发生被保险机动车前后风挡玻璃和左右车窗玻璃的损坏。

【车轮单独损坏】指未发生被保险机动车其他部位的损坏，仅发生轮胎、轮辋、轮毂罩的分别单独损坏，或上述三者之中任意二者的共同损坏，或三者的共同损坏。

【车身划痕损失】仅发生被保险机动车车身表面油漆的损坏，且无明显碰撞痕迹。

【新增设备】指被保险机动车出厂时原有设备以外的，另外加装的设备和设施。

【新车购置价】指本保险合同签订地购置与被保险机动车同类型新车的价格，无同类型新车市场销售价格的，由投保人与保险人协商确定。

【单方肇事事故】指不涉及与第三者有关的损害赔偿的事故，但不包括自然灾害引起的事故。

【家庭成员】指配偶、子女、父母。

【市场公允价值】指熟悉市场情况的买卖双方在公平交易的条件下和自愿的情况下所确定的价格，或无关联的双方在公平交易的条件下一项资产可以被买卖或者一项负债可以被清偿的成交价格。

【参考折旧系数表】

车辆种类	月折旧系数			
	家庭自用	非营业	营业	
			出租	其他
9座以下客车	0.60%	0.60%	1.10%	0.90%
10座（含）以上客车	0.90%	0.90%	1.10%	0.90%
微型载货汽车	/	0.90%	1.10%	1.10%
带拖挂的载货汽车	/	0.90%	1.10%	1.10%
低速货车和三轮汽车	/	1.10%	1.40%	1.40%
其他车辆	/	0.90%	1.10%	0.90%

折旧按月计算，不足一个月的部分，不计折旧。最高折旧金额不超过投保时被保险机动车新车购置价的80%。

折旧金额 = 新车购置价 × 被保险机动车已使用月数 × 月折旧系数

【饮酒】指驾驶人饮用含有酒精的饮料，驾驶机动车时血液中的酒精含量大于等于20 mg/100 mL的。

【全部损失】指被保险机动车发生事故后灭失，或者受到严重损坏完全失去原有形体、效用，或者不能再归被保险人所拥有的，为实际全损；或被保险机动车发生事故后，认为实际全损已经不可避免，或者为避免发生实际全损所需支付的费用超过实际价值的，为推定全损。

参考文献

[1] 黄旭, 任晓光. 汽车保险与理赔 [M]. 北京：北京邮电大学出版社, 2014.

[2] 余义君. 汽车保险与理赔实务 [M]. 西安：西北工业大学出版社, 2011.

[3] 曾鑫. 汽车保险与理赔 [M]. 北京：人民邮电大学出版社, 2013.

[4] 骆孟波. 汽车保险与理赔 [M]. 北京：中国铁道出版社, 2015.

[5] 李景芝, 赵长利. 汽车保险理赔 [M]. 3 版. 北京：机械工业出版社, 2014.

[6] 董恩国. 汽车保险与理赔实务 [M]. 北京：机械工业出版社, 2007.

[7] 左适够. 事故车辆查勘与定损 [M]. 北京：机械工业出版社, 2013.

[8] 何宝文. 汽车保险与理赔 [M]. 北京：机械工业出版社, 2011.

[9] 李景芝, 赵长利. 汽车保险理赔 [M]. 北京：机械工业出版, 2010.

[10] 董恩国. 汽车保险与理赔 [M]. 北京：清华大学出版社, 2009.

[11] 石社轩. 汽车保险与理赔 [M]. 武汉：武汉理工大学出版社, 2008.